幼儿园生活化课程

——回归传统、自然与本真 中班下册

主编◎胡 华

——中华女子学院附属实验幼儿园2019届毕业生手绘作品

北京师范大学出版集团
BEIJING NORMAL UNIVERSITY PUBLISHING GROUP
北京师范大学出版社

图书在版编目(CIP)数据

幼儿园生活化课程：回归传统、自然与本真．中班．下册/胡华主编．—北京：北京师范大学出版社，2020.4(2025.1重印)
(幼儿园生活化课程丛书)
ISBN 978-7-303-25301-2

Ⅰ.①幼… Ⅱ.①胡… Ⅲ.①生活教育—学前教育—教学参考资料 Ⅳ.①G613.3

中国版本图书馆CIP数据核字(2019)第257949号

图书意见反馈 gaozhifk@bnupg.com 010-58805079
营销中心电话 010-58808083 58805532

YOUERYUAN SHENGHUOHUA KECHENG HUIGUI CHUANTONG ZIRAN YU BENZHEN ZHONGBAN XIACE
出版发行：北京师范大学出版社 www.bnupg.com
北京市西城区新街口外大街12-3号
邮政编码：100088
印　　刷：唐山玺诚印务有限公司
经　　销：全国新华书店
开　　本：787 mm×1092 mm 1/16
印　　张：18.25
插　　页：1
字　　数：367千字
版　　次：2020年4月第1版
印　　次：2025年1月第8次印刷
定　　价：53.80元

策划编辑：张丽娟　　责任编辑：马力敏　孟　浩
美术编辑：陈　涛　李向昕　　装帧设计：胡美慧
责任校对：康　悦　　责任印制：马　洁　赵　龙

生活化是一个需要智慧和毅力的历程

胡华老师嘱托我为他们的幼儿园生活化课程写几句，这为我提供了一个双重机会：一方面，我可以学习这门课程，丰富自己的认识；另一方面，我可以借此回忆和梳理自己的一些想法。之所以答应胡老师写几句，一方面，是因为我断断续续地了解了胡老师的一些观点和做法，产生不少共鸣；另一方面，还因为自己有过相似的经历。2000年，我承担了全国教育科学重点课题“生活化、游戏化的幼儿园课程研究”，这个课题的出发点就是想解决幼儿园课程“文本化”“固定化”和“线性化”的问题。我很难忘与一些幼儿园教师共同探索的艰难又具有挑战性的岁月。看到胡老师叙述的幼儿园生活化课程的形成历程，我深有感触，也获得了很多启发。

幼儿园课程的核心价值是促进每一个儿童在原有水平上的发展。幼儿园课程的特质之源就在于儿童。儿童的身心发展规律和学习特点是决定幼儿园课程的目标、形态和进程的关键。审视当今我国幼儿园课程的乱象，我认为，其根本问题就是忽视甚至无视儿童；审视的唯一标准就是课程离儿童到底有多远，离常识和规律到底有多远。儿童不是一个简单的文本上的概念。对于幼儿园课程来说，儿童是每一个具体的学习者；儿童是生活在幼儿园里的每一个个体。幼儿园课程如果不落实到每一个具体的儿童身上，如果不关注每一个儿童的需要、兴趣和发展可能，是难以真正实现它的核心价值的。幼儿园课程的基础是儿童的生活，而不是成人的生活。成人的生活会被儿童根据自己的愿望来理解、共享和改造，最终成为儿童自己的生活。离开了生活的课程将是空泛的和乏味的。

陈鹤琴和张雪门所倡导的幼儿园课程的共同点之一就是关注儿童的生活。生活化课程的构建不是文字上的功夫，而是教师要经历与儿童共同生活的过程；要经历对儿童的一日活动价值进行深入审视和充分实现的过程；要经历对儿童活动进行深入观察和分析的过程；要经历对儿童活动的环境和材料进行预估、准备和调适的过程；要经历对儿童的需要、兴趣和发展可能进行合理判断的过程。因此，幼儿园生活化课程是一个研究、探索和反思的过程，也是一个不断向儿童靠近的过程。幼儿园的课程建设是在观察和了解现实的每一个儿童基础上的活动共构、进程共商、经验共享及心灵共润的过程，是儿童、教师和家长共同成长的过程。

胡华老师有很扎实的专业功底，在幼儿园的管理实践中培育了一个专业化的团队，在理论和实践两个层面上都有很多的积累。他们的幼儿园生活化课程是教师们长期研究的结果，是教师们智慧的结晶。我很佩服他们持之以恒、坚持不懈的探索精神。这个课程在基本的课程理念、课程实践方法论和课程的构建上都有很多创新之处，给人一种生活化、生命化、生态化的感受，是幼儿园课程系统构建的一个典范，必将对我国幼儿园的课程改革和建设起到促进作用。

虞永平

南京师范大学教育科学学院教授、博士生导师

中国学前教育研究会理事长

2019 年 7 月 28 日

自 序

十几年前，我从中国儿童中心调入中华女子学院，受学校指派承办位于北京亚运村地区的一所新建小区的配套园，即现在的中华女子学院附属实验幼儿园。当时，我并没有独立办园经验，关于幼儿园的大部分认识都来自在北京幼儿师范学校教书时对幼儿园的参观、访问。

在北京幼儿师范学校时，我教授“幼儿教育学”，深知影响一所教育机构水平的关键是办学者秉承的教育观与课程观。在幼儿园度过最初的生存期后，我们就将工作重点转移到了课程探索上。我们曾尝试过分科课程与主题单元课程，但这些课程无论在内容上还是在形式上，都没有让我们从内心产生认同感。2007 年夏天，我去美国访问交流。两个月的学习交流结束后，我有了一个新的想法，就是要带领教师们走上一条自主探索之路，探索出一套带有中国文化印记的新课程体系。

这些年，学前教育领域一直都在进行课程改革，也呼唤更有生命力的课程体系。我们也渴望建立一套“儿童是目的”而非“课程目标才是目的”的课程模式。探索之路开启，没想到，它将我们带到了更远的地方……

这套带有中国文化印记、以儿童的立场诠释生活与学习的意义与方式的课程，历经十几年才得以完成。应该说，2013 年这套课程就有了基本的雏形，但我们并不满意，开始用农人的方式对课程的每一个部分进行“精耕细作”式的修改，经过讨论、确定，最终形成文字。之后，我们又花了 3 年的时间进行实践。

为了帮助大家更好地了解这套课程，我想从以下几个方面谈谈我们的思考是如何随着课程探索的不断深入而逐渐清晰的。

一、课程探索的三个阶段

(一)第一阶段(2007—2012 年)：倡导“生成课程”与“畅游日”活动

幼儿园 2004 年开始招生，3 年后，站稳了脚跟。我们开始倡导教师倾听儿童的声音，观察儿童的游戏。我们发现，当儿童拥有自由的时候，他们的思想是非常开阔的。

于是，我们有了重新审视儿童生活与游戏的想法。当时，我们并没有形成清晰、完整的探索路径，能做的只是静下心来继续观察儿童的游戏，记录他们的语言，倾听他们的需要，借此寻找他们学习的兴趣点。

在这个阶段，我们每天都在听孩子们讲话，教师就坐在旁边记录，想试着利用这些信息和孩子们共同生成一些主题学习活动。这些活动带给我们的冲击是非常大的。

那时，每个周五孩子们都可以在自己选择的主题活动里畅快地游戏与学习，这一天被我们命名为“畅游日”。应该说，“畅游日”的探索给了我们很大的信心。这种探索的形式也构成了日后“生活化课程”的基本路径。

(二)第二阶段(2013—2015年)：形成“回归与还原儿童本真生活的课程”雏形

2013年夏天，我和教师们商议，将课程的内容与表现形式完全回归到儿童的生活中去。经过几番讨论，我们放弃了原来使用的课程模式，而是从儿童的生活出发重新确定课程主题。我们将这套课程命名为“回归与还原儿童本真生活的课程”，又称“生活化课程”。对儿童来说，生活原本就是流畅的、自然的。我们希望在这套新的课程里看到儿童，看到游戏，看到文化。

但在课程实施过程中我们发现，生活化课程绝不是回归生活那么简单。我们需要一个更高阶的文化与哲学体系来编制课程线索，才能将生活、儿童与教育紧密地结合起来。

我们试图沿着文化脉络，将儿童学习与生活的轨迹按照四季变化有序地铺陈开来。在确定了课程的基本结构与框架后，我们期待课程线索能与民族文化基因相吻合，以唤起每个人内心深处的温暖与感动。

(三)第三阶段(2016年至今)：完善、调整课程体系，让其体现出回归传统、回归自然、回归生活、回归儿童的特性

这个阶段，我们发现，这个课程也是一个儿童与自然、社会、家庭紧密联结，具有宽阔视角与较为宏大叙事性体系的课程。于是，我们又将探索重点放到了课程的细微之处，力求从个体经验中最朴素的好奇开始，用文化作为解读生活与生命的钥匙。如果说中国哲学、文化是养育“生活化课程”母体的话，主题的选择就是课程的灵魂。每年10个月的大主题，每个年龄班及每周的课程主题也体现出一定的内在逻辑性与延续性。

我们努力让这套课程源于儿童的生活，又不离开他们的生活。课程立意虽然大，但依然符合儿童对世界的整体性好奇。因为课程有较强的操作性，所以也能满足儿童探究世界的小步伐生活。

二、课程背后的几个关键认识

(一)对儿童的认识

儿童发展是一个整体。这些年来，我几乎每天都会和孩子们聊天，也意识到，很多时候，我们只是在技术层面上研究儿童，却很少站在哲学的高度看待儿童。从哲学的意义上来讲，儿童的整体生活、游戏和对世界及对自己的思考是紧密结合的，哲学上称之为混沌之美。成人只有在进行哲学思考时才能回到本源，用经验重构对世界的认知。儿童则无时无刻不在体现着思考与学习的整体性和完整性。

所谓儿童立场，本质上就是儿童哲学观的再现。有些学者在研究儿童的时候，喜欢将儿童看成一个不断成熟的个体，而忽略了儿童的主观能动性及童年的特殊文化价值。儿童的学习与发展脱离不了文化，儿童既是文化的传承者，又是文化的创造者。

儿童是主动的学习者。儿童是有学习能力的，也应该是具有自由意志的生命体。自由意志意味着他们在和另一个人相处时，生命的能量是不被控制与限制的；还意味着他们能够选择用自己的方式进行学习和游戏。幼儿园应是儿童获得尊重的最佳场所，他们应该能够随时随地地感受到流动的爱意。这份爱意来自自然，也来自教师。

儿童是怎样学习的？儿童的“奔跑”“挖掘”“争吵”，甚至“你推我搡”，都充满着学习的意味。当儿童全身心沉浸在一个事物中的时候，就开始有了属于自己的学习。心理学家把这个学习过程称之为“心流”(flow)。我们对儿童了解得越多，就越能看到儿童学习方式的独特性。

每个儿童都有自己的学习方式。希望所有儿童在同一学习过程中能够达到同样的学习效果，是一个不切实际的期待。每个儿童建构学习的方式是不一样的。如果儿童在学习中没有受到来自成人的评判压力，他们按自己的方式完成学习的可能性就会越大。

儿童的学习需要情感的介入。情感的介入对于他们来讲，起到了催化剂的作用。在幼儿园里，教师是儿童学习的陪伴者。所以，在生活化课程里，教师会不断地和儿童交流：你看到了什么？你听到了什么？你的感受是什么？只有儿童在发展中获得了深度陪伴与接纳，才能产出高质量的教育结果。

(二)对回归自然、回归传统的认识

儿童是自然之子。自然不仅是构成教育的元素，也是儿童获得幸福感的源泉。自然会赋予儿童灵性的力量。中华文化的根系一直在农业文明里。因此，为儿童设计的活动，也和自然密切相关。

五六月间，儿童大部分时间都在户外度过。他们会在帐篷里成立学习小组，开展项目学习。丈量大树，测量小池塘的水深，数一数幼儿园里鸟窝的数量，追踪野猫的生活规律，观察蜗牛壳上的花纹……这些都在儿童的研究范围之内。

十多年来，我们一直在思考，中国学前教育的出发点到底在哪里？儿童教育从来都和自己的文化有关，儿童学习的过程在本质上也是个体文化化的过程。① 中国的哲学一直有自己的表达方式与话语体系。按照中国哲学的传统，教育的功用不在于增加积极的知识，而在于提高精神的境界。② 我们想建立一套适合中国儿童发展的、有中国文化根基的课程体系，而实现这一切，无论课程的主题内容还是追求的价值都必须回归自然与传统。

三、关于课程使用的一些说明

这套课程本质上是要帮助儿童形成三个联结：与自然的联结、与社会的联结以及与自我的联结。在课程实施过程中，我们特别强调以下几个方面。

第一，教师与儿童的关系问题。教师要帮助儿童建立学习过程中的安全感。有安全感是指在教育活动中，儿童很放松，敢质疑，愿意和教师互动。第二，倾听、记录与引导的关系问题。在课程中，教师要完整记录下儿童的表达，这是儿童学习中最宝贵的东西。儿童的表达不仅构成了课程的内涵，也是成人了解儿童内心世界的一把钥匙。在这个过程中，教师也需要不断思考：我应该和孩子们交流什么样的问题，这些问题能否引发新的讨论，这些问题能否帮助孩子们厘清思想与观念，这些问题能否帮助孩子们获得积极的情感体验……在这之后，教师将沿着儿童思考的线索引导课程继续深入。第三，帮助儿童完成课程的意义升华。每次课程结束时，教师都要和孩子们一起制作思维导图，帮助他们将认知结构变成思维的重要组成部分，形成元认知能力。之后，教师还要帮助儿童将学习转化为感受与意义，激发其学习与生活的内部驱动力。

我们要求教师将儿童的持续性分享思维的过程记录下来，并进行合理的结构化与整合，使孩子们不仅能体会当下学习的快乐，而且能从外部了解自己的学习过程。因此，在幼儿园的教室内，孩子们所有的学习过程都被记录在墙壁上，供他们随时回顾与讨论。

我们希望，这套课程以儿童的发展为核心，通过还原儿童生活，帮助他们从不同的层面完成学习。为此，我们设计了“3＋1＋1”的课程模式，这种课程模式不仅可以满足不同儿童学习的需要，也尊重了个体发展的差异性。

“3＋1＋1”的课程模式，是指在课程线索的大框架下，每周有一个主题，从一个开放性的问题开始，之后儿童根据自己的已有经验和兴趣特点自行选择研究问题，组成学习小组。

“3”是指一周前三天的小组教学。课程之初，儿童和教师要一起讨论、思考。小组

① 虞永平：《学前课程价值论》，24页，南京，江苏教育出版社，2002。
② 冯友兰：《中国哲学简史》，5页，北京，北京大学出版社，2013。

教学要营造一种有呼吸感的课程氛围。教师呼应每一个儿童的想法，关注每一个儿童的学习特点，接纳他们的思考，使儿童的思维始终处于一种持续性的分享过程之中。

第一个“1”是指周四的分享总结。教师利用思维导图，将儿童零散的信息结构化，提升他们的学习能力。

第二个“1”是指周五的“畅游日”活动。每周五的“畅游日”是儿童特别期待的日子。这一天，儿童以游戏的方式呼应与拓展前四天的学习经验。“畅游日”具有在游戏中整合和反思的明显特征，也体现了教师和儿童共同对生活经验、意义的再度追寻。

课程探索将我们引向了更深层面的思考。文化与教育看似有很多外显形态，容易被人随意拼搭，但内在却有文化选择性的价值区分。真正的教育思想还是需要把握住文化内在价值的。

课程探索使教师走上了全新的专业化发展之路。因为这套课程所有的学习结果都无法预设，所以教师将和儿童一起带着对学习的未知感迎接挑战，在探索的过程中实现共同成长。

这套课程也构建了一种新型的家园合作模式。在课程中，家长需要不断地发挥自身优势，参与到活动中，与孩子互动。作为课程资源的重要贡献者，家长的参与不仅可以让课程拥有更丰富的内涵，而且他们自身也能真实地觉察到孩子独特的生命价值，他们开始清晰地体察、认识并调整自己，在自我成长和与孩子共同成长的道路上迈出重要一步。

这套课程的另一个积极意义在于，它不受环境条件的限制。当然，我们熟悉的东西并不一定是大家熟悉的，第一步可以是参考、模仿，也许一段时间后，您就会发现，每个人都能在模仿的基础上完成更多的创造。

在本书中，我们不仅对儿童学习的过程进行了完整的记录与再现，还特别增加了每周课程结束后教师对活动的反思。在课程记录的相应页面中，又插入了活动后制作的微信推送的二维码，供大家学习和研究。如果您想了解课程的更多信息和背后的思考，可以直接关注我们的微信公众号（中华女子学院附属实验幼儿园微信公众号：cwukids；胡华名师工作室微信公众号：Huhua Edu-workshop）。

课程探索每到一个新的节点时，都会有一些导师出现，指引着我们迈向新的目标。冯友兰先生的《中国哲学简史》一书是我们花了一年多时间才读完的。这本书并不那么容易理解，但我们想从中获得编织课程的文化立意，让生活化课程能够根植于中华文化大地。依稀记得，那一年我住在北京郊区的乡村小院里，夜晚一片清凉，我脚踩土地，头顶繁星，在微信群里和老师们热烈地讨论着中国哲学的脉络，与先哲们“对话”，让精神沐浴在祖先创建的璀璨文化之中。应该说，这本书为我们提供了课程的文化基调。在课程探索初期，刘晓东老师的《儿童精神哲学》一书帮助我们从精神与哲学的高度重新审视儿童存在的价值，让我们对儿童有了全新的认识；课程探索中期，虞永平老师的《学前课程价值论》指引着我们将课程探索的方向转向了文化……感谢这些课程探索中的“引路人”。在此，要特别向他们致敬！

本书的成书过程大致经历了三个阶段：第一阶段，文字的搜集与书写阶段。这一阶段，教师们负责提供活动记录，并将记录按照统一要求书写成文字。罗希悦、王玉洁、李美杰等大部分教师参与了这一阶段的文字整理工作。第二阶段，调整与补充阶段。这一阶段，我们安排了几位教师对文字进行审阅、调整，使文字的整体风格趋于一致。参与这一阶段工作的主要有张芬、王海霞、罗希悦、张蕾、郭佳、田巍等教师。第三阶段，文字统筹工作。这一阶段的工作主要由我和张芬老师共同完成。后期，张芬老师承担了大部分文字的审核与校对工作。在编写过程中，我们精选了教师的教育记录与反思，书中共收集了张芬、张蕾、罗希悦、田巍、郭佳、李文、王钰诗、田悦、李洋、甄珍、阎玉新、张焱、王彩霞、唐彬、王海霞以及当时尚在幼儿园工作的吴婷婷、张晓敏、申洁文、晁妍、马静、任玉英等多位教师的教育笔记。王晨琳老师为本书绘制了课程图示活动拉页。周冉老师参与了封面、扉页及插图的设计。赵莉莉老师也为本书的修改、完善贡献了自己的智慧。

因为水平所限，这套课程难免存在不足。希望使用者在使用过程中能够给我们提出宝贵的建议，以便我们进一步修改与完善。

这些年来，因为这套课程，无论是作为园长的我，还是教师们，都感觉每天的工作充满了欢乐。愿大家也能借由这套课程开始愉快的工作之旅！

胡华

中华女子学院儿童发展与教育学院副教授、硕士生导师

中华女子学院附属实验幼儿园园长

2019 年 6 月 22 日于花草园

目 录

三月主题 我家的书

四月主题　独特的我

七月主题 一起向前行

三月主题　我家的书

月主题说明

三月，春暖花开，是适合阅读的季节。你会每天抽时间和幼儿一起阅读吗？甚至在旅行的时候也会带上几本喜欢的书……在家庭里，当阅读不被格外强调，变得像呼吸一样自然时，我们才会享受阅读的美好，一个真正的阅读者才会诞生。

本月主题“我家的书”从“我家的藏书”开始，孩子们会和爸爸妈妈一起运用阅读、整理、统计等形式了解家里的藏书，并在这个过程中，找到自己感兴趣的那些书；通过了解“旧书的故事”知道更多有关图书收藏的不同方法与途径，从而感受生活中恣意阅读的幸福；从“诗词大会”的朗诵与演绎中感受中国古代诗词和中国传统文化的魅力；在精读绘本《活了100万次的猫》的过程中，感受故事蕴含的饱满情感，并通过续编、演绎等方式加深对绘本的理解。

月课程目标

1. 引导幼儿通过观察、调查的方式，对家中图书的种类和数量进行统计，尝试进行简单的分类、概括，并用图画或者符号进行记录。

2. 支持幼儿用适宜的方式对旧书展开调查，提出值得继续探究的问题。

3. 鼓励幼儿用诗词吟唱、表演等不同的方式表达自己对古诗词的理解，感受古诗词的魅力。

4. 帮助幼儿在游戏中了解故事情节，感受角色的情绪以及角色之间的关系，启发幼儿从不同角度理解绘本，尝试创编绘本故事。

第一周主题是“我家的藏书”，孩子们会了解自己家里拥有的图书，清点数量并找到自己最喜欢的书；第二周主题是“旧书的故事”，孩子们会在家人的陪伴下到旧书市场辩证地看待书的“新与旧”，了解更多保护图书的方式与途径；第三周主题是“诗词大会”，孩子们会用自己喜欢的方法表现、感受中国诗词文化的韵律之美；第四周主题是“活了100万次的猫”，孩子们会尝试用自己的方式精读并续编经典绘本，赋予新生。

爱读书的孩子的内心是充盈的，爱读书的成人的生活是快乐的。让我们静下心来，和孩子们一起回归到阅读本来的样子中去！

课程树状图

旧书跳蚤市场
修补我的图书
神奇的书
关于旧书的
问与答
分类整理无处不在
旧书在哪里？
旧书市场与
图书大厦
整理与发现
旧书的故事
我家的书柜
我家的藏书
我在假期里读过的书
我
家
的
书
这个春天，
一起来诵诗
我家的小诗
《经典咏流传》
跟着诗词
去旅行
我会背诵的
第一首古诗词
诗词大会
读书计划
购书清单
活了100万
次的猫
精读《活了
100万次的猫》
续编《活了
100万次的猫》
假如我是一只猫

第一周 我家的藏书

周主题说明

新学期开始了，孩子们迎接来了又一个阅读月。在小班的阅读月里，他们在各种各样的书中浅探了阅读的奥秘，浅尝了阅读的乐趣。本月，孩子们不仅仅会有美好的阅读体验，还要从更多的维度来探索阅读世界的未知奥秘。

在这一周里，孩子们会通过参加“我在假期里读过的书”“我家的书柜”“整理与发现”“分类整理无处不在”和畅游活动“神奇的书”，深入探索阅读的重要元素——书。在这些活动中，孩子们在书与自我之间建立更多联结。

周课程目标

1. 鼓励幼儿分享自己喜欢的书，并能说出理由。

2. 帮助幼儿在整理家中图书的过程中，了解书的种类和数量，知道不同的分类和统计方法。

3. 引导幼儿用连贯的语言将自己的发现清晰、完整、富有逻辑性地进行表达。

4. 在活动中，启发幼儿感受阅读与生活之间自然、紧密的联结。

活动一　我在假期里读过的书

活动形式

小组活动。

活动目标

1. 乐于跟同伴分享、交流自己在假期中喜欢读的书。

2. 能自由表达自己的阅读感受。

3. 享受闲暇时光里阅读给自己带来的美好感受。

活动准备

幼儿从家中带来在假期里自己喜欢看的书。

活动过程

一、导　入

教师提问："孩子们，在假期里，你们看过哪些有趣的书呢？"

二、分享环节

教师请幼儿分享自己在假期里读过的最喜欢的一本书。(图 1-1-1、图 1-1-2、图 1-1-3)

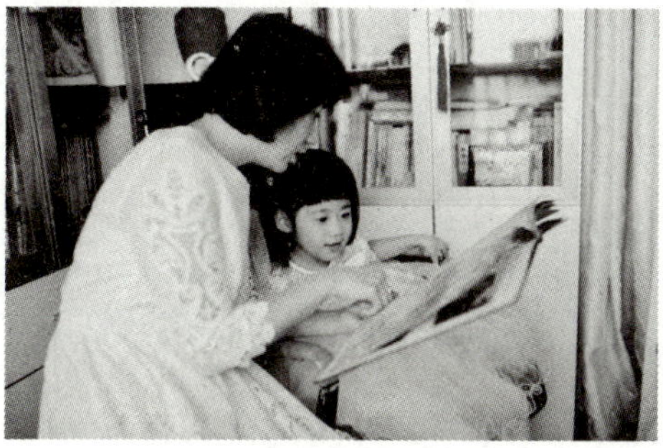

图 1-1-1　在假期里，我和妈妈一起读书

图 1-1-2　这本书是我最喜欢的书

图 1-1-3　这本书好有趣啊

活动记录与呈现

张笑嫣：我看过《神奇糖果店》，它是我在书店里发现的。我特别喜欢这个故事，上小班时候的我还玩过这个游戏呢。

王隽珩：《大闹天宫》和《西游记》是我现在喜欢的故事，妈妈天天晚上都给我讲。

杨力鸣：我最近喜欢讲武器的书，就是假期里在奶奶家看到的书，书里面有很多很厉害的枪。

陈益清：在假期里，我的妈妈给我买了一本《有趣的身体》，里面介绍了我们的身体。

三、讨论提纲

1. 你为什么喜欢这本书？

2. 你和这本书之间发生过什么有趣的故事吗？

3. 在这本书中，你最喜欢的地方是什么？

4. 读这本书的时候，你的心情是怎样的？

活动记录与呈现

讨论1：你为什么喜欢这本书？

王钰萱：这本书是幼儿园送给我的生日书，是我自己选的，我特别喜欢它。

孙羽彤：我喜欢听《小猫钓鱼》的故事，因为这是妈妈每天会给我讲的故事，现在我也会给别人讲了。

讨论2：你和这本书之间发生过什么有趣的故事吗？

朱思涵：我觉得最有趣的是，我竟然在我的好朋友家里也看到了我喜欢的那本书，而且我们的妈妈都是在网上买的。

薛梓彤：我爸爸带我回奶奶家的时候，给我买了一本《蛤蟆山的传说》。蛤蟆山就在我奶奶家附近，爸爸还带我去了那里。

讨论3：在这本书中，你最喜欢的地方是什么？

成昱明：我最喜欢看书里面的解放军叔叔，他们穿着军装，太帅了。我长大以后也要加入解放军。

周万泽：我最喜欢这本《宇宙大冒险》，因为书里面告诉了我很多关于宇宙的知识。

讨论4：读这本书的时候，你的心情是怎样的？

唐安吉：每次我看到这本书的时候就很轻松，就很想笑，因为书里面的故事都特别好笑。

张歆程：我是很开心的，每次我都缠着爸爸给我讲书里面的故事，我喜欢听我爸爸讲故事。

四、小　结

教师整理幼儿在假期里的读书记录和感受，开启阅读月活动。

教师总结：“书是我们的好朋友，在我们高兴、伤心、孤独的时候都会陪伴着我们。这个月是阅读月，让我们一起来读书吧！”

五、延伸学习

教师引导幼儿分享并尝试用多种表现形式记录读书的感受。

幼儿回家后和爸爸妈妈一起观察家里的书柜，并填写《我家的书柜大调查》表格。

活动小结与反思

一个假期过去了，孩子们再次见面后格外亲切，开心地分享着自己的假期经历，很多孩子还带来了在假期里看过的绘本。分享读书心得自然而然就成了本月课程的第一个活动。

在活动中，孩子们的分享很愉快。每当出现一本没看过的书时，所有人的脸上都会绽放出光彩。在分享阅读感受时，很多孩子都会跳出故事本身，体会最多的是父母的陪伴。

孩子们爱看书，因为书为他们打开了一个丰富的、神奇的、有趣的世界，读书是他们感受这个世界的最佳途径。在春光里的阅读月，书香四溢，让我们一起徜徉在书海里吧，想想就很期待……

活动二　我家的书柜

活动形式

小组活动。

活动目标

1. 知道书柜的用途，了解图书收纳的重要性。
2. 在家人的帮助下知道如何使用调查表。
3. 有初步的总结和归纳能力。

活动准备

黑板、已完成的《我家的书柜大调查》。

活动过程

一、导　入

教师提问："在完成《我家的书柜大调查》的时候，你们都有哪些发现？"

二、分享环节

教师请幼儿分享自己制作《我家的书柜大调查》时的发现。(图 1-1-4)

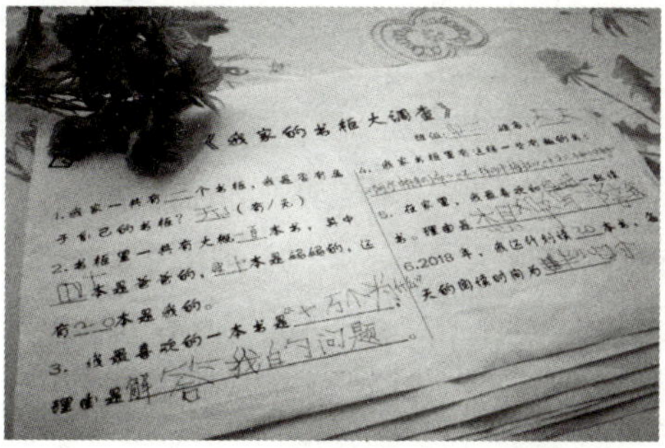

图 1-1-4　《我家的书柜大调查》

活动记录与呈现

薛梓彤：没有进行调查之前，我不知道自己有多少本书。进行调查之后，我发现我是我们家里藏书最多的人。

王子衿：我妈妈是小学老师，她的好多书都是和怎么教学生有关的。

杨力鸣：这是我第一次和爸爸一起通过认真地数数来填写调查表。填完表，我知道了想要知道一件事情，必须自己去调查。

余轻眉：在调查时，我发现妈妈没有给妹妹买过书，妹妹看的书都是我以前看的书。

三、操作环节

教师与幼儿一起对调查结果进行统计。(图 1-1-5、图 1-1-6)

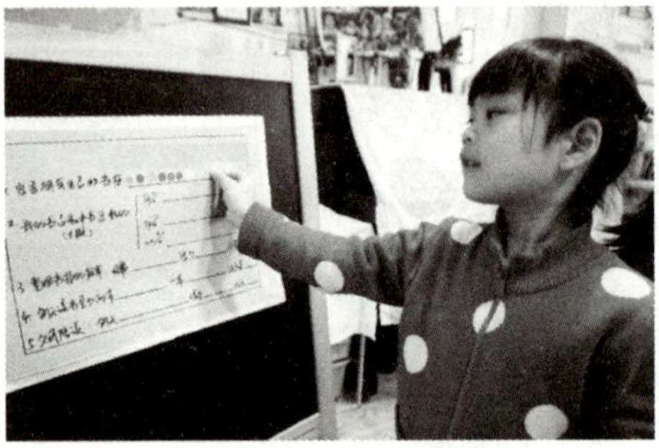

图 1-1-5 我们为调查结果投票

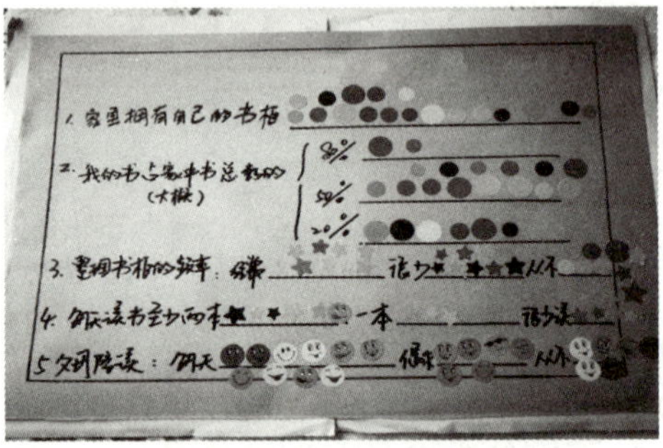

图 1-1-6 我们的调查表大汇总

附：《我家的书柜大调查》

1. 我家一共有______个书柜，我家是否有属于我自己的书柜？

2. 书柜里一共有______本书？其中______本是爸爸的，______本是妈妈的，还有______本是我的。

3. 我家整理书柜的频率是______，请在答案后的括号里打“√”。

经常(　　)　偶尔(　　)　从不(　　)

4. 我的整理计划是________________。

5. 在书柜中，我最喜欢的一本书是________________，理由是______________。

6. 在家里，我最喜欢和________一起读书，原因是______________________。

7. 我每天在家里的读书量是________，请在答案后的括号里打“√”。

两本及以上(　　)　至少一本(　　)　很少读(　　)

我的读书计划是__________。

根据《我家的书柜大调查》结果进行分享和讨论。

活动记录与呈现

调查结果 1

中班 94.9%的小朋友拥有属于自己的小书柜。

调查结果 2

参与调查的中班小朋友在家里拥有的图书数量从 20 本到 1300 本不等。

21 位小朋友的图书数量占家庭图书总数的 10%～30%，30 位小朋友的图书数量占家庭图书总数的 40%～60%，7 位小朋友的图书数量占家庭图书总数的 70%以上。

调查结果 3

在所有家庭中，经常整理书柜的家庭占 18.8%，偶尔整理书柜的家庭占 31.2%，从不整理书柜的家庭占 50%。

调查结果 4

薛梓彤：像小北那样，分成类，再把书放进书柜里就很好。我今天晚上就想和爸爸妈妈做这件事情。

黄彬宸：我也想和爸爸妈妈一起整理一下书柜，我家的书柜好像有些乱啊。

李天鸣：现在我的弟弟也开始听故事了，我想把我的书柜中的一些书送给他，因为这都是我小的时候读过的书。

调查结果 5

赵甜希：我最喜欢《我想去看海》(不一样的卡梅拉系列)，因为我跟故事的主人公有一样的想法，我也想去看海。

明梓轩：我最喜欢《卷发婚礼》这本书，因为里面的人每天都卷发，特别好看，就像我的奶奶一样。

王子衿：我最喜欢一本关于恐龙的书，因为里面有折页，一打开就能翻出来里面的东西。在最后一页中，三角龙死了以后变成了恐龙化石。

调查结果 6

贾含漳：我最喜欢和爸爸一起读书，因为爸爸可以告诉我很多知识，我从爸爸的身上能感觉到一种温暖的力量。

王子衿：我最喜欢和爸爸一起读书，因为爸爸在我睡觉前会在床边给我讲故事。他会一直讲一直讲，不会去看电视，我感觉他那个时候又温柔，又认真。

王梦琪：我最喜欢和爸爸一起看书，也喜欢和妈妈一起看书，因为爸爸妈妈讲故事的感觉不一样。

调查结果 7

在所有幼儿中，每天能读两本书及以上的幼儿占 47%，每天至少读一本书的幼儿占 42%，每天很少读书的幼儿占 11%。

杨皓云：我计划读 1000 本书，每天阅读 1 小时。

米衡辰：我今年想读 20 本书，我想每天都看书，因为我太喜欢看书了。

杨力鸣：我计划每年读 100 本书，每天都能在书里有新发现。

四、小　结

教师根据幼儿的表达和调查结果进行小结。

教师总结："我们第一次了解了自己家中藏书的情况，每个人都有自己喜欢的图书，也都想用方便的方式把自己喜欢的书收藏起来，而书柜就是一个不错的家具。但是有了书柜之后，我们要怎么摆放，我们要怎么和家庭成员统一调配，这都是我们需要思考的问题。"

五、延伸学习

教师鼓励幼儿回家后与爸爸妈妈一起制订一个整理图书的计划，并一起完成计划。

活动小结与反思

培养幼儿的阅读兴趣与养成幼儿良好的阅读习惯是密不可分的，这个调查让我们了解了每一个家庭的阅读习惯和收纳习惯。

阅读需要一种习惯的养成，也能体现一种关系。家中的小书柜像一条纽带，联结着成人与孩子，联结着孩子自己与世界。

一本好书、一个好的阅读环境、父母的爱与陪伴、情感的联结都是孩子们读书世界的重要组成条件。希望这样的调查能促使孩子们和爸爸妈妈一起快乐地读书。

忠实记录课程的瞬间 | 我家书柜大调查

活动三　整理与发现

活动形式

小组活动。

活动目标

1. 知道整理书柜的不同方法。
2. 尝试用自己的方法整理自己的小书柜。
3. 愿意使用有序排列、分类等方法解决实际生活中的问题。

活动准备

书、笔、纸、大黑板。

活动过程

一、导　入

教师提问："每个人都有属于自己的书，你是怎么收纳书的?"

二、分享环节

教师请幼儿分享自己收纳书的方法。(图 1-1-7、图 1-1-8、图 1-1-9)

图 1-1-7　我在按照书的大小整理我的小书架

图 1-1-8　我在和爸爸一起分类整理书柜

图1-1-9　我在和妈妈商量该怎么进行图书分类

活动记录与呈现

余轻眉：我的书都是放在一个盒子里面的，我看的时候就拿出来，看完了再放回去。

周万泽：我有自己的书柜，我的书都放在那个书柜里面。

唐安吉：我家到处都是书，有我的，还有我爸爸妈妈的。我们平时不整理，到了周末的时候才整理。

三、讨论提纲

1. 在整理书的过程中，你都会用到什么方法？

2. 在整理书的过程中，你遇到了什么困难？你是如何克服困难的？

活动记录与呈现

讨论1：在整理书的过程中，你都会用到什么方法？

余轻眉：我会把一套书放在一起，把一个系列的书放在一起。

米衡辰：按照书的高矮来分，把最矮的书放在最前面，把最高的书放在最后面。

魏琳奕：按照书的内容来分，比如说，把没有字的书放在一起，把有字的书放在一起。

陈益清：把书竖着放，放紧一点就不会倒了。

讨论2：在整理书的过程中，你遇到了什么困难？你是如何克服困难的？

高　裳：整理书的时候，我发现书太多了，不好分类摆放。我没有收拾完，周末的时候再仔细收拾一下。

解应登：我没办法整理书架高处的书，我想请爸爸妈妈帮忙整理，但妈妈让我站在梯子上自己整理。

唐安吉：世界上的书特别多，很难整理好，按照自己的想法整理好就可以了。

四、分享环节

教师请幼儿说出自己在整理过程中的新发现。

活动记录与呈现

成昱明：我在整理书的时候发现了一本从来没看过的书，叫《老虎外婆》。

刘彦熙：我找到了妈妈教我做手工的书，等我学会了也可以教其他小朋友。

高　裳：我发现了一本妈妈小时候看过的书，书很旧，上面还有妈妈小时候写的字。

李墨涵：如果每次看完书都能把书放回原来的位置，书架就会一直很整齐。

五、小　结

教师对幼儿整理图书的方法和发现进行概括总结。

教师总结："我们分享了整理图书的方法，可以根据书的高矮、内容等进行分类摆放。在摆放过程中，我们虽然遇到了困难，但能开动脑筋克服困难。对于书柜的使用，我们还可以继续观察，提出新想法。"

六、延伸学习

幼儿对家中的书柜进行进一步的观察，然后尝试在爸爸妈妈的帮助下绘制书柜的分布图，对图书分类有更深入的认识。

活动小结与反思

在分享中，孩子们总结出了整理图书的不同方法。在这些方法中，有些方法是孩子个人发现的，有些方法是孩子在家长的引导之下发现的。在这个过程中，他们发现了整理物品带来的便利，也体验到了整理过后的满足感。

活动将家长和课程紧密地联系在一起，孩子们差异化的表达来源于每个孩子背后完全不同的家庭生活方式。借助"整理与发现"这一话题，孩子们加深了对不同生活方式的认识。经过教师的总结与提升，孩子们再次观察和发现的兴趣被激发出来了，这也是让课程有持续性话题的有效方式。

活动四　分类整理无处不在

活动形式

集体活动。

活动目标

1. 尝试归纳几种常见的分类方法。
2. 试着体会分类在生活中的实际运用。

活动准备

大黑板、笔、思维导图。

活动过程

一、导　入

出示本周活动的思维导图。(图 1-1-10)

教师提问："在前几天的学习中，我们对家里的书柜做了调查，还整理了书柜。请你们想一想，在做这些事情时，你们有什么收获?"

二、分享环节

幼儿分享前几天学习中的收获。

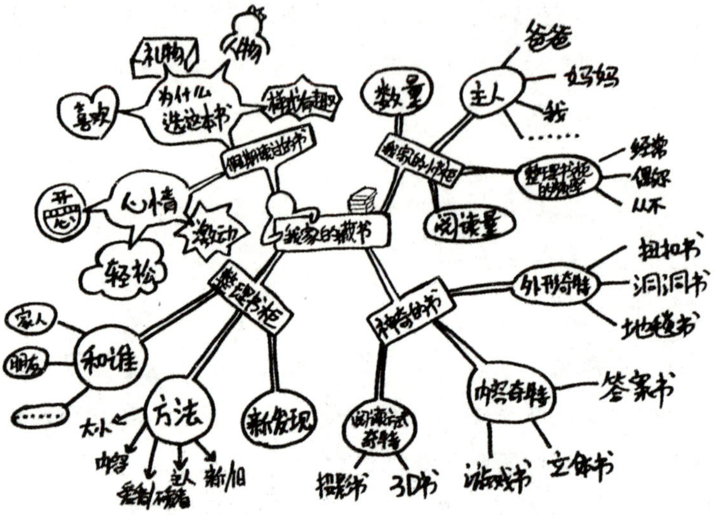

图 1-1-10 本周学习的思维导图

> **活动记录与呈现**
>
> 高　裳：如果一个人很喜欢看书的话，他家就会有很多书。我希望我以后能多看书。
>
> 陈益清：小朋友的书都放在书架比较低的地方，爸爸妈妈的书都放得比较高。而且，小朋友的书中画多字少，大人的书中全是字。
>
> 成昱明：我觉得书的分类方法有很多，小朋友的分类方法都不太一样。我学会了很多整理书柜的方法，我还帮助妈妈整理了书柜。
>
> 杨力鸣：经常整理书柜，就很容易整理好。如果总是不整理，书柜就会越来越乱。

三、讨论提纲

1. 为什么要对图书进行分类摆放?

2. 你认为哪种方法是最好的，为什么?

> **活动记录与呈现**
>
> **讨论 1：为什么要对图书进行分类摆放?**
>
> 唐安吉：如果把书分类摆放的话，书柜就会很整齐，看着就不乱了。
>
> 杜星璇：把书分类了，就能很容易找到想看的书，因为整理的时候，我就知道哪些书放在什么地方了。

李墨涵：整理好图书以后，我就可以把不想看的书送给别人了，再买一些我想看的书。不整理的话，我就不知道自己都有什么书。

讨论2：你认为哪种方法是最好的，为什么？

陈益清：我觉得按照书的内容来分比较好，这样每次看书的时候，我就可以很快地找到书在哪里了。

王梓瑄：我觉得按照书的大小来放比较好，这样看上去很整齐。

解应登：我觉得把每个人自己的书放在一起比较好，这样不会和别人的书搞混。

成昱明：小时候，我们的书可以按照封面的颜色分类，这样我们就能知道什么书放在什么位置了。等长大后，我们就可以按照书的种类分类，把做手工的书放在一起，把走迷宫的书放在一起，把故事书放在一起。等上了大学后，我们就要像图书馆那样分类放书。

四、分享环节

教师请幼儿根据自己的生活经验，分享日常生活中还有哪些地方会用到分类。

活动记录与呈现

邹明贤：超市里面的东西都是分类放的，这样人们去超市时才能找到自己想要的东西。

周京远：我们装衣服的柜子、放水杯的架子就是按照男生、女生分的，我们很容易就能找到我们的柜子。

孙羽彤：厕所是按照男生、女生分的，要不就会走错厕所，闹笑话了。

赵甜希：我们的幼儿园就是按照小朋友的年龄分的班，有小班、中班、大班。

李莲舟：小区里的垃圾就是按照可回收、不可回收的标准分类的。

五、小　结

教师陪伴幼儿回顾在活动过程中的感受与发现，进行本次活动小结。

教师总结：“在我们的生活中，分类无处不在。进行了分类，我们的生活会变得更加有秩序和便捷，分类是一件非常好的事情。可能还有很多分类方法需要我们继续探索，等大家有了新的收获，我们再一起分享。”

六、延伸学习

教师鼓励幼儿的爸爸妈妈利用空闲时间，和幼儿一起去图书馆，观察图书馆的分类方式，对比家里和图书馆分类的异同。

活动小结与反思

通过调查、统计、分享等环节，孩子们尝试对图书分类的方法进行了总结，并能在这些发现中归纳出其中的规律。从幼儿发展的角度来看，这无疑为孩子们提供了更多的思考问题的角度和方法。

孩子们已经了解了一些分类的方法，如按照大小、高低、种类等来分类，今天的活动帮助幼儿较好地梳理和整合了这些经验。本活动的重点是孩子们能发现多种分类的方式，难点是他们对分类方式的再认识。在这个部分，我们要留给孩子们一些思考的时间与空间，相信他们的思考会更清晰些。同时，我们也想帮助孩子们了解分类存在于生活的各个地方，引导他们将经验运用到生活中去，这也是生活化课程实际运用的较好体现。

活动五　神奇的书

活动形式

畅游活动。

活动由来

在孩子们的眼中，书有很多神奇的地方。这些神奇的地方吸引着他们去翻读，去研究，去想象……他们心中有对读书的期盼、憧憬和渴望。

经过这一周的活动，孩子们的书柜中总有那么几本书让他们看了又看，讲了又讲，也一定有那么几本书让爸爸妈妈爱不释手，这些书的神奇之处究竟在哪里？

活动目标

1. 了解一些特别的书，知道其用途。
2. 大胆地与同伴交流自己在阅读过程中的发现和体会，仔细倾听他人说话。
3. 感受阅读的魅力，体会更多阅读的乐趣。

活动准备

活动场地布置：外形奇异书屋（里面有各种造型的书），内容奇特书屋（里面有可以做游戏的书），3D书屋（里面有不同阅读方式的书）。

材料准备：画笔、彩纸、打孔器、水果模型等。

活动过程

一、导　入

教师导语："有三间神奇的书屋等着你们去体验，这三间书屋中的每一间都有神奇的地方，一起来看看有什么不同的地方吧。"

二、分享环节

在教师的带领下，幼儿前往三间书屋，对畅游场地有一个基本的了解。

教师请幼儿分享三间书屋的不同之处。

三、游戏环节

教师讲解完活动的内容和规则，幼儿开始活动。(图 1-1-11、图 1-1-12、图 1-1-13、图 1-1-14、图 1-1-15、图 1-1-16)

外形奇异书屋：翻翻书、洞洞书、异形书。

内容奇特书屋：答案书、电影书、游戏书。

3D 书屋：投影书、恐龙 3D 书。

图 1-1-11　立体书可真好看

图 1-1-12　这是一本可以唱歌的书，真好听

图 1-1-13　这是一本可以告诉我们答案的书

图 1-1-14　我来给你们做好吃的

图 1-1-15　不好，恐龙来了，让我来保护你们

图 1-1-16　看，这就是美丽的外太空

四、小　结

幼儿分享今天畅游活动的感受与收获。

教师总结："我们一起阅读了很多神奇的书，这些书都有神奇的地方，每一本书都能够带给我们新的发现和体验。正如刚才你们和我说的，书不仅可以教会我们本领，带给我们快乐，而且可以让我们有奇妙的感觉。这就是书最神奇的地方。"

活动记录与呈现

1. 在活动中，你最喜欢的神奇的书是哪本？你有什么新的发现？

成昱明：我最喜欢那本恐龙的立体书，打开以后，恐龙张开了大嘴巴，露出了牙齿，就像真的一样，我都感觉有点害怕了。

邹明贤：世界地图的那本书和我之前看到的书不一样，我能翻看到城市里面不同的设计。

周京远：那本《西游记》的立体书太酷啦，一打开就有一个大的花果山，我就像在看动画片一样。

孙羽彤：我第一次看见那本可以弹的钢琴书，我都没有想到钢琴可以出现在书里。

杨皓云：我最喜欢那本答案书。在我不知道该怎么办的时候，它可以给我答案，而且里面的答案都很有意思。

赵甜希：那本中间有个大洞的书特别有意思，我可以在那个圆圈里做饭、画画，可以做很多的事情。

2. 如果你是一本神奇的书，你最神奇的地方是哪里？

王梓瑄：我想变成翻翻书，因为一翻，一个东西就能立起来，我觉得很有意思，我想成为很有意思的人。

侯　尧：我想当《十万个为什么》，这样我就知道很多知识了，别人问我什么，我都能回答。

赵甜希：我想变成一本像房子一样立体的书，邀请所有人都来我家做客。

五、延伸学习

幼儿和爸爸妈妈一起用不同的方式尝试进行亲子阅读，享受亲子阅读的美好。

活动小结与反思

随着信息时代的不断进步，孩子们获取知识的渠道更加多样化，他们的视野更加开阔，得到的信息更加丰富。但图书依旧是孩子们的好朋友、好伙伴，是他们生活中的宝贵财富、珍贵的精神食粮。图书对幼儿的发展有着独特的价值和深远的意义。

好的图书，不仅能够满足孩子们的求知欲望，而且能让他们在图书的海洋中尽情地畅游、嬉戏，以开阔他们的视野，增强他们的各种能力。好的图书不仅是孩子们在生活、游戏中的好朋友，也是他们从中受到美好启迪、良好教育的有力手段之一，对他们的身心发展有很大的促进作用。

畅游日｜神奇的书

教育笔记

“我家的书”课程有感

张　蕾

这个星期，中班课程的主题是“我家的书”。关于这个话题，在去年3月阅读月，孩子们已经有相关经验，那个时候学习的重点主要是书柜的用途。上了中班，孩子们的学习兴趣发生了转变，他们希望自己是被关注的，是独一无二的，他们渴望父母的陪伴，所以我们的课程就朝着这个方向来设计。

一、数据分析引发思考

在以前的课程中，我们发过一些问卷，但是回收问卷以后就没有结果了。这次我们做了中班范围的数据分析，分析的结果非常发人深省。其中一项“我家是否有属于我自己的书柜”的结果是94.9%的小朋友有专属书柜，也就是说还有5.1%的小朋友在家里没有专属书柜。当家长看到这个数据的时候，不用教师多说，他们自己就知道需要调整的地方在哪里了。

王翊铭妈妈主动发信息给我，说给王翊铭添置了书柜，王翊铭特别高兴。我能在她的言语中感受到对孩子的歉意和对我们课程的谢意。如果没有我们的调查，作为家长，她可能就不知道一个专属书柜对孩子的重要性。而王翊铭在班里分享自己的书柜时充满了对妈妈的感谢，这种情感的流动已经远远超出了书柜本身的意义。

二、分享式学习动力十足

分享式学习一直是我们课程的亮点，让每个孩子都有机会展示自己的学习结果。为了和中班上学期随意的分享有一些区别，这一次我请孩子们根据自己的调查问卷进行分享。我发现这种结合调查数据的分享让孩子们的学习变得更加有逻辑性，我能清楚地了解他们由点到线的探索过程。

三、情感联结，跨越时空的学习

我个人最喜欢的是采访爸爸妈妈的部分。受到胡老师之前讲过的情感联结的启发，我觉得读书这个比较个人化的活动里会有更多情感联结的点。果然，在反馈的视频里，我看到了一个个找回自己童年阅读记忆的“大孩子”，家长们说起自己小时候的读书经历时充满了温情，如同穿越了时空。调查的数据结果是直接的、客观的，而视频中爸爸妈妈的语言是柔和的、感性的，这种交叉式的学习一定会带给幼儿最真实和饱满的学习体验。

一周以后，除了专业上的思考外，让我有更深感触的是课程的多样性和随机性。虽然每年都有同样的主题，但是遇到不同的孩子，课程就能散发出不一样的魅力，学习的点也会随着家庭的不同而迁移。我在微信推送后面经常能看到一些同行老师求教方法，就是说他们看到了推送内容，但是依旧不得其法。我想原因可能是他们没有真正深入进来，他们没有在现场看到花草园的幼儿在学习中是如何动人，他们只看到了过程的多样，却没有体会出心对心的影响。

我们一直在前进……

第二周 旧书的故事

周主题说明

每个人的阅读喜好不同，对图书的选择也不一样。那些富有年代感的图书会引起孩子们的关注吗？周末的时候和爸爸妈妈一起走进旧书市场，他们会有哪些发现？

在这一周里，通过“旧书在哪里？”“旧书市场与图书大厦”“关于旧书的问与答”“修补我的图书”“旧书跳蚤市场”活动，孩子们会对旧书和关于旧书的故事进行解读。

周课程目标

1. 引导幼儿分享关于旧书的发现，对旧书有自己更加清晰和准确的认识。
2. 鼓励幼儿分享自己参观旧书市场后的认识，了解书籍流通的价值。
3. 在活动中，帮助幼儿了解每一本旧书背后蕴藏的丰富的故事与情感。
4. 帮助幼儿养成珍惜图书的好习惯。

活动一　旧书在哪里？

活动形式

小组活动。

活动目标

1. 通过对旧书市场的实地参观，对旧书市场有初步的了解。
2. 能主动、大胆地与人交往，用连贯、有逻辑的语言分享自己的发现。
3. 感受旧书市场的重要性。

活动准备

幼儿在周末与父母逛旧书市场的照片。

活动过程

一、导　入

教师提问："周末，你们和爸爸妈妈一起去逛了旧书市场，在那里你们有怎样的发现？"

二、分享环节

教师请幼儿分享自己逛旧书市场的所见所闻。(图 1-2-1、图 1-2-2、图 1-2-3、图 1-2-4)

图 1-2-1　这里的书好多啊

图 1-2-2　我找到了我喜欢的书

图 1-2-3　和妈妈一起逛旧书市场

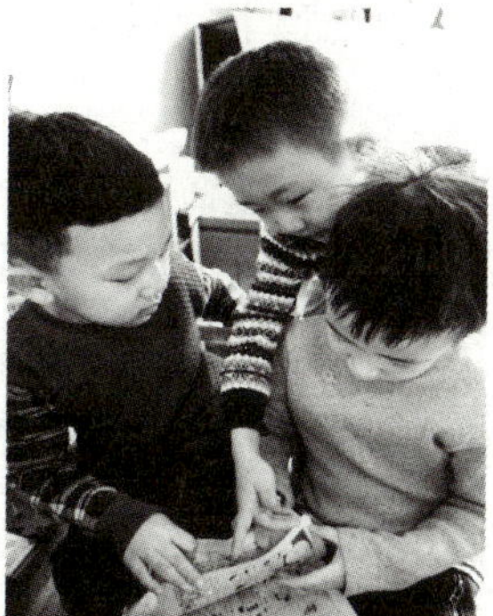

图 1-2-4　和小朋友一起分享我收集到的旧书

活动记录与呈现

刘彦熙：我和爸爸妈妈去了一个专门卖旧东西的市场。那里有很多旧书，有很多人。

周万泽：我也去了刘彦熙去的那个市场。那里有一个个长长的顶棚，下雨的时候就不怕湿了。

王梓瑄：我见到了一台卖旧书的自助机器。你挑好书了之后，就投币，然后书就出来了。

杜星璇：我去的是一个大学的旧书市场，很多哥哥姐姐在那里交换旧书。

三、讨论环节

1. 在旧书市场里，你发现了哪些有意思的书？
2. 市场里有哪些交换规则？
3. 除了旧书市场外，你还知道哪些旧物市场？

活动记录与呈现

讨论 1：在旧书市场里，你发现了哪些有意思的书？

米衡辰：我在旧书市场里发现了一本不一样的《唐诗三百首》，里面的字都是竖着排的。

成昱明：我找到了一本关于八路军的书，我很喜欢书里讲的历史故事。

付博闻：我发现了一本关于孙悟空的大电影的书，我在书店里没有看见过那样的书。

杜星璇：我在旧书市场里看到了一本封面很厚但是里面的纸很薄的书，好像是讲动画片的书。

讨论 2：市场里有哪些交换规则？

张歆程：我去的是中国书店。那里的旧书都是黄色的了，有些旧。还有一些很珍贵的书是放在玻璃罩子里的，我们只能参观，不能拿着看。

周霆赫：我去的旧书市场是一个可以免费看书的地方，但是不能把书带走，只能在那里看。

米衡辰：我去了三里屯的“老书虫”书店。书店里有很多旧书，大家既能看书，也能买书，还能把自己不看的书捐到那里。

讨论 3：除了旧书市场外，你还知道哪些旧物市场？

周万泽：二手车市场。

解应登：是不是有一个卖二手家具的市场啊？我妈妈好像带我去过。

高　裳：还有卖旧电器的市场。那里有一些旧手机、旧电视机。

四、小　结

教师请幼儿分享自己逛市场的感受。

教师总结："从整理书柜到现在去逛旧书市场，我们不仅知道了旧书有很多去向，而且换来了、买来了许多好看的旧书。其实书是没有新旧之分的，只要自己喜欢，无论它是什么样子的，我们都会很小心地收藏它，这是一次很宝贵的经历。"

五、延伸学习

幼儿可以再选取没有去过的旧书市场，在周末的时候邀请爸爸妈妈再次体验旧书市场的魅力。

活动小结与反思

借由本周课程活动的契机，孩子们在爸爸妈妈的陪同下前往旧书市场，在旧书市场中精心挑选自己喜欢的书，那些书已经泛黄，里面或许还有上一任主人留下的字迹；在寻找的过程中，孩子们还发现了很多爸爸妈妈小时候看过的书；有的孩子还第一次尝试了和旧书摊的老板讲价，希望能够以更低的价格买到自己心仪的书……这些宝贵的情感联结和社会生活经历，对孩子们来说，弥足珍贵。

老师也和孩子们一样，跟随着课程的脚步，周末的时候去旧书市场寻宝。当在某个旧书摊上看到自己喜欢的书，并且能够以很低的价格买回家时，特别幸福。对孩子们分享旧书市场见闻时的细节和激动的心情，也有了更深的体会。这就是"生活化课程"的魅力吧，让每个人忍不住想加入其中……

活动二　旧书市场与图书大厦

活动形式

小组活动。

活动目标

1. 通过对比，知道旧书市场和图书大厦有哪些不同。
2. 对旧书有更深的认识。
3. 在阅读旧书的过程中，感受不一样的乐趣。

活动准备

绘画纸、画笔、幼儿在周末逛旧书市场或图书大厦的照片。

活动过程

一、导　入

教师提问："你们的书一般都是在哪儿买的？"

二、分享环节

幼儿分享自己的书的购买途径。

活动记录与呈现

曹雅淇：我的书一般都是在网上买的，因为在网上能很快找到想要的书，而且不用自己从书店背回来。

杨力鸣：我的很多书都是在图书大厦买的，因为买之前我会打开书看看，看了以后才知道我喜不喜欢。

高裳：我的书很多都是在网上买的，但是我很喜欢去书店看书。

三、讨论提纲

1. 旧书市场和图书大厦有什么不一样?

2. 你更喜欢去旧书市场买书，还是去图书大厦买书，为什么?

活动记录与呈现

讨论1：旧书市场和图书大厦有什么不一样?

全奕单：旧书市场里面的书摆得很随意，图书大厦里面的书放得很整齐。

李映萱：我看到的旧书市场不是在房子里面的，图书大厦里面的书店一般都在房子里面。

周霆赫：旧书市场里很吵，图书大厦里很安静。

刘彦熙：旧书市场里面的书都是以前的书，图书大厦里面的书都是现在的书。

讨论2：你更喜欢去旧书市场买书，还是去图书大厦买书，为什么?

陈益清：我喜欢去旧书市场买书，因为旧书市场有别的地方没有的很多书。

徐晟然：我喜欢去图书大厦买书，因为新书很干净，旧书都有点儿脏。

寇瀚辰：我喜欢去旧书市场买书，因为旧书市场里的旧书很珍贵。

四、小　结

教师梳理幼儿关于“旧书市场与图书大厦”的讨论情况。

教师总结：“你们在旧书市场里有很多的发现，每个人发现的角度都不一样，而且，你们还发现了旧书市场和图书大厦的不同之处。旧书市场浓缩了一个城市的文化历史，有机会的话，小朋友们可以去更多的旧书市场参观。”

五、延伸学习

幼儿和爸爸妈妈一起继续寻找身边的旧书市场，在旧书市场里发现自己感兴趣的事物，并用自己的方式记录下来。

活动小结与反思

孩子们生活的这个时代，人们的购书途径越来越多样，不仅可以在书店购书，还可以通过网络选择自己喜欢的书进行购买。网络购书固然便捷，但是那种置身于书海中，精挑细选一书本购买的体验，却是只有书店能够给予的。

本次活动，我们选择了旧书市场和图书大厦这两个场所和孩子们一起讨论、分享。讨论中我们设计了“更喜欢去旧书市场买书，还是去图书大厦买书”的问题，孩子们做选择、阐明选择原因的过程，也是他们在对书的态度做澄清的过程。“A 还是 B”的设问将孩子们置于“选择”之中，能够很好地帮助孩子们完成一些价值澄清，可以考虑在课程中多多使用。

活动三　关于旧书的问与答

活动形式

小组活动。

活动目标

1. 能够用相对完整的句式对“旧书”下定义。
2. 基于对旧书市场的初步了解，能够大胆提出自己的问题。
3. 知道旧书的价值，理解旧书再利用的意义。

活动准备

对旧书市场、旧书书店有一定的了解。

活动过程

一、导　入

教师提问：“关于旧书，你们想知道哪些问题?”

二、分享环节

教师请幼儿结合自己的调查，提出自己想要了解的问题。教师帮助幼儿汇总问题，找出共同问题进行讨论。

活动记录与呈现

王子衿：我想知道旧书是怎么收集来的。

唐悦铃：有的旧书已经很旧了，为什么还会有人去买呢?

林苫骞：我发现旧书中和现在的书中有很多故事是一样的，为什么呢?

朱子奕：旧书有的很小，没有颜色，为什么呢?

三、讨论提纲

1. 什么是旧书?

2. 市场里的那么多旧书是怎么被收集到一起的?

3. 为什么有的很旧的书很贵，比新书还要贵?

4. 新书好，还是旧书好?

活动记录与呈现

讨论 1：什么是旧书?

杨力鸣：我不想看的书，对于我来说就是旧书。如果我把旧书送给别人，我的旧书就是他的新书。

李　瑶：旧书是爸爸妈妈和爷爷奶奶小时候看的书。

顾峻熙：旧书是古代人留给我们的很重要的东西。

讨论 2：市场里的那么多旧书是怎么被收集到一起的?

冯澍予：有些人看完一些书后不需要了，就卖到了旧书市场，然后就可以再卖给需要的人。

朱子奕：他们可以去不同的国家，在不同的市场里去选购一些物别的旧书带回来。

朱思涵：拍卖会上可以买旧书，但是那里的书都很贵。

讨论 3：为什么有的很旧的书很贵，比新书还要贵?

栗千涵：因为很贵的旧书都是古代人看的，他们把那时候的字留下来是不容易的，所以旧书就很贵。

王鏖闵：因为古代人没有那么多钱，现在的人有钱，所以他们就想把书卖贵点儿。

讨论 4：新书好，还是旧书好?

新书好

赵子昂：新书上面的字更好看，画的画都大大的，有各种不同的颜色。

贾含漳：新书的种类有很多，有立体书、贴画书。我们之前参加畅游活动时看到过不同种类的书。

赵甜希：新书里讲的都是我们小朋友现在发生的故事。

旧书好

唐悦铃：旧书里的很多内容，是我在新书里没有看过的。

张恩郡：旧书里面没有那么多颜色，我们可以好好看看里面画的是什么。

曹雅淇：旧书里面有爸爸妈妈小时候的回忆，可以让我知道更多他们小时候的事。

新书、旧书都好

谌仲匀：新书和旧书的特点不一样，不能比较。

王鏖闵：新书和旧书就像我们自己一样，有缺点，也有优点，都是好书。

四、操作环节

教师请幼儿画出与旧书相关的故事。(图 1-2-5、图 1-2-6、图 1-2-7、图 1-2-8)

图 1-2-5　我在旧书市场里的故事

图 1-2-6　我和旧书的故事

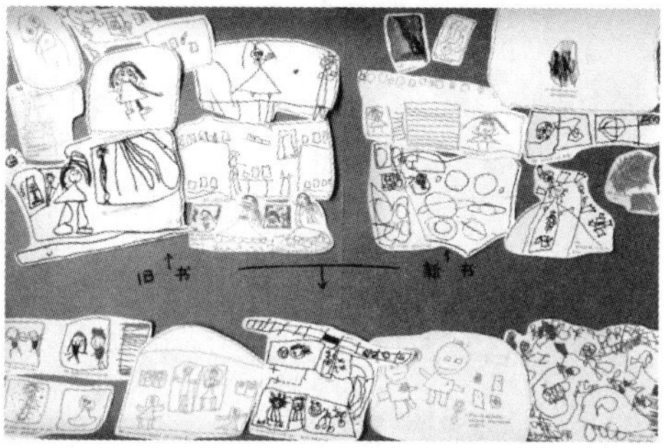

图 1-2-7　我眼中的旧书和新书

图 1-2-8　姥姥、妈妈、孩子之间的传承故事

五、小　结

教师根据幼儿对这些问题的讨论，就旧书的深层定义进行分享与小结。

教师总结："每个人对旧书都有自己的理解，就如小朋友说的——新书会慢慢变成旧书，旧书经过修补就又可以变成新书。每一本旧书都记录着我们的欢乐，能带给我们力量，而这些才是旧书最有价值的地方。"

六、延伸学习

幼儿思考旧书变新书可以有哪些方法。

活动小结与反思

对于什么是旧书，孩子们的心中有着不同的答案。通过对问题的讨论，孩子们对旧书有了更多的认识和新的体验，他们赋予了这些“旧书”生命、时代感。在学习的过程中，孩子们希望了解更多有关旧书的问题，并对如何将旧书变成新书产生了兴趣，这也为我们后面的活动打下了基础。

留存的书香、时代的烙印、蕴含的价值在孩子们的讨论与学习中被一一呈现，孩子们对这一切赋予了更深的情感。未来的日子，我们仿佛看到，孩子们正在用自己的方式，徜徉在一家家旧书店中，摩挲着一本本旧书，享受着那份惊喜与幸福。

忠实记录课程的瞬间 | 旧书里的新发现

活动四　修补我的图书

活动形式

集体活动。

活动目标

1. 知道简单修补旧书的方法。
2. 知道更多的旧书处理方式，了解资源再利用的意义和价值。
3. 通过修补图书体会旧物翻新的乐趣。

活动准备

幼儿自己挑选的破损图书、剪刀、胶条、胶棒、藤编筐。

活动过程

一、导　入

教师提问：“你知道哪些把旧书变成‘新书’的方法?”

二、分享环节

教师请幼儿分享旧书变新书的方法。

活动记录与呈现

栗千涵：把破了的书皮粘起来，换个美丽的书皮。

赵子昂：加上颜色，书就变新了。

赵甜希：用小刷子轻轻地把旧书上面的灰刷掉，再轻轻地把旧书收起来。

杨皓云：不一定要用钉子把很破很破的书钉上，可以用线把旧书穿起来。

三、操作环节

幼儿结成小组，挑选旧书，修补旧书。（图 1-2-9、图 1-2-10）

图 1-2-9　我来帮你剪胶带

图 1-2-10　哇，我们马上就补好了

四、讨论提纲

1. 你们是怎么修补图书的？

2. 那些很旧的、已经不能修补的图书还有什么用途呢？

活动记录与呈现

讨论 1：你们是怎么修补图书的？

唐悦铃：我和王子衿一起把这些小书粘好了，修补图书需要几个小朋友一起配合完成。

林苫骞：我和周京远、曹雅淇一组，我们一个人拿剪刀，一个人拉胶条，一个人把需要粘补的地方放整齐，这样就能很快把书修补好。

周万泽：我和唐安吉一起修补了两本书，把书上掉的页都粘好了。

讨论 2：那些很旧的、已经不能修补的图书还有什么用途呢？

贾含漳：可以把上面的图画剪下来玩。

明梓轩：可以把旧书卖给收书人。我家楼下就有一个收旧书的叔叔。

谌仲匀：还可以做折飞机的彩纸，这样就可以折出彩色的飞机。

王梓瑄：可以把自己喜欢的图案剪下来，贴在纸上，就有一幅新的作品了。

五、小　结

结合活动，教师就本周的旧书活动进行梳理、总结。

教师："通过这一周的学习，我们对旧书有了新的认识和更多的了解。我们可以根据不同的内容和损坏程度来决定如何处理旧书，捐赠、变卖、留存等都是资源的再利用方式。"

六、延伸学习

幼儿和爸爸妈妈一起整理修补自己家里的旧书，体验旧书交换的乐趣。

活动小结与反思

在本次活动中，孩子们整理旧书时认真有序，修补图书时小心翼翼，表达观点时积极踊跃。通过对破损的书的进一步讨论，孩子们扩展了思路，让破损的书能够充分发挥价值，对图书以及其他纸制品有了更多"惜物"的态度。

活动五　旧书跳蚤市场

活动形式

畅游活动。

活动由来

还记得小时候，爸爸妈妈带着我们逛的市场的样子吗？市场里有各式的叫卖声、丰富的物品，还有摩肩接踵的热闹与拥挤。

结合本周旧书的活动主题，我们在幼儿园里开设了一个旧书的集市，和孩子们共同走进了热闹非凡的情境中体验"以物置物"，让旧书流动起来。

活动目标

1. 整理自己的旧书，并能根据旧书的内容制作书摊招牌。
2. 参与制定旧书交换的规则，并能够按照规则进行交换活动。
3. 体会生活化场景中与人交往的技巧，初步理解按需交换。

活动准备

幼儿自带的旧书、书摊垫布、自制的书摊招牌。

活动过程

一、导　入

教师提问："旧书跳蚤市场就要开始营业了，你们都做了哪些准备呢？"

二、分享环节

教师请幼儿分享自己做的准备，介绍自己设计招牌时的创意。

三 、讨论环节

旧书跳蚤市场需要哪些规则？

活动记录与呈现

林苢骞：换书时，要把喜欢的书放进袋子里，这样就不会被其他的小朋友选中了。

王鏖闵：如果不太喜欢交换回来的书，还可以把书放在书摊上，继续和别的小朋友交换。

高沄驰：如果有的书没有交换成功，可以问问对方交换的要求是什么。

谌仲匀：要友好交换，换不到自己想要的书也别着急。

四、游戏环节

1. 幼儿布置自己的书摊，等待客人到来。

2. 幼儿交换角色，体验当客人。

3. 幼儿分享交换趣事，教师为幼儿做记录。（图 1-2-11、图 1-2-12、图 1-2-13、图 1-2-14）

图 1-2-11　我的摊位摆好了，快来换书吧

图 1-2-12　这本书真好看

图 1-2-13　我能和你换这本书吗

图 1-2-14　我们一起来分享换来的书吧

活动记录与呈现

在逛市场时都发生了哪些有趣的故事？

曹雅淇：刚才在交换的时候，来我书摊前的人不多。虽然他们和我交换的书都不是我喜欢的书，但是我还是跟他们换了，又放在书摊上，继续跟其他小朋友换。

王子衿：今天我换到的书，都是我喜欢的。老师用贴画和我换书，她要用贴画换三本书，但我只能换给她一本书，因为我还要用其他的书换我更加喜欢的书。

贾含漳：我刚开始不愿意和其他小朋友交换，后来我还是换了，因为这样我才能拥有更好的书。

今天你有哪些收获？

曹雅淇：我今天心里美美的。他们来到我的书摊前，我就特别开心。

杨皓云：下次再有活动的话，我要仔细地挑选小朋友喜欢看的一些书才行。

五、小　结

教师根据幼儿在畅游活动后的感受，小结幼儿对旧书跳蚤市场的新认识。

教师总结："大家无论当店主，还是当客人，都能专注地投入其中，仔细地寻找自己喜欢的书。最让老师们感动的地方是，大家互相关爱，友善相处，有智慧和创意。这是一个很好玩的游戏，也给大家提供了进行分享阅读的好机会。"

六、延伸学习

幼儿和爸爸妈妈一起参加不同形式的"跳蚤市场"，感受按需交换的乐趣。

活动小结与反思

在旧书跳蚤市场中，孩子们和教师共同走进了热闹非凡的"旧书跳蚤市场"的情境中。孩子们友善的分享、豁达的作风、有创意的交往技巧、风趣幽默的语言，更是为市场增添了无限的光彩。

在"旧书跳蚤市场"这样生活化的游戏场景中，孩子们在"交换—满足""被拒绝—再交换"的过程中思考，在游戏中去发现：别人眼中的旧书，也许就是自己所需要的"新书"。孩子们收获了"新书"，也收获了新体验，一起感悟：拥有图书的最好方式是帮它找到需要它的人。

畅游日丨三个活动，带你玩转灰色星期五

教育笔记

旧识新交，复旧如新

郭　佳

在这周的关于旧书的活动中，我有很多的思考与感受，总结如下。

一、旧识新交

这周活动开展之前，从孩子们的话语中我能感受到，他们对旧书的认识还停留在“破书、烂书、自己不喜欢的书、不再看的书”上，这些认识都基于他们日常生活的经验。如果直接开展我们的课程，所有问题的提出就会是“纸上谈兵”。

因此，我们请爸爸妈妈利用周末的时间，先带着孩子去逛旧书市场，并记录孩子在逛的过程中提出的问题。爸爸妈妈只需要记录孩子提出的问题，我们将在活动中逐一解决这些问题。我们对孩子们提出的问题进行汇总时发现，每一个问题看似简单，却都有很深的意义。而这些问题恰恰是孩子们经过自己的观察后有感提出的。

周一，孩子们迫不及待地分享，想要把自己的发现与问题分享给所有人，更渴望得到答案。在发现问题、提出问题、解决问题的过程中，他们获得了对自我的认可与满足感。

孩子们对问题的解答永远让我们成人望尘莫及，他们的视角和逻辑简单又独特，每一个回答都很有哲理。

对于“书都那么旧了，为什么还有很多人买呢?”孩子们的回答如下。

王子衿：“因为旧书很宝贵，爸爸妈妈小时候喜欢的东西都在这些书里面。”

赵子昂：“因为这些书已经很古老了，太可怜了，大家不想让它们再老下去了，所以要买回家好好保护。”

曹雅淇：“我们还是在天使的时候，肯定看过这些书新的样子，当我们再看见它们的时候，就一定会把它们带回家。”

每一个回答都包含着孩子们的理解与情感，还有具备灵性的诠释。

二、复旧如新

在孩子们的学习中，最打动我的是他们为事物赋予了生命。书的新与旧都是自然中的常态，而在孩子们的话语中，我们看到了他们那颗纯净的心，他们能用富有禅意的语言告诉我们书的珍贵，并带给我们成人更多的反思。

当我把孩子们的讨论和画分享到班级群时，爸爸妈妈的感悟也让我感触良多。他们不再感叹幼儿如何棒，而是能够反思自己的教育方法。带着孩子出去玩的时候，孩子说的话、提的问题都为他们认识事物、学习提供了好机会，而爸爸妈妈之前并没有注意到这一点。

朱子奕的妈妈在看到孩子画的和旧书相关的作品时，对我说：“谢谢你们，让孩子变得更好了，也让我们知道了怎么做才是更好的。”

第三周 诗词大会

周主题说明

本周，我们开始学习中国古代语言表达最有魅力的形式——古代诗词。孩子们会从自己熟悉的古诗词开始，对古诗词有更多的感受与认识。

孩子们一起分享“我会背诵的第一首古诗词”；结合自己的旅行经验，一起“跟着诗词去旅行”；感受诗词中所描绘的意境，了解《经典咏流传》；尝试创作一首属于“我家的小诗”；在畅游活动“这个春天，一起来诵诗”中用各种方法演绎诗词，感受中国诗词文化的韵律之美。

周课程目标

1. 鼓励幼儿用朗诵、吟唱、表演等不同的方式表达自己对中国古诗词的理解。

2. 帮助幼儿感受诗词的独特韵律以及它与生活之间的自然、紧密的联结。

3. 通过对诗词韵律的理解，鼓励幼儿尝试自己创编诗词。

4. 在使用不同方式演绎诗词的过程中，培养幼儿的文化底蕴和内在气质，引导幼儿发扬并传承中国传统文化。

活动一　我会背诵的第一首古诗词

活动形式

小组活动。

活动目标

1. 能用完整、连贯的语言讲述自己和第一本诗词书的故事。

2. 喜欢在集体中分享自己的观点。

3. 愿意了解中国传统文化，并在活动中感受传统文化的魅力。

活动准备

幼儿带来自己的第一本诗词书或会背的第一首古诗词。

活动过程

一、导　入

教师提问：“每位小朋友都会朗诵几首古诗词，你还记得你会朗诵的第一首古诗词是什么吗?”

二、分享环节

教师请幼儿自由分享自己学会的第一首古诗词。

活动记录与呈现

谌仲匀：我小时候看的古诗词的书都是我哥哥看过的。

曹雅淇：我的唐诗的书已经被我的弟弟撕坏了，不过没有关系，我还可以看。

赵子昂：我学会的第一首诗是《咏鹅》，是妈妈教我的。

三、讨论提纲

1. 什么是古诗词?

2. 为什么要学会古诗词呢?

活动记录与呈现

讨论1：什么是古诗词?

林苢骞：古代人说的话就是古诗词，我们现在说的话是清楚的、简单的，我听不懂古诗词里的有些话。

刘瑀垚：古诗词都是古代人说的好话，他们去好玩的地方就会写诗词。

贾含漳：古诗词就是古代人讲的故事，古诗词有的长，有的短。

讨论2：为什么要学会古诗词呢?

赵子昂：为了了解古代人在做什么事情。

曹雅淇：有的诗词是让我们不要浪费食物的，比如，谁知盘中餐，粒粒皆辛苦。有的古诗词是告诉我们其他事情的。

龙思齐：因为我们都是中国人，学了古诗词，我们就可以理解古代人说的话了。

四、阅读环节

教师请幼儿自由结组分享自己小时候读过的诗词书以及自己会背的一首诗词。(图1-3-1、图1-3-2)

图1-3-1　这本书里面有我会读的第一首诗

图1-3-2　我可以背下来这本书里面所有的诗

五、小　结

教师根据幼儿对古诗词的讨论，就古诗词对我们的重要性提供一些建议。

教师总结："很多人都有一本古诗词的书，也会背古诗词。古诗词或许离我们现在的生活有些遥远，但是学习古诗词的过程是我们对以前的人增加了解的过程。今后，我们可以继续探讨和学习更多的古诗词，了解更多的传统文化。"

六、延伸学习

回家后，幼儿和爸爸妈妈一起分享曾经在旅行中"遇到"的诗句。

活动小结与反思

今天的活动从孩子们学会的第一首古诗词开始，一下子就将孩子们的回忆拉到了"小时候"。孩子们分享的第一首古诗词具有很高的重合度，被提及率最高的古诗词前三依次为《春晓》《咏鹅》和《悯农》。这个统计结果仿佛在告诉我们"经典就是经典"，这些脍炙人口的古诗词流淌在每一个中国人的记忆深处，构成了我们共同的民族记忆。

当听到这些古诗词跨越千年，在当下被孩子们吟诵时，有种说不出的感动……

活动二　跟着诗词去旅行

活动形式

小组活动。

活动目标

1. 尝试结合自己的旅行经验，了解诗词中所描绘的意境。
2. 能用自己的语言分享自己对古诗词的理解。
3. 通过了解旅行途中的诗词，感受祖国山河的壮美。

活动准备

自制的海报。

活动过程

一、导　入

教师提问："在爸爸妈妈带你去旅行的时候，你有没有发现有一些诗是描述你去的这个地方或者眼前的景色的?"

二、分享环节

教师请幼儿分享自己的旅行海报(图 1-3-3)和他们知道的赞美景色的诗歌。

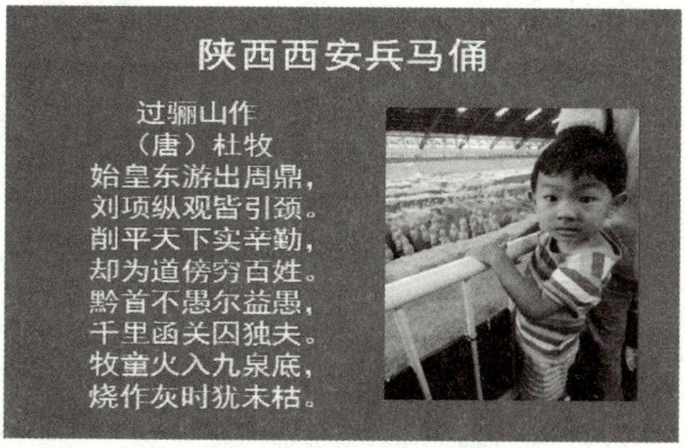

图 1-3-3　参观西安兵马俑时，我爸爸想到了这首诗

活动记录与呈现

贾含漳：我和爸爸妈妈一起去了黄鹤楼，李白就写过一首《黄鹤楼送孟浩然之广陵》的诗。

谌仲匀：故宫里就有皇帝写的诗，那些诗是刻在石头上的。

林苢骞：爸爸带着我去奶奶家的时候，看见有农民伯伯在种地，我就想到了《悯农》这首诗。

曹雅淇：我去大连玩的时候，看见了特别美的池塘，就想到了我们班里的诗《小池》，还想到了我们幼儿园里的小池塘。

三、讨论提纲

1. 古人为什么到了自己喜欢的地方就会作诗？

2. 爸爸妈妈给你们读这些诗词的时候，你们有什么样的感受？

活动记录与呈现

讨论 1：古人为什么到了自己喜欢的地方就会作诗？

王鏖闵：以前人们不管高兴不高兴，都喜欢用写诗词的方式把这种感觉记录下来。

谌仲匀：因为古代人没有手机，不能用网络来交流，到了一个地方只能用写诗的方式让别人知道自己来过了。

讨论 2：爸爸妈妈给你们读这些诗词的时候，你们有什么样的感受？

贾含漳：我感觉我在和一个古代人看同一片风景，很神奇。

明梓轩：我觉得在古代的那些诗人都很厉害，写出来的诗都很美。

王鏖闵：有的诗可以带给我快乐，有的诗会让我的内心感到温暖，有的诗会让我有点儿想家。

四、小　结

教师就幼儿对诗词的分享进行小结。

教师总结："每一处优美的地方，都有它的独特之处。古时候的人选择用写诗词的方式来表达自己看到这些风景时心中的感受，使这些古诗词流传到今天，让我们看到不一样的风景。"

五、延伸学习

幼儿和爸爸妈妈一起分享更多的不同韵律的诗词。

活动小结与反思

活动中，孩子们借助和爸爸妈妈一起制作的"旅行海报"，将自己的旅行经历和对旅行地相关古诗词的理解有机融合，和大家共同分享。我们则跟着各位"小导游"，在诗人们创造的诗词意境中，从田间到深山，从江南水乡到北方边塞……仿佛身临其境，领略了祖国的大好河山，感受到了古诗词的韵律感和诗人们在诗词中寄托的情感。

正如贾含漳小朋友分享时说的"我感觉我在和一个古代人看同一片风景，很神奇"，这份神奇感就是我们埋在孩子们心中热爱古诗词的一颗最美的种子……

活动三　《经典咏流传》

活动形式

小组活动。

活动目标

1. 尝试用自己喜欢的方式吟诵古诗。
2. 知道吟诵古诗的几种方式，如肢体表演、添加旋律演唱等。
3. 通过不同形式的诵读，加深对古诗的理解。

活动准备

视频节目《经典咏流传》(节选)、幼儿自己会诵读的古诗。

活动过程

一、导　入

教师提问："最近我听到好几个小朋友都在唱《春晓》。古诗可以朗诵，可以吟唱，我们还可以用什么方法来展现古诗呢?"

二、分享环节

教师请幼儿分享自己对展现古诗的不同想法。(图 1-3-4)

图 1-3-4 我想把我喜欢的诗唱出来

> **活动记录与呈现**
>
> 王子衿：古诗可以跳出来，我们可以跳一个诗的舞蹈。
>
> 高沄驰：古诗还可以演出来，就像演戏一样。
>
> 朱子奕：古诗还可以画出来。

三、讨论提纲

1. 吟唱古诗需要做哪些准备？
2. 为什么要用不同的形式来表现古诗？
3. 对于用不同的形式来表现古诗，你有什么新的体验和感受？

> **活动记录与呈现**
>
> **讨论 1：吟唱古诗需要做哪些准备？**
>
> 赵子昂：我们可以穿着古代人的衣服，像古代人那样唱诗。
>
> 贾含漳：我们可以做个道具，这样我们就可以一边演一边背诗。
>
> 栗千涵：我们还要准备一首特别喜欢的诗，一定要吟唱得特别特别的熟练。
>
> **讨论 2：为什么要用不同的形式来表现古诗？**
>
> 曹雅淇：这样背诗会更好听，也能记住更多的诗。
>
> 赵子昂：我们比古代人聪明，可以用更多的方法来背诗。
>
> 龙思齐：古诗很短，如果不这样背，别人还没来得及听见就结束了。
>
> **讨论 3：对于用不同的形式来表现古诗，你有什么新的体验和感受？**
>
> 朱子奕：这样读诗让我感觉自己就是个大诗人，我也会作诗了。
>
> 高沄驰：这种感觉很奇妙，我很快就能把我不会的诗记住了，而不是像之前那样背了好长时间也没记住。
>
> 曹雅淇：这样背诗能让我感觉到诗更美了，而且短短的诗里面会有一个很长的故事。

四、小 结

教师根据幼儿表现古诗的不同方法以及如何表现进行小结。

教师总结："你们说的这些表现古诗的方法都太好了。古诗的表现方法多种多样，每种表现方法都能让我们更好地了解古时候的人生活的状态，以及他们表现事物的方式。我们也可以举办一次诗词大会，你们可以用喜欢的方式演绎你们喜欢的古诗。"

五、延伸学习

幼儿尝试和爸爸妈妈一起创编一首小诗。

幼儿和爸爸妈妈一起为"诗词大会"设计、准备服装和道具。

活动小结与反思

对孩子们来说，古诗词不仅是书本上的文字，更是表演和游戏的创意源泉。在今天的活动中，孩子们能够初步理解古诗词的含义，开动脑筋积极思考将一首古诗词呈现得更加生动的办法。活动中，很多孩子更是忍不住要展示一下自己想到的办法，比如，有的一起吟唱《春晓》；有的学着在电视中看到的"摇头晃脑"式的方式吟诵；有的边念边模仿《草》中小草被野火烧过，慢慢从土地中再长出来的场景……现场笑声连连。这也让孩子们觉得学习古诗词并不枯燥，相反我们可以用创造力让他们变得很愉快！

活动四　我家的小诗

活动形式

集体活动。

活动目标

1. 知道诗词的结构和日常口语表达是不同的。
2. 愿意与大家分享和爸爸妈妈一起创作的小诗。
3. 体会诗词的魅力，尝试用诗词的形式表达自己的想法。

活动准备

和爸爸妈妈一起创作的诗词小报。

活动过程

一、导　入

教师提问："通过这几天对古诗的学习，你对诗词有什么新的了解？"

二、分享环节

教师请幼儿结合经验，说说自己对诗词的了解和看法。

活动记录与呈现

解应登：我发现诗的每句话都是一样长的，有的诗每句话都是 5 个字，有的诗每句话都是 7 个字。

周万泽：我觉得这些古诗都是用很短的话讲了一个很长的故事。

成昱明：我发现古代人都很厉害，他们平时说话不是这样的，可就能编出这样的诗来。

三、讨论提纲

1. 你喜欢诗词吗？为什么？

2. 诗词和我们平时说的话有什么不同？

3. 你和爸爸妈妈创作诗的时候有什么有趣的发现？

活动记录与呈现

讨论1：你喜欢诗词吗？为什么？

杜星璇：我喜欢，因为我觉得古代人写的诗都很美。

唐安吉：我喜欢，我最喜欢我们班的诗，因为每次读的时候我都感觉很快乐。

周万泽：我喜欢，因为我觉得这些诗听起来很美，有的诗还能编成歌唱出来。

讨论2：诗词和我们平时说的话有什么不同？

陈益清：诗就是一种很慢的说话方式，念诗的人是很有感情的。

高　裳：我能听懂我们平时说的话，但是我有时不理解诗，老师告诉我，以后我就知道了。

讨论3：你和爸爸妈妈创作诗的时候有什么有趣的发现？

陈益清：在编小诗的时候，我觉得自己也变成了一个诗人，感觉自己很厉害。

成昱明：我觉得编诗的时候很难，不像讲故事那么简单。

王子衿：我喜欢作诗，我妈妈还给我记下来了，我要留到以后看。

四、分享环节

教师请幼儿分享和爸爸妈妈一起创作的小诗。（图1-3-5、图1-3-6）

图1-3-5　这是我的小诗《这就是我》

图1-3-6　我为大家朗诵一首我的小诗《男孩和小树叶》

活动记录与呈现

《男孩和小树叶》

王子衿

秋天，
男孩捡到一片黄叶。
妈妈，妈妈！
树叶好可怜，
离开了妈妈的怀抱，
让它在我怀里暖一暖吧！
嘻嘻。
小树叶暖和了，
妈妈，妈妈！
我把它带回我们家吧！
我要和它做朋友。

《月亮》

付博闻

月亮月亮你真美，
有时圆圆像饼干，
有时弯弯像香蕉，
挂在天上放光明，
天天还有星星陪。

五、小　结

教师对幼儿创编小诗的活动进行小结。

教师总结："诗词是古人留给我们的一笔很大的财富，从诗词里我们能体会到很多美好的情感。你们用自己的小诗表达了自己在生活中的体会与发现，相信你们一定会有同样的感受。"

六、延伸学习

班级创设诗词角，当幼儿有创作灵感时，教师可帮助记录并贴在诗词角中。

活动小结与反思

创作一首完全符合七言诗或者五言诗标准的诗词，对孩子们来说，是一个不小的挑战，这个时候爸爸妈妈充当了孩子"现有水平"和"期待水平"中间的"脚手架"。在爸爸妈妈的引导下，孩子们将日常生活中的事物当作创作的对象完成了诗词的创作，言语间充满了想象的曼妙，这是独属于儿童的诗意。

在孩子们分享的过程中，教师一定要注意不要提前预设一个完美的标准，用“像不像一首诗”“对仗工不工整”来评价孩子的作品，就让孩子们的诗意在言语间自然流淌，因为每一字每一句，记录的都是孩子们的真心。

活动五 这个春天，一起来诵诗

活动形式

畅游活动。

活动由来

在过去的一周里，孩子们走进了充满魅力的诗词世界。他们跟着诗词去旅行，游历了大江南北；他们吟唱古诗，和爸爸妈妈一起创作了“我家的小诗”……通过用多种方式来演绎诗词，孩子们对古诗有了更充分的认识、更丰富的体验。

本次畅游给孩子们提供了一个演绎诗词的舞台——诗词大会。孩子们可以把自己的想象力和对诗词的新认识尽情表现出来。在多样的表达中，孩子们对中国古诗词和传统文化的感受更加饱满。

活动目标

1. 通过演唱、朗诵、形体表演等方式演绎诗词，加深对诗词的理解。
2. 敢于在集体面前展示自己，增强自信心。
3. 感受诗词的韵律美，加深对中国传统文化的认识和喜爱。

活动准备

诗词大会的场地、红地毯、活动标识。(图 1-3-7)

家长配合幼儿准备服装道具、话筒、伴奏音乐。

图 1-3-7 布置好场地后，活动马上开始

活动过程

一、导　入

教师提问："在这一周里，我们感受到了中国诗词的魅力。诗词大会马上就要召开了，你们期待吗?"

二、入场环节

教师请各班幼儿提前穿好演出服装，准备好道具，在教师的组织下有序入场。

三、游戏环节

1. 主持人宣布诗词大会正式开始。(图 1-3-8)

2. 每班 5 名幼儿一组，各班按照顺序依次表演节目。(图 1-3-9、图 1-3-10、图 1-3-11)

3. 表演结束后，主持人宣布活动结束。

图 1-3-8　花草园诗词大会现在开始

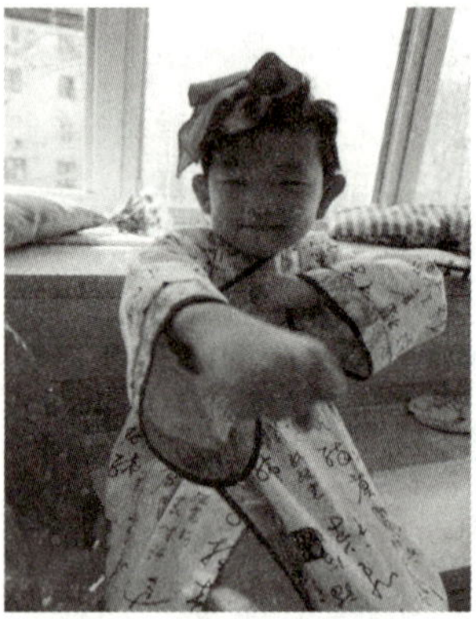

图 1-3-9　我等不及要上场了

图 1-3-10　我给大家朗诵的是《螳螂赋》

图 1-3-11　我们一起表演《春晓》

四、小　结

幼儿分享参加"诗词大会"的感受，教师对畅游活动中幼儿的表现进行小结。

教师总结："每个人都用自己的方式展示了中国的诗词，非常精彩。希望通过今天的活动，你们能够对诗词有更多的了解，更加喜爱中国的诗词文化。"

活动记录与呈现

在今天的诗词大会上，你有什么感受？

米衡辰：一开始的时候，我有点紧张，但是站在台上以后，我就不紧张了。

张歆程：我穿的衣服是妈妈最近给我买的，我感觉自己真的变成了一个古代的人。

王梓瑄：为了今天的"诗词大会"，我做了很多的准备，站在台上的时候，我很高兴。

魏琳奕：我觉得每一个小朋友都表现得很好，他们背诵的诗，有很多是我都没有听过的。我想回家以后让爸爸妈妈教给我。

五、延伸学习

幼儿和爸爸妈妈一起借由对中国经典诗词的学习，加深对传统文化的学习。

活动小结与反思

孩子们经历了感受、学习、再现的学习过程。在今天的活动中，孩子们用歌唱、表演等丰富多样的方式再现了诗词的魅力。他们的表现多样灵动，每个孩子都在其中获得了满足和愉悦。同时，活动也促进了同伴间的相互学习，孩子们对诗词表现出了浓厚的兴趣。

今天的活动非常有意义和价值，越是在高速发展的信息时代，我们越是需要沉下心来认识中国传统文化的价值。

畅游日丨这个春天，一起来诵诗

教育笔记

诗意花草园里的诗词大会

张　焱

这个星期，我们的课程进行到了第三周，孩子们对"诗词"进行了认识和学习。现在跟诗词有关的电视节目特别火，我们受到了启发，也想了解孩子们和诗词之间能发生什么奇妙的反应。

第一个阶段：显疑惑

对于教师和家长来说，任务很难。上个星期布置完这个星期的任务以后，几个家长马上就回复说，课程设计太有创意了。当然，也有家长说，这个星期的任务有点难啊。其实在这背后，我能隐约猜到家长们的想法，有一部分家长很开放，并没有给自己和孩子设限，也并没有太在意孩子能不能很好地完成任务，能不能达到高水平；认为任务很难的家长可能就会对自己和孩子有要求，他们认为想要达到某个标准似乎很难，却忽略了孩子在学习过程中其实发挥了很大的能动性和提高了自我调整的能力。就这样过了两天，周一的活动“我会背诵的第一首古诗词”就是由一本书引发的。了解了孩子对诗词的初步认识后，我惊喜地发现，其实孩子们对诗词是有自己的认识的，他们能用自己的方式解读这些诗词的含义，能给诗词提供一种有趣的描述。

第二个阶段：初体会

每一首流传至今的诗词都有深远的意境。从诗词里来，到生活里去；从生活里来，再到诗词中去：这一来一回让孩子们对诗词的认识变得更加生动形象了。我们的活动“跟着诗词去旅行”可以说是一段小小的高潮。我没有想到家长们真的太厉害了，他们介绍了李白的《将进酒》、白居易的《忆江南》、曹操的《观沧海》等，孩子们知道了这些诗词背后居然还有这么美丽的景色。他们在介绍的时候，我觉得他们好像很自豪，好像这些诗就是他们写的一样。在这个过程中，我也发现了孩子们的变化，在很多过渡环节中，他们都会不由自主地哼唱起《新学堂歌》或者其他诗词来。

第三个阶段：意跟随

和孩子们在一起，我最能直观地感受到他们的变化。虽然他们不能完全理解这些诗词的含义，但是家长从中起到了非常重要的作用。班里面有的孩子有很大的诗词储备量，能够熟练地诵出《念奴娇·赤壁怀古》《长歌行》这些看上去不算短的诗词。最近，我们还新学了谷建芬的《新学堂歌》里面的《春晓》，孩子们喜欢极了，只要一放前奏，他们立刻就随着旋律摇摆起来。看得出，他们特别喜欢这种形式，我也暗暗下了决心，一定要时常给幼儿放《新学堂歌》，在每一个幼儿心里种下一粒古诗词的种子。或许就是现在，中国传统文化的魅力已经影响了一些孩子呢！

为期一周的诗词活动就要结束了，昨天我收到了一个家长的信息：“课程设计得真好，为孩子打开了一扇诗词的大门，谢谢你们为孩子准备的文化艺术大餐。我女儿这三年学到的、感受到的够她享用一生了，什么时候想起来，我都感到幸福满满的。”作为教师的我们又何尝不想收获这份饱满的幸福感呢？

第四周　活了 100 万次的猫

周主题说明

好的阅读习惯会让孩子受益终身。经过前三周调查家中的书柜、探索旧书的故事、参与诗词大会的活动，孩子们阅读的兴趣愈加浓厚。本月最后一周，孩子们会在爸爸妈妈的帮助下制订读书计划、购书清单，和同伴一起精读一本书，用这样的方式结束这个月的学习。

在这一周里，孩子们通过参加“读书计划”“购书清单”“精读《活了 100 万次的猫》”“续编《活了 100 万次的猫》”和“假如我是一只猫”这些活动，再次感受阅读的无限魅力，养成良好的阅读习惯。

周课程目标

1. 引导幼儿制订读书计划，鼓励幼儿用符号记录计划内容。
2. 帮助幼儿了解制订计划的意义和重要性。
3. 和幼儿一起完成绘本的精读，鼓励幼儿进行经典绘本的创编。
4. 在绘本演绎中，引导幼儿感受不同阅读方式带来的不同阅读体验，进一步感受阅读的魅力，爱上阅读。

活动一　读书计划

活动形式

小组活动。

活动目标

1. 初步了解什么是计划。
2. 能够用富有逻辑的、连贯的语言表达自己的想法。
3. 能够意识到读书计划的重要性。

活动准备

大黑板。

活动过程

一、导　入

教师提问："这周，我们可以制订一个新的读书计划，来读更多的书。你们知道什么是计划吗？"

二、分享环节

教师请幼儿分享对计划的理解。

> **活动记录与呈现**
>
> 薛策方：别人都不知道，但只有一个人知道的就是计划。
>
> 赵子昂：计划就是眼睛一转就能想出来的东西。
>
> 林苔骞：我觉得计划就是将自己要做的事情记下来，那就是计划。

三、讨论提纲

1. 计划对你来说有什么帮助？
2. 什么是读书计划？
3. 在制订读书计划时，我们需要注意什么？

> **活动记录与呈现**
>
> **讨论 1：计划对你来说有什么帮助？**
>
> 曹雅淇：计划可以帮助我们知道什么时间要去做什么事情。
>
> 薛策方：计划可以帮助我们更快地完成想要完成的事。
>
> **讨论 2：什么是读书计划？**
>
> 周京远：读书计划就是把自己想要坐下来看的书都想清楚，写下来。
>
> 杨皓云：读书计划就是把想读书的时间都记录下来。
>
> 朱子奕：读书计划就是把怎么好好读书、读什么书的想法写下来，然后照着去做。
>
> **讨论 3：在制订读书计划时，我们需要注意什么？**
>
> 龙思齐：制订计划的时候，要看看自己想读什么书，不能所有的书都读，也不能就读一本。
>
> 王子衿：要先确定好时间，不能有时候读，有时候不读。
>
> 卢昕妤：还可以看看哪些书需要爸爸妈妈读给我们，哪些书是可以自己读的。
>
> 曹雅淇：有了计划，还需要一直坚持下去，如果没有坚持下去，我们的读书计划就没有用了。

四、分享环节

教师请幼儿自由分享自己对读书计划的想法。

活动记录与呈现

曹雅淇：妈妈给我新买了一本《艾莎公主》的书，我特别喜欢。我想每天晚上睡觉前妈妈读给我听。

朱子奕：我有很多本大恐龙的书，我想每天带一本来幼儿园，和小朋友们一起读。

贾含漳：爸爸最近总给我念古诗词听，我很喜欢，我想每个星期学一首，还想听很多古诗词的故事。

五、小　结

教师根据幼儿对读书计划的分享，小结计划的重要性。

教师总结："在活动中，每个人都分享了自己的读书计划。计划可以帮助我们设想很好地做一件事情。希望每个人都能按照自己的读书计划读更多想读的书。"

六、延伸学习

幼儿在爸爸妈妈的帮助下继续完善自己的读书计划，并用符号记录下来，慢慢去实现。

活动小结与反思

活动中，孩子们尝试着将自己关于计划的已有经验迁移到这次的读书计划制订中，能够简单表述制订计划的部分要素，比如阅读目标、时间、实行计划涉及的人等，也能够想到制订计划要兼顾自己的实际情况，并且要坚持执行自己的计划。这让教师意识到：当一个新的学习内容能够和孩子们的已有经验建立稳固联结时，往往更能够引发他们的深度学习。所以，选择一个怎么样的主题？如何唤醒孩子们的已有经验？运用何种方式让新旧经验在交替中推动学习持续深入，是我们在组织活动过程中一直需要思考的问题……

活动二　购书清单

活动形式

小组活动。

活动目标

1. 知道购书的不同途径。
2. 能够辩证地看待书店购书和网上购书的利与弊。
3. 对亲自选书、亲自买书充满期待。

活动准备

购书计划记录单、水彩笔。

活动过程

一、导 入

请幼儿分享和爸爸妈妈一起制订的读书计划。

教师提问："小朋友们分享读书计划时，我发现很多小朋友都有的买新书的打算，请大家说说通过什么样的方法可以买到自己喜欢的书?"

二、分享环节

教师请幼儿分享自己买书的经历。

> **活动记录与呈现**
>
> 王子衿：我去过图书大厦，在那里买完了书，还可以去旁边的商场里逛一下，也不错。
>
> 赵甜希：网上可以买书的地方有淘宝和京东，我妈妈总在这两个地方买书。
>
> 刘瑀垚：我还是想去书店买书，在那里买书还能吃好吃的呢。

三、讨论提纲

1. 在网上买书和在书店里买书有什么不同?
2. 你打算去哪里买书?
3. 你想要谁陪你一起去买书，为什么?

> **活动记录与呈现**
>
> **讨论1：在网上买书和在书店里买书有什么不同?**
>
> 龙思齐：在书店里买书时，可以一边看，一边选，要是觉得喜欢，可以买回家，不喜欢，就可以放回去了。在网上买书时，只能看到书皮，看不到书的里面。
>
> 曹雅淇：在书店里买书时，选好了书要到收银台才能付款，不然就没法带回家。在网上买书时，直接在网上付钱就可以了。
>
> 刘瑀垚：我看到妈妈在网上给我买书的时候，把想要买的书输进去，一下子就找到了。可是在书店里买书时，要逛很久才能找到想要的书。
>
> 周京远：我爸爸在网上每次都会买很多的书，第二天就送来了，很方便。如果去书店的话，就得有时间才可以，平时爸爸上班的时候就没有时间去书店。
>
> **讨论2：你打算去哪里买书?**
>
> 龙思齐：我想去书店里买书，因为如果我在书店里买不到我想要的书，也可以选择很多其他的书。

> 王子衿：我想去书店里买书。书店很大，可以先问问卖书的阿姨，想买的书在什么地方，这样能很快找到自己想要买的书。
>
> 卢昕妤：我想去旧书市场买书，上次我就和妈妈一起去了旧书市场。那里有很多的书，都挺好的，一定会有我喜欢的书。
>
> **讨论 3：你想要谁陪你一起去买书，为什么？**
>
> 王子衿：我喜欢和爸爸妈妈去书店里买书。书店里有很多的书，有很多书的味道，在那里看书就像在我们幼儿园的图书馆里看书一样。
>
> 张恩郡：我喜欢和爸爸妈妈一起去书店，在那里爸爸妈妈可以和我一起看书，可以一起陪着我。
>
> 周京远：我喜欢和小伙伴一起去书店，这样我们就可以一起看书，一起玩了。

四、小　结

教师总结幼儿对购书的畅想，鼓励幼儿制订购书清单，并在爸爸妈妈的陪同下去体验亲自购书。

教师总结："通过我们的讨论和分享，我发现有很多的小朋友都还没有自己购书的经验，大多时候都是爸爸妈妈直接把书买回家给你们看的。中班的小朋友可以制订自己的购书清单，清单可以由自己完成，也可以由爸爸妈妈帮助完成。这个周末试一试吧！"

五、延伸学习

幼儿和爸爸妈妈一起制订自己的购书清单并选择合适的时间，完成购书初体验。

活动小结与反思

本次活动衔接昨天的活动，在孩子们分享昨天晚上在爸爸妈妈的陪伴下完成的阅读计划的基础上，总结提炼"很多小朋友都有购买新书的打算"，自然过渡到今天的活动。

一本书怎样才能最终成为自己的书？通过哪些途径可以买到自己喜欢的书？这些途径有哪些利与弊？哪一种方式更适合自己……这些问题层层递进，引导着孩子们的思考持续深入。

在爸爸妈妈的陪伴下完成购书清单的制订，这既是一段难忘的亲子时光，也是孩子们了解自己真正需要的是什么的过程。能够有机会前往书店，完成对很多孩子来说是"人生第一次"的购书体验，也是一件让他们非常期待的事情……期待孩子们的购书初体验！

活动三　精读《活了100万次的猫》

活动形式

集体活动。

活动目标

1. 在听、说、议、演中，初步理解故事的主要内容。
2. 借助绘本故事，体会当“别人”与做“自己”活着的不同状态。
3. 试着体会自由、自爱与爱他人之间的联系，启发幼儿思考生命的意义。

活动准备

《活了100万次的猫》的PPT、绘本。

活动过程

一、导　入

教师提问：“今天我带来了一个关于猫的故事，这只猫很特别，因为它活了100万次。现在我们一起来阅读这个故事，请大家分享，从故事中你听到了什么？”

二、分享环节

教师请幼儿分享倾听故事后自己的发现。

活动记录与呈现

周万泽：我很喜欢这个故事，只有虎斑猫才能活100万次。

王梓瑄：这只猫喜欢一只白色的、漂亮的猫。

余轻眉：这只猫很讨厌它跟着的每一个主人，它自己生活的时候很快乐。

三、讨论提纲

1. 故事里的猫喜欢每一次的生活吗？
2. 你想当别人的猫吗？还是想当自己的猫呢？
3. 你觉得故事哪里最有趣？
4. 虎斑猫最后选择的生活是什么样子的？它为什么选择了一直和白猫在一起？

活动记录与呈现

讨论1：故事里的猫喜欢每一次的生活吗？

王子衿：不喜欢，因为偷东西不好，猫不喜欢偷东西的人。

唐安吉：不喜欢，猫怕死，但是猫的主人总是把它带到危险的地方去，所以猫不喜欢那些主人们。

杜星璇：不喜欢，水手爱猫，但是他会带着猫去大海、码头，去世界各地，猫不想去，因为猫怕水。

周万泽：不喜欢，国王爱打仗，战场上充满了血腥与危险，国王把虎斑猫带到了战场，但是猫不喜欢打仗。

讨论 2：你想当别人的猫吗？还是想当自己的猫呢？

当自己的猫好

张歆程：想干什么就干什么，如果当别人的猫，就会有人管着自己。

王梓瑄：自己爱自己比别人爱自己多。

魏琳奕：因为大家都想当自己的猫，所以我也要当自己的猫。

当别人的猫好

米衡辰：当别人的猫好，因为这样每天别人都会给我好吃的。

周霆赫：这样会有很多人爱我，我会很幸福。

那么你想当谁的猫呢？

陈益清：当大眼睛老师的猫，因为我喜欢她。

高　裳：当水手的猫，因为可以到处去旅行。

讨论 3：你觉得故事哪里最有趣？

李秉诺：猫是国王的猫的时候，国王总是把它装在一个篮子里带在身边，我觉得特别好玩。

全奕单：猫是小女孩的猫的时候，小女孩总用猫的后背来擦眼泪，我觉得很有趣。

余轻眉：虎斑猫遇到白猫的时候，白猫总是不理它，只会说“哦”，太好玩了。

讨论 4：虎斑猫最后选择的生活是什么样子的？它为什么选择了一直和白猫在一起？

唐安吉：虎斑猫变成了一只野猫，后来遇到了白猫，白猫总是不理它。虎斑猫就不喜欢别人老跟着它。

周万泽：虎斑猫变成了自己的猫，它喜欢白猫，因为虎斑猫觉得白猫太漂亮了。

刘彦熙：虎斑猫不是别人的猫了，也没有主人了。虎斑猫不想死，白猫不会伤害它，它就和白猫在一起了。

四、小　结

教师对活动和活动中幼儿的发现与讨论进行总结。

教师总结：“关于《活了 100 万次的猫》的这个故事，每个人听完后都有不同的理解，我们也分享了自己的发现和感受。虎斑猫的经历那么神奇，或许在倾听故事的过程中，大家还有很多问题，我们可以先回味一下这个故事，期待下节课大家有更多的体会和感受。”

五、延伸学习

幼儿可以把自己想象成一个动物，与爸爸妈妈讨论自己最想过的一种生活，并用绘画的方式记录下来。

活动小结与反思

这个故事有着神奇的魔力，每个人都会被这个故事深深打动。孩子们对故事情节的讨论不仅源自对故事的理解，而且反映出了每个人是如何看待生命，如何看待陪伴的。孩子天生能与各种媒介共情，所以在分享故事的过程中，他们和故事中的虎斑猫也产生了情感的联结。

本次活动是《活了100万次的猫》相关的第一个活动，孩子们对故事的情节有了基本的了解。在接下来的活动中，我们将对故事有更深入的讨论，以及续编故事，期待孩子们对经典绘本进行多样诠释。

活动四　续编《活了100万次的猫》

活动形式

集体活动。

活动目标

1. 尝试在原有故事的基础上发挥自己的想象力，续编故事。
2. 大胆畅想，在续编故事的过程中寄托自己美好的意愿。
3. 体会依赖与信任的含义，丰富自己的情感体验。

活动准备

小黑板、画笔、绘画纸。

活动过程

一、导　入

教师提问：“在《活了100万次的猫》里，虎斑猫曾经有过很多的主人，也过着不同的生活，我们一起来回顾一下。”

二、分享环节

教师请幼儿分享自己对故事的理解和认识。

活动记录与呈现

陈益清：我听了这个故事后，回家让我妈妈又给我讲了一次。

魏琳奕：我回家还给爸爸妈妈讲过一次呢。

杜星璇：我喜欢那只白色的猫，它总会饿。

三、讨论提纲

1. 虎斑猫在没有遇到白猫之前，还可能会遇到哪些主人，发生什么事？
2. 遇到白猫之后，虎斑猫还可能有哪些不一样的生活？
3. 如果你是虎斑猫，你最喜欢什么样的生活？

活动记录与呈现

讨论1：虎斑猫在没有遇到白猫之前，还可能会遇到哪些主人，发生什么事？

王梓瑄：虎斑猫可能是魔法公主的猫，它也会魔法，是魔法公主教它的。

成昱明：虎斑猫可能是一个警察的猫，它能和警察一起抓坏人，一看到坏人，它就会扑过去。

米衡辰：虎斑猫可能是一个医生的猫，医生教给它怎么看病，它能给很多动物看病。

曹雅淇：虎斑猫可能是流浪汉的猫，它每天都跟着流浪汉一起流浪。

讨论2：遇到白猫之后，虎斑猫还可能有哪些不一样的生活？

陈益清：虎斑猫可以和白猫一起去旅游，去一些美丽的地方。

魏琳奕：虎斑猫和白猫在一起的时候，它想干什么就干什么，很自由。

高　裳：虎斑猫很喜欢白猫，总是给白猫捉小鱼吃，然后它们生了很多小猫。

讨论3：如果你是虎斑猫，你最喜欢什么样的生活？

王子衿：如果我是虎斑猫，我想自由自在的，不想让别人老管着我。

解应登：如果我是虎斑猫，我希望有一个对我很好的主人，每天都跟我在一起。

张歆程：如果我是虎斑猫，我希望能有很多的猫咪朋友，我们每天都在一起快乐地生活。

赵甜希：如果我是虎斑猫，我想要住进大森林里去，这样我就可以每天玩“躲猫猫”的游戏。

四、绘画环节

教师请幼儿根据自己的想象把续编的故事用图画或表演的形式表达出来。（图1-4-1、图1-4-2）

图 1-4-1 我画了一只可爱的小猫咪

图 1-4-2 喵，猜猜我们变成了什么猫

活动记录与呈现

王子衿：猫是司机的猫，司机每天都带它出去。有一回猫从车窗户中掉下去了，被车轧死了，司机很难过，把它埋在了屋后面的草地里。

李墨涵：有一回，猫是大力士的猫，大力士每天都把猫抛向高高的地方，再接住它。但是这一次，他没有接住，猫就摔死了。大力士很难过，把它埋在了树底下。

唐安吉：有一回，猫是白雪公主的猫，猫很喜欢白雪公主，可是坏皇后想把白雪公主毒死。毒苹果被猫吃了，猫死了，白雪公主很伤心，把猫埋在了院子里的树底下，每天还给树浇水。

张歆程：猫是医生的猫，有一次，医生给猫看病，不小心让猫吃多了药，猫就死了，医生也没办法。

高　裳：猫是骑士的猫，它还帮助骑士打败坏人。但是有一次它被坏人杀了，骑士很伤心，把猫装进了一个纸箱子里，放到了大树上。

五、小　结

教师对幼儿续编的故事进行小结。

教师总结："我们每个人都很喜欢这个故事。在今天的活动中，我们对这个故事进行了新的创编，让这只猫又有了不同的命运，但每个故事都是独一无二的。我们可以将这些故事集结成一本新的《活了 100 万次的猫》，你们愿意讲给大家听吗？"

六、延伸学习

幼儿和爸爸妈妈一起继续创编猫的故事，并尝试利用各种道具进行故事情境表演。

活动小结与反思

孩子们有着比成人更为丰富的想象力，他们喜欢想象，也喜欢想象的生活。装扮自己就是一种想象的体现。这是他们的年龄特征的体现，更是一种充盈的内心的体现。

孩子们喜欢用绘画的形式表现自己的想象力，在他们的笔下，猫有了更为丰富的角色形象。续编故事的过程就是扩展幼儿思维的过程，从他们编的故事里，我们知道了他们对生活的理解。

活动五　假如我是一只猫

活动形式

畅游活动。

活动由来

本周中班组的畅游活动思路就来自孩子们在读书计划中投票选出来的《活了100万次的猫》。在这个阅读月中，我们选择用《活了100万次的猫》作为结束篇，因为孩子们能从这个故事中得到乐趣，成人也能从这只生命力顽强的猫身上发现生命的意义。

活动目标

1. 根据自己的角色选择相应的装扮和道具。
2. 在操作活动中，能够坚持完成一项任务，如画、剪、贴等操作。
3. 通过做游戏，能够对猫有一些新认识，体会生命的不同状态。

活动准备

猫咪的装饰(发卡、面具、衣服之类)，猫咪拼图，垫板，绳索，拳击手套，画笔，画纸，剪刀，胶棒，玻璃绳，筷子。

活动过程

一、导　入

教师提问："假如你是一只猫，你愿意做一只什么样的猫？"

二、分享环节

教师请幼儿分享自己想做的一只什么样的猫。

> **活动记录与呈现**
>
> 刘彦熙：我想做一只爱玩荡秋千的猫。
>
> 王梓瑄：我要当一只公主猫，去找一个王子。
>
> 成昱明：我要当弟弟的猫，陪着弟弟玩皮球。
>
> 高　裳：我想当陈益清的猫，让她当我的妈妈。
>
> 李墨涵：我想当一只安静的猫，去院子里晒晒太阳。

三、游戏环节

教师请幼儿根据角色选择道具，装扮自己。(图 1-4-3、图 1-4-4、图 1-4-5、图 1-4-6)

(一)安静的猫

安静的猫想听听故事，讲讲故事，玩一些安静的游戏。

(二)疯狂的猫

疯狂的猫可以做哪些疯狂的事情，有哪些疯狂的举动呢?

(三)呆萌的猫

你们知道什么是呆萌吗?你什么时候最呆萌呢?

(四)智慧的猫

这只“活了 100 万次的猫”今天玩了一个分身术，你们能找到它吗?

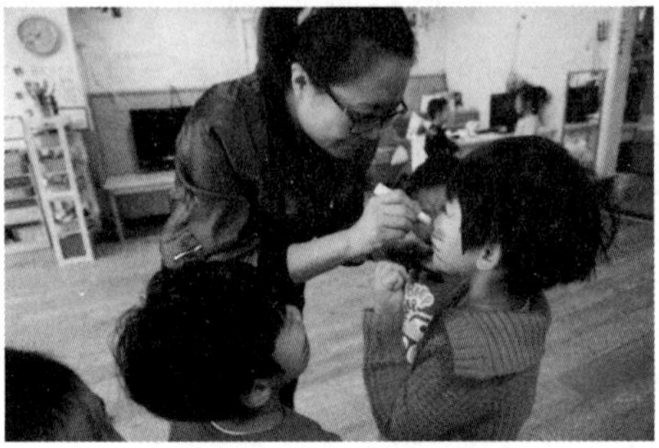

图 1-4-3 请老师把我化成最可爱的小花猫

图 1-4-4 我是一只喜欢闻花香的小猫

图 1-4-5 小猫咪晒太阳

图 1-4-6 小猫咪捉迷藏

四、小 结

教师和幼儿一起回顾今天的活动。

教师总结：“每一只猫都有自己不同的特点，它们来自不同的家庭，它们处在不一样的情境中。生活就是如此丰富，不同的时候，我们会有不一样的精彩。无论它是安静的猫，还是疯狂的猫，它都是快乐的、享受生活的，这就足够了。”

活动记录与呈现

高　裳：我和彤彤很快就找到了分身的猫了。

解应登：倒挂着很紧张，后来我还想玩几次呢。

周万泽：我有点不敢玩倒立，看着其他小朋友玩，我就跟着一起玩了。

米衡辰：幼儿园的树太粗了，我爬不上去，我需要一个梯子。

成昱明：我在院子里跑着玩的时候，遇到了孙悟空，他是去西天取经的。

唐安吉：院子里太吵了，安静地晒个太阳都不行，我就回来在阳台上看书了。

李秉诺：我去了树林，在那里遇到了坏皇后，她还想给我下毒呢。

四、延伸学习

幼儿和家人一起进行一次猫的扮演游戏。

活动小结与反思

在扮演小猫的过程中，我们能看出孩子们的兴趣所在。很多孩子利用这个机会体验了一把疯狂的“猫生”，还有一些孩子会重复自己已有的生活经验。这也反映出了每一个孩子不同的性格特点和不同的学习方式，我们应该尊重孩子们的这种不同。认真观察后，我们被孩子们的表现打动了，因为每一个孩子，都很认真、努力地以一只猫的状态在生存。对孩子们来说，这似乎不是一场游戏，而是真真正正地体验“猫的一生”。

畅游日丨告别阅读月，三款方式，总有一款适合你

教育笔记

读书，塑人生

郭　佳

在阅读月，本周还原《活了 100 万次的猫》的主题畅游活动圆满落幕。而这个月带给我们的感动和思考却远远没有停止……

一、课程中爱的加持，让我们的活动更加有能量

在这个月的活动中，我们提前将下一周要开展的活动告知家长，并请他们和孩子一

起完成相应的初步调查、研究……我们分享、建构，再生成新话题，使整个月的活动不再在班级中单项循环，而是请爸爸妈妈了解了我们的课程学习最精髓的部分。当用心的爸爸妈妈和孩子一起投入学习时，这种爱的加持，让我们的课程得到了很多的助力。

每周，我们都会收到爸爸妈妈的信息，他们会讲述活动的感受。他们看到了幼儿学习时不一样的状态，这种状态改变着他们的家庭氛围。我们的课程成为夫妻间夜话的主题，使生活变得更有目的性，更有色彩了……

本周名师推送的“恰好你来，恰好生活在”深深地打动了我的心，课程中有了爸爸妈妈的参与，我们也看到了更有能量的孩子们。

二、记录故事，体味故事人生

这个月，我开始记录与孩子们在一起生活、聊天时的小话题、小趣事。之前我虽然每天也会被孩子们的稚语感动，但感动只停留在当时那一刻。现在，我发现记录的背后都有着深刻的人生哲理，而每一个对话的内容都映衬着我们曾经的过往。在与孩子们谈笑中，我们被疗愈了……

每一个精彩的讨论都成为班级群中爸爸妈妈谈论的主题：“家里最会做饭的那个人是谁?”“睡觉重要吗?”“只有严格要求，孩子才能不断进步”……我们在课程之外用更多的故事，和孩子、爸爸妈妈们一起体味着故事中的人生。

这个三月，好似没开始，就结束了；我感觉做了很多，却又觉得只做了这么一件事……精彩不会消退，我们的故事仍在继续，四月，我们来啦！

四月主题　独特的我

月主题说明

在这个世界上，每个人都是独一无二的。每个生命都有属于自己的生命轨迹。我是谁？我是一个什么样的人？我有哪些优点与缺点？我觉得自己还可以是……一个又一个的问题将促使孩子们不断追问与思考，在现实层面与哲学层面对自己有更加清晰与完整的认识。

在本月主题“独特的我”中，孩子们从了解自己的外貌特征入手，描绘出“我的样子”，了解“我的身体”；之后，通过对自己的优缺点的认识，了解与接纳真实的自己；最后，运用想象力与创造力，进行对自我的再描述与再认识。最终在追寻心中的“千面英雄”中完成自我梦想的塑造。

月课程目标

1. 引导幼儿借助不同方式，如观察、和同伴交流、图画等，认识自己的独特个人特征。

2. 通过对“身体”的认识和探索，帮助幼儿对“自我”进行逐渐深入地探究，能用连贯、准确的语言，把自己的发现分享给同伴。

3. 鼓励幼儿大胆说出自己的优点与缺点，并听取他人描述中的“自我”形象，客观认识自己。

4. 借助绘本，引导幼儿通过故事了解英雄的含义，并发现身边的伙伴、家人的优点，鼓励幼儿积极主动地探索，体验人类对于英雄的美好向往。

5. 引导幼儿透过自己的身体了解大自然中万物的生长规律，尝试用自己的双手呵护大自然的另一种“生命”形态，感知自我的能量带给自然的美好。

第一周主题是“我的样子”，孩子们会通过观察、绘画、谈话等方式，了解“我的样子”，制作“我的名片”，加深对自我的认知；第二周主题是“我的身体”，孩子们会用自己的方式探究蕴藏在身体中的数字，体会生命的奇妙，愿意为自己的身体健康做出改变和努力；第三周主题是“谈谈我的优缺点”，孩子们在寻找自己的优缺点的过程中，能够认识到一个真实的自己；第四周主题是“我觉得我还可以是……”，孩子们会在畅想和游戏中走进心中的英雄；寻找并明确梦想中的自我形象，尝试成长中的更多可能性。

期待在这一个月里，孩子们对那个独特的自己有更多的认识。让我们一起拥抱自己，大声地说：“我喜欢这样独特的自己！”

课程树状图

今天是播种日
幼儿园大体检
真实的我
身体中的变与不变
"我是谁"
我也有缺点
身体之最
别人的优点是什么?
我的名片
身体的特别之处
身体数字密码
我的优点是什么?
小朋友眼中的我
我的身体
谈谈我的优缺点
变化着的自画像
《大英雄威利》
我心中的英雄
我的样子
独特的我
我觉得我还可以是……
英雄日
我的自画像
千面英雄
春游啦!

第一周 我的样子

周主题说明

自我概念的形成是幼儿社会化进程中非常重要的内容，也是个性形成的重要条件。因此，帮助幼儿认识自己、了解自己在幼儿园阶段是一件非常重要的事情。

在这一周里，孩子们将通过“我的自画像”“变化着的自画像”“小朋友眼中的我”“我的名片”四个活动，初步了解自己，对自己外形的一些典型特点有整体的了解和认知。在此基础上，孩子们会在畅游活动“‘我是谁’”中感受自我的力量。

周课程目标

1. 鼓励幼儿尝试用多种不同的艺术手法表达对自己的理解。
2. 引导幼儿通过对比小班时的自画像和中班时的自画像的异同，感受自己的成长。
3. 引导幼儿在了解自己的基础上，尝试制作一张自己的名片。
4. 帮助幼儿体验自己身体的奇妙，感受自我的价值。

活动一　我的自画像

活动形式

小组活动。

活动目标

1. 借助镜子观察自己的外部特征，并能够用语言描述自己的外形特征。
2. 能够用绘画的形式记录自己的外形特征。
3. 愿意与同伴分享自己的自画像，感受到自己的独特性。

活动准备

镜子(人手一面小镜子)、全身镜、画纸、画笔。

活动过程

一、导　入

教师提问：“你眼中的自己是什么样子的?”

二、分享环节

教师请幼儿自由分享自己眼中的自己。

> **活动记录与呈现**
>
> 曹雅淇：我的眼睛弯弯的，笑起来像月亮。
>
> 龙思齐：我的眼皮会变，现在是单眼皮，睡醒觉了就会变成双眼皮。
>
> 栗千涵：我经常会在衣服里面穿一件小背心。只要天气稍微变凉一点，我就会穿上小背心。
>
> 赵子昂：我的声音很特别。我一说话，所有人就都知道是我在说话。
>
> 张舒颜：我最近有点胖，需要少吃点零食。
>
> 刘瑀垚：我喜欢穿裙子，我经常会穿一些带花的裙子。
>
> 王隽珩：我笑起来以后，额头上会有几道线。

三、游戏环节

教师请幼儿借助镜子观察自己的外表并表述出来。

> **活动记录与呈现**
>
> 王子衿：我是一个特别瘦的人，怎么吃也吃不胖。
>
> 邹明贤：我长得很高，我是班里最高的小朋友。
>
> 高沄驰：我穿着一件白T恤，上面还有花草园图案。
>
> 薛策方：我发现我的眼睛是很大的。
>
> 龙思齐：我脸上有酒窝，我笑起来的时候，酒窝就会出现。
>
> 谌仲匀：我最近剪头发了。现在，我的头发非常短，短到我的手都抓不住了。

四、操作环节

教师请幼儿用绘画的方式完成自画像。

五、分享环节

教师请幼儿互相分享自画像。（图 2-1-1、图 2-1-2）

图 2-1-1　我是一个扎着马尾的女孩

图 2-1-2　我是一个头发有点多的男孩

活动记录与呈现

王思懿：这个扎着两个麻花辫的女孩就是我，我爷爷经常会给我梳这个发型。

王鏖闵：我给自己画了个皇冠，今年我过生日的时候就戴了这个皇冠。

贾含漳：我最喜欢汽车了，我的衣服上有一个汽车图案。

六、小　结

教师与幼儿一同回顾活动，总结画自画像需要注意的事项。

教师总结："在用镜子观察的过程中，我们注意到了自己的五官、穿的服饰以及自己的身姿；在绘画过程中，我们抓住了自己的特征，画出了独一无二的自画像。"

七、延伸学习

幼儿回家和爸爸妈妈一起画出各自的自画像，也可相互画，组成一个全家福。

活动小结与反思

在活动中，孩子们借助镜子观察自己，并对自己的外貌、服饰等特征进行了描述。在绘画作品中，我们发现孩子们有不同的关注视角，他们把自己画得或高大或矮小；有的孩子把真实的自己画了出来；有的孩子把想象中的自己画了出来。

通过画自画像，孩子们会更好地发现自我，了解自我。同时，自画像也能够反映出孩子内心的想法，是我们了解孩子们的一种重要的方式。

活动二　变化着的自画像

活动形式

小组活动。

活动目标

1. 通过观察、比较，发现小班时的自己与现在的自己的不同。
2. 能够用比较连贯的语言描述自己的发现。
3. 感受自己的成长与变化。

活动准备

小班自画像的照片、中班自画像。

活动过程

一、导　入

教师提问："你们还记得自己上小班时是什么样子吗？"

二、分享环节

幼儿分享自己对上小班时的印象。

活动记录与呈现

杜星璇：我上小班的时候特别矮，我可能是我们班里最矮的小朋友。

魏琳奕：我那时候留着短头发，喜欢穿裙子。

王隽珩：我在小班的时候特别爱哭，我在小班的自画像是一个大哭的我。

三、主要环节

教师与幼儿一起观察幼儿上小班时的自画像的照片，并与现在的自画像做比较，一起发现和分析其中的异同。（图 2-1-3、图 2-1-4、图 2-1-5、图 2-1-6）

图 2-1-3　我上小班时画的“我自己”

图 2-1-4　我上中班时画的“我自己”

图 2-1-5　这是我的自画像吗？我都有点儿不认识了

图 2-1-6　我那时候画得好丑啊

四、讨论提纲

1. 在观察小班时的自画像时，你有什么感受？
2. 通过对比两幅自画像，你有什么发现？
3. 小班的自画像和中班的自画像为什么会不同？

4. 你更喜欢哪幅自画像？为什么？

活动记录与呈现

讨论1：在观察小班时的自画像时，你有什么感受？

成昱明：看到我上小班时候的照片之后，我都有点不敢相信是我自己画的了。

余轻眉：我感觉我画的自画像和我自己很像，太神奇了。

陈益清：我很高兴再次看到了我上小班时画的“我自己”，感觉我的变化好大啊！

讨论2：通过对比两幅自画像，你有什么发现？

王梓瑄：我看到很多小朋友去年画的头发是短的，腿也是短的，今年全变长了。

余轻眉：今年我把自己画得更漂亮了，我给自己画了眼睫毛和双眼皮。

成昱明：我看见我们每个人画的自画像都不一样，因为我们的长相有了变化。

张笑嫣：我发现在小班的自画像中，我还是短头发的；在现在的自画像中，我已经是长头发的了。

讨论3：小班的自画像和中班的自画像为什么会不同？

王隽珩：因为我们的长相变了，我们在镜子中看到的自己也不一样了，所以我们的自画像也会变。

冯澍予：因为我们长大了，画得越来越好了，所以现在画得更漂亮。

杨芊予：因为我们观察得更仔细了，所以现在画出来的自画像更像自己。

讨论4：你更喜欢哪幅自画像？为什么？

李墨涵：我喜欢我现在的自画像，因为画得很像，而且很酷。

刘彦熙：我喜欢上小班时的自画像，因为那时候自己小小的，很可爱。

张舒颜：我都喜欢，因为这两幅画都是我的自画像。

周万泽：我全部都喜欢，因为这两幅画代表了不同时候的我自己。

五、小　结

教师梳理两幅自画像的对比过程，并对幼儿的表达进行延伸。

教师总结：“我们用绘画的方式记录了不同阶段的自己的样子，发现每个人都是会成长和变化的。希望你们看到自己不同阶段的自画像时会想起那个时候的自己，会开心一笑。”

六、延伸学习

教师将自画像做成相册，投放到美工区中，供幼儿自由取阅。

活动小结与反思

虽然孩子们的笔触很稚嫩，他们的自画像在成人看来似乎没有多大的区别，但是在本次活动中，孩子们还是能从小班和中班两个时间段的自画像中发现自己和他人细微的变化。他们的视野不会局限于传统意义上的像或者不像，他们会通过自己的观察，发现自己和他人独特的地方，从这些地方了解变化着的自画像，真实具体地感受自己的成长和变化，发现藏在时间里的秘密，感受生命的奇妙。

通过参加活动，孩子们可以从时间的维度更好地认识自我，了解自我。在互相分享、积极表达的过程中，孩子们能从中获得满足感和自豪感，感受成长的快乐。

活动三　小朋友眼中的我

活动形式

小组活动。

活动目标

1. 尝试从不同的视角了解自己。
2. 了解别人眼中的自己，知道每个人的想法都是不同的，并能接受这种差异性。
3. 体会生命独一无二的重要性。

活动准备

大黑板、记录笔。

活动过程

一、导　入

教师提问："每队和其他人都是不同的，你和其他小朋友有哪些不同的地方?"

二、分享环节

教师请幼儿分享自己和其他幼儿的不同点。

> **活动记录与呈现**
>
> 王墨涵：我的眼睛很大，没有哪位小朋友的眼睛像我的眼睛这么大。
>
> 邹明贤：我很高，我比咱们班里所有的小朋友都高。
>
> 刘哲源：我是咱们班里吃饭最多的小朋友。
>
> 冯澍予：我做事情很细心。

三、主要环节

1. 幼儿两两一组，观察对方眼睛中的自己。

2. 幼儿调查询问其他幼儿心中的“我”。(图 2-1-7、图 2-1-8)

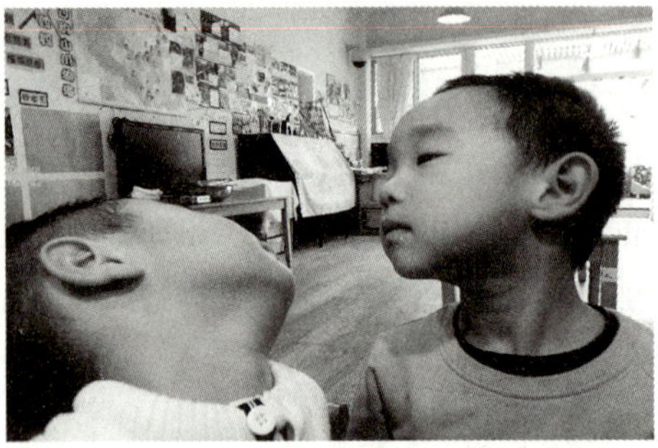

图 2-1-7 我在你的眼中看到了我的样子

图 2-1-8 听到你这么说，我真的很开心

四、讨论提纲

1. 在别人的眼睛中，你看到的自己是什么样的?

2. 别人心中的你是什么样的?

3. 如果你不认同别人心中的你，你会怎么做?

4. 你喜欢这样的自己吗?

活动记录与呈现

讨论 1：在别人的眼睛中，你看到的自己是什么样的?

邹明贤：我看到的我是一个大眼睛、短头发的男孩子。

张笑嫣：我发现我是一个长头发、喜欢笑、很美的女孩子。

杨芊予：我看到的我是一个头发有点长、眼睛大大的、双眼皮的女孩子。

讨论 2：别人心中的你是什么样的?

王梦琪：张笑嫣认为我是一个皮肤白白的女生。

朱思涵：李瑶说我是一个留着短头发、笑起来的时候眼睛会眯成一条线的女孩子。

黄彬宸：杨芊予说我是一个额头宽宽的男孩子。

孙羽彤：王钰萱说我是一个眼睛会闪闪发光的女孩子。

王隽珩：很多小朋友都说我哭起来的时候，嘴巴很大。

讨论 3：如果你不认同别人心中的你，你会怎么做?

张舒颜：如果我觉得别人说得不对，就不把他当作我的好朋友了。

刘哲源：我可以跟他说，我的小耳朵下班啦!

王钰萱：如果我觉得他说得对，我就谢谢他；如果我觉得他说得不对，我就努力让自己变得更好。

王隽珩：如果别人提的意见好，我就接受；如果别人提的意见不好，我就不会听了。

冯澍予：每个人都有说话的权利，如果我觉得他说得不对，那我就让耳朵听到，不让心“听到”。

讨论4：你喜欢这样的自己吗？

侯 尧：我喜欢这样的自己，虽然我现在比较矮，但是我会努力吃饭，总有一天，我会长高。

刘哲源：我喜欢自己，因为我每天都在进步。

冯澍予：我喜欢这样的自己，因为我和其他小朋友都不一样，世界上只有一个我。

孙羽彤：我喜欢这样的自己，因为这就是我。

五、小 结

教师小结幼儿对于“我”的新发现，并深化活动的内涵。

教师总结：“我们每个人都有自己的样子，没有一个人是一样的。不管我们是男孩子还是女孩子，有双眼皮或单眼皮、大眼睛或小眼睛、圆脸或尖脸、长头发或短头发，个子高不高，跑得快不快，喜欢笑或喜欢生气……那都是我们的样子。最重要的是，我们要知道自己是什么样的，并喜欢这样的自己。”

六、延伸学习

幼儿和家人一起了解什么是名片。

活动小结与反思

这节活动最主要的目的就是让孩子们学会从不同的角度去了解自己，认识自己，试着用辩证的方法去看待他人对自己的评价，这对他们来说其实是一个挑战。我们很高兴孩子们做到了这一点。

当孩子们不断地探究“我是谁”时，当他们开始关心别人对自己的看法时，当他们开始意识到自己和他人不同时，他们的自我意识在发展，他们在进一步地探索与世界的关系，逐渐地从现实层面与哲学层面对自己有更加清晰、完整的认识。

在接下来的活动中，孩子们将亲手为自己制作人生中的第一张名片。

活动四　我的名片

活动形式

集体活动。

活动目标

1. 通过分享图片，知道名片的含义。
2. 能根据自己的想法，有目的地设计自己的名片。
3. 在角色扮演的过程中，体会名片的重要性。

活动准备

场地准备：活动室。

材料准备：各种名片的图片、画笔、画纸。

活动过程

一、导　入

教师提问："今天，我们要为自己制作一张名片。你知道什么是名片吗？"

二、分享环节

幼儿积极分享自己对名片的理解。

> **活动记录与呈现**
>
> 杜星璇：我不知道什么是名片，名片是一本书吗？
>
> 寇瀚辰：我爸爸有名片，他在上班的时候会把名片送给一些不认识的人。
>
> 陈益清：名片是一种卡片，是大人才会用的东西。
>
> 李墨涵：我爸爸也有名片，他会用名片向别人介绍自己。

三、讨论提纲

1. 名片上可以有哪些信息？
2. 为什么要有名片？
3. 你想设计一张什么样的名片呢？

> **活动记录与呈现**
>
> **讨论1：名片上可以有哪些信息？**
>
> 李秉诺：名片上有名字、性别，还有自己喜欢做的事情。
>
> 全奕单：名片上还有一些自己喜欢的东西，比如，喜欢的颜色。
>
> 魏琳奕：名片上有家庭住址，还有电话号码。

周万泽：我看到我爸爸的名片上还有公司的名字。

讨论2：为什么要有名片？

周万泽：有了名片，我们可以交到更多的好朋友。

唐安吉：我觉得有了名片，别人就可以通过名片上的信息认识我了。

付博闻：送名片是交朋友的一种方法。如果我想和一个人交朋友，但是我不太敢和他说的时候，就可以给他送名片。

陈益清：名片是一张很方便的小卡片，它可以让更多的人了解我。

讨论3：你想设计一张什么样的名片呢？

魏琳奕：我想设计一张桃心形状的名片。

陈益清：我喜欢上面有花纹的名片，我想把它装饰得漂漂亮亮的。

李映萱：我比较喜欢像贺卡一样的名片。

唐安吉：我的名片上需要有我爸爸妈妈的名字，还要有我的好朋友的名字。

米衡辰：我想在名片上记录一些我的本领，比如，跑步特别快。

刘彦熙：我想设计一张圆形的名片，我想在上面介绍一下自己的秘密，不过这个秘密是可以分享的那种。

余轻眉：我想在我的名片上写上我妈妈的手机号码，这样别人就能跟我联系了。

冯澍予：我想在名片上贴上我的照片，这样别人就能记住我的样子了。

唐安吉：我要画一个我的专属标志——小乌龟，这样别人一下就能看出来这是我的名片。

四、主要环节

1. 幼儿根据提供的材料设计自己的名片。（图2-1-9、图2-1-10）

2. 幼儿畅想可以交换名片的场景，进行情景表演。

图2-1-9　我要把爸爸的电话写上去

图2-1-10　这是我设计的名片，上面有我的名字和电话

活动记录与呈现

周万泽：我和墨墨扮演两个不认识的人。我们见了面之后，通过交换名片，就相互认识了。

成昱明：我很喜欢一个小朋友，我送给他一张我的名片，这样他就能记住我了。我要了一张他的名片，这样我想他的时候可以拿出名片来联系他。

李秉诺：我和姐姐扮演爸爸和妈妈，我们一起表演大人在第一次见面时交换名片的样子。

唐安吉：我表演了一个大人和一个小孩见面时交换名片的样子，我觉得很有趣。

陈益清：我们在扮演的时候，看见很多小朋友会用两只手递给别人名片，我觉得这样很有礼貌。

五、小　结

教师帮助幼儿梳理对名片的新认识，小结名片的作用。

教师总结："名片是大人们经常会用到的东西。在今天的活动中，我们发现交换名片是一种介绍自己的方法，也可以用来交朋友。更重要的是，交换名片是我们尊重别人的一种方式。"

六、延伸学习

幼儿回家后可以和爸爸妈妈一起制作一张家庭名片。

活动小结与反思

为了帮助孩子们全面地认识自己，接纳自己，我们需要从他们最熟悉的社会生活中找到突破口。本次活动通过引入名片，引发了孩子们之间的讨论。在亲手设计名片的过程中，他们在反复思考着如何向他人介绍自己。

制作一张名片看似简单，实际上是对前几天活动的一个整合。我们可以让孩子们利用名片这样一种媒介对自己有全面的思考：我是谁？我是一个什么样的人？看似简单的活动中其实有很多值得我们回味的内容。

活动之后，孩子们自发地提出，要和爸爸妈妈一起制作一张家庭名片。家庭亲子活动就这样自然地展开了。相信孩子们在和家人一起制作名片的过程中，一定会对自己、家庭有一个更为全面的认识。

活动五　"我是谁"

活动形式

畅游活动。

活动由来

踏着春天的脚步，踩着春风的节拍，幼儿园的趣味运动会如期举行。

孩子们在初步了解自己之后，希望自己的特别之处被更多的人看到。所以，在这场别开生面的趣味运动会中，孩子们会在各种闯关活动和身体部位游戏中，感受自己身体的特别之处，努力将自己的运动潜能发挥到极致，并为之骄傲。

让我们一起动起来吧！

活动目标

1. 理解游戏规则并积极参与到游戏中。
2. 在游戏过程中，能够耐心等待，愿意与同伴分享自己的游戏收获和感受。
3. 借助游戏，体会自己与同伴之间的不同，为自己的特别之处感到骄傲。

活动准备

场地准备：户外适宜的游戏场地。

材料准备：球、沙包、轮胎、终点线、计时器、尺子等。

活动过程

一、导　入

教师提问："我们的身体都可以做哪些游戏？"

二、分享环节

教师请幼儿分享自己知道的关于身体的游戏。

活动记录与呈现

王隽珩：我们可以比赛谁跑得快。

刘哲源：我们可以用肚皮运球。

王钰萱：我们可以过"小桥"，看谁不轻易掉下去。

杨芊予：我们可以比赛谁能瞄得准和投沙包投得准。

三、游戏环节

1. 入场式（图 2-1-11）。
2. 合作运球（图 2-1-12）。
3. 跳远（图 2-1-13）。
4. 沙包进洞（图 2-1-14、图 2-1-15）。
5. 折返跑（图 2-1-16、图 2-1-17）。
6. 颁奖仪式（图 2-1-18）。

图 2-1-11 我们来亮相啦

图 2-1-12 加油，我们就要到终点啦

图 2-1-13 起跳用力，落地很稳

图 2-1-14 沙包要往轮胎的中心飞去

图 2-1-15 我要瞄准了再扔

图 2-1-16 我快到终点了

图 2-1-17 别看我的个子小，我也能跑第一

图 2-1-18 每个人都棒棒的

四、小　结

教师小结活动情况，请幼儿分享自己的发现和感受。

教师总结："在游戏后，不知不觉中，我们对自己的认识好像又有了新的变化。有时候我们需要靠自己的经验，有时候我们需要靠他人的帮助，无论怎样，我们都要找到自己的方法。"

活动记录与呈现

在游戏中，你有哪些发现？

冯澍予：合作运球时，哪一组用时短，哪一组就赢了。跳远时，谁跳得远，谁就赢了。

邹明贤：我跑得特别快，但是投沙包却没有那么准。

张笑嫣：我跑得比梦梦快，但是梦梦跳得比我远。

孙羽彤：我和果果一起运球，如果两个人夹球夹得太松，球就掉了；如果夹得太紧，又怕把球夹破了。我们试了很多次，才找到方法。

王钰萱：有些游戏是比时间的长短，有些游戏是比距离的长短。

在游戏中，你有什么感受？

张舒朗：今天玩得好开心啊！我都舍不得让时间过去。

王翊铭：有些游戏很刺激，像跑步；有些游戏需要慢慢来，如投沙包。

王隽珩：我感觉我的腿很有力气，因为我跑得很快。

五、延伸学习

幼儿和爸爸妈妈一起探索关于身体的亲子游戏，加快对身体的理解。

活动小结与反思

今天的活动既涉及同伴合作，又有需要独自完成的项目，所有的活动都是基于幼儿的基本动作的发展而设计的。借助游戏，孩子们用自己的方式来感知自己身体的特别之处，学习、觉察身体各部位的重要性，发现自己的能力与能量，夯实了对"我是谁"这个问题的思考。

希望孩子们经过本周的活动后，能对那个独特的自己有更多的认识，会和他人大声地说："我喜欢这样的自己！"

畅游日 | 加油吧，运动员们！

教育笔记

关于“我”的探索

申洁文

在这周的课程中，孩子们通过绘画、做比较的形式，重新认识了他们自己。

情景一：我的名片

一天上午，我跟孩子们说到“名片”这个词时，他们一脸茫然，不知道我在说什么。“名片上面有你的信息，别人看到名片后可能会知道你叫什么名字，你在哪里，你是做什么的，你有什么爱好……”我简单说了关于名片的定义，唤起了一些孩子对于名片的认识。“我知道，我爸爸就有名片，”田田开始发表自己的观点，“我爸爸在公司里就会用到这个东西，上面还有英文。”

“是的，名片上的语言会不同，这要看你想把名片给谁，让谁认识你。”我说。“我妈妈也有名片。”齐齐说。

“我想制作一张自己的名片，我想把我爸爸的电话号码写上去，这样我的朋友们就能联系上我了，我爸爸的电话是……”妞妞迫不及待地分享了她的新创意。“我想画一个糖果在上面，这样所有人就都知道哪张名片是我的了。”糖果说。

情景二：我的自画像

教室里放了很多幼儿的自画像，有两版是这学期画的，还有一版是上学期画的。孩子们有时间就去看看自己，看到现在的自己和以前的自己的不同，孩子们觉得有点搞笑。“头头，我觉得你以前有点难看。”昕宝看着头头的自画像说道。头头一般是不回应这种问题的。

情景三：这就是我

在区域活动中，孩子们自发玩着吹画游戏。孩子们用吹画的形式来绘出自己的自画像上的彩色头发，表达自己的情绪。“我很愤怒。”桐桐把自己画成了一条鲨鱼，头发上的颜料从上面流到了牙齿上，有点吓人。“你看，我的心情很糟糕。”田田的画上满是点点，点点盖住了画纸上他的脸蛋。“我很开心，我用了黄色的颜料，是太阳的颜色。”川川说。

通过这三件事，我可以看到孩子们从外围对自己形成了一种认识。他们能进行这么多不同的表达，对于如何表达自己，他们也有这么多自己的方式。我觉得教师更像是那个把主题带出来的人，而之后内容的填充，就要靠孩子们自己去想象了。他们带来了同一主题下的截然不同的惊喜，让人眼前一亮。

第二周　我的身体

周主题说明

人们对自己的探索一直没有停止过。对于幼儿来说，认识自己的过程更是一个积极而漫长的过程。我的头发有多少？我的眼睛为什么是单眼皮？我的身高为什么会变化？……这些问题激发了孩子们探索的欲望，他们正在通过自己的方式探索着答案。

在这一周里，孩子们将通过“身体的特别之处”“身体数字密码”“身体之最”“身体中的变与不变”和畅游活动“今天是播种日”，感受蕴藏在身体中的数字，体会身体的重要性、生命的奇妙性，并愿意为自己的身体健康做出改变和努力。

周课程目标

1. 和幼儿一起了解自己身体的特别之处，引导幼儿接纳自己身体的独特性。

2. 启发幼儿还用观察、测量、比较等方法探究蕴藏在身体中的数字，完成“身体数字密码图”，与同伴分享自己的发现。

3. 帮助幼儿深入了解关于身体的数字背后的含义，学习保护身体的方法，养成良好的生活习惯。

4. 引导幼儿掌握一些种植技巧，在照顾植物的过程中，体会和植物一起成长的喜悦感。

活动一　身体的特别之处

活动形式

小组活动。

活动目标

1. 能认真倾听故事，理解故事内容。
2. 尝试寻找自己的特别之处，并愿意分享给大家。
3. 能够意识到每一个人都是独特的个体。

活动准备

绘本《我不知道我是谁》。

活动过程

一、导　入

教师提问："你们知道自己是谁吗?"

二、分享环节

幼儿自由分享自己的想法。

> **活动记录与呈现**
>
> 周霆赫：我是周霆赫。
>
> 李秉诺：我是我姐姐的妹妹。
>
> 王梓瑄：我是妈妈的宝贝。
>
> 周万泽：我是一个很聪明的小朋友。

三、讲述环节

教师和幼儿分享故事《我不知道我是谁》，针对绘本完成讨论。

1. 故事里的主人公遇到了什么事情?
2. 达利 B 有哪些特别之处?

> **活动记录与呈现**
>
> **讨论 1：故事里的主人公遇到了什么事情?**
>
> 王隽珩：达利 B 一直在苦恼，它自己不知道自己是谁。
>
> 冯澍予：它一直在问自己住在哪，吃什么。因为它和别的兔子不一样，所以它不知道自己是谁。
>
> 孙羽彤：因为它和别的兔子长得不太一样，它有一双很大的脚，所以它一直不知道自己是谁。
>
> 王钰萱：它不但不知道自己是谁，而且它也不知道黄鼠狼就是自己的敌人。
>
> **讨论 2：达利 B 有哪些特别之处?**
>
> 冯澍予：达利 B 有一双最大的脚。
>
> 王隽珩：其他的兔子都住在草丛的洞中，它一直住在树上。
>
> 张笑嫣：达利 B 的特点就是，它不知道自己是谁。

四、讨论提纲

1. 什么是特别之处?
2. 你的身体有哪些特别之处?（图 2-2-1、图 2-2-2）
3. 为什么我们每个人都有特别之处?
4. 我们怎么向别人介绍自己身体的特别之处?

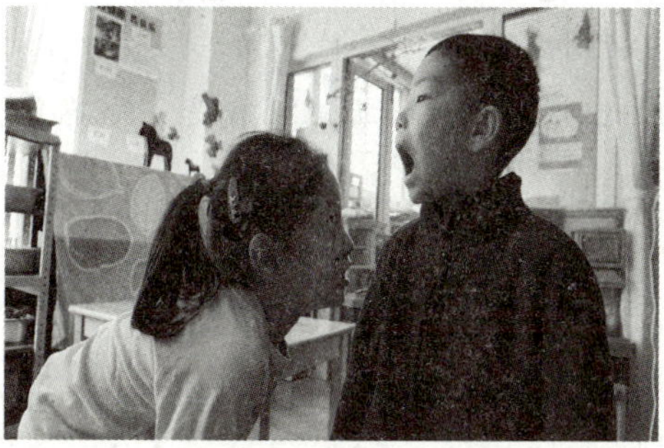

图2-2-1 我的特别之处就是，我掉了一颗牙

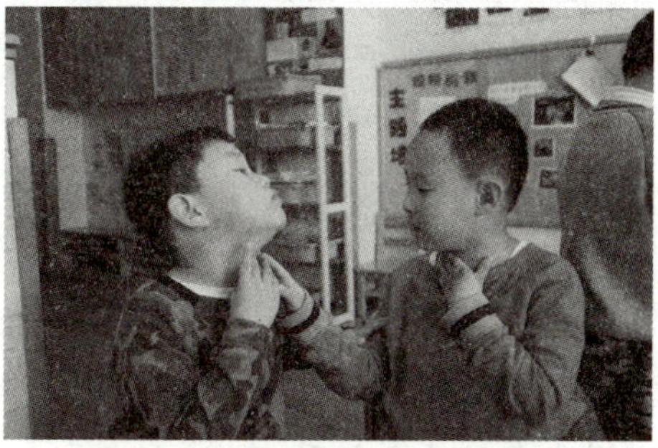

图 2-2-2 我的特别之处就是，我的脖子上有颗黑痣

活动记录与呈现

讨论 1：什么是特别之处？

张舒颜：特别之处就是和别人不一样的地方。

邹明贤：特别之处就是自己很喜欢自己的原因。

王隽珩：特别之处就是只有我一个人有的特点。

讨论 2：你的身体有哪些特别之处？

李秉诺：我眼睛上有一个小小的黑点，别人都没有。

成昱明：我发现我的鼻孔是圆形的，我看到别的小朋友的鼻孔都不是这样的。

王梓瑄：我的头发是最长的，这是我很特别的地方。

解应登：我的耳朵比别人的耳朵都大，比我妈妈的耳朵都大。

周霆赫：我的特别之处就是，我笑起来的时候会有两个小酒窝。

杜星璇：我的头上有两个“漩涡”，一个在头顶，另一个在头的前面。

唐安吉：我和李墨涵的胳膊很特别，我的胳膊有很大的力气，他的胳膊也有很大的力气。

陈益清：我的腰很细，没有人和我一样。

魏琳奕：我的腿上有一块胎记，别人都没有。

讨论 3：为什么我们每个人都有特别之处？

李秉诺：因为我们每个人都是不一样的。

杜星璇：因为我们都不是一个妈妈生的。

周霆赫：因为我们的爸爸妈妈不一样。

王梦琪：因为我们每天的生活习惯不一样。

王隽珩：每个人只有像达利 B 一样，有自己的特别之处，才能是世界上唯一的那个自己。

讨论4：我们怎么向别人介绍自己身体的特别之处？

王隽珩：我可以向大家展示我肚皮上的胎记，这样大家就记住我是一个有胎记的小男孩了。

黄彬宸：我可以把自己身体的一些数字介绍给大家。

邹明贤：我是班里最高的小朋友，我可以向别人介绍我到底有多高。

王梦琪：我可以制作一张关于身体的图，就像我的身体的名片一样。我要把所有的信息都记录在上面。

朱思涵：我觉得我的身体的每一个地方都和别人不一样，都是特别的。我也想为自己的身体做一张小名片，别人看到名片就了解我的身体的特别之处了。

五、小　结

教师梳理故事情节，深化“特别之处”的含义。

教师总结：“在这个故事中，我们发现一只长着大脚的兔子一直不知道自己是谁。虽然它长着一双和其他兔子不一样的大脚，但是我们还是知道它就是一只兔子。其实，我们每个人都是唯一的、特别的。那些与他人不同的地方就是我们的标志。”

六、延伸学习

幼儿和爸爸妈妈一起讨论身体的数字密码。

活动小结与反思

孩子们很喜欢这个故事，在听故事的过程中，他们时而安静，时而放声大笑。他们从故事主人公的典型特点很容易想到了自己的特别之处，自然过渡。中班的幼儿逐渐有了羞耻感，有一些孩子因为自己有一些小“缺点”，和别人不太一样，会感到有些不好意思，选择一直在掩盖自己的“缺点”。

很多孩子在这个故事中“看到”了自己。他们在寻找“特别之处”的同时，也慢慢找回了曾经的那个自信快乐的自己。外形特征对一个人个性的形成会产生一定影响的。帮助孩子接纳自己身体中的特别之处，是帮助孩子全身心接纳自己的开始。

活动二　身体数字密码

活动形式

小组活动。

活动目标

1. 知道每个人的身体数字有相同也有不同。
2. 尝试用观察、测量、比较等方法，得到自己的身体数字密码。

3. 对身体上各种数字的含义有进一步探究的兴趣。

活动准备

直尺、卷尺、身高量尺、体重秤、体温计、A4 纸、积木、适合作为测量工具的玩具、笔、记录纸等。

活动过程

一、导　入

教师提问："昨天，我们一起寻找了自己身体的特别之处。很多小朋友在介绍的时候提到了很多关于身体的数字。你知道我们的身体中有哪些数字呢?"

二、分享环节

幼儿分享自己了解的关于身体的数字。(图 2-2-3)

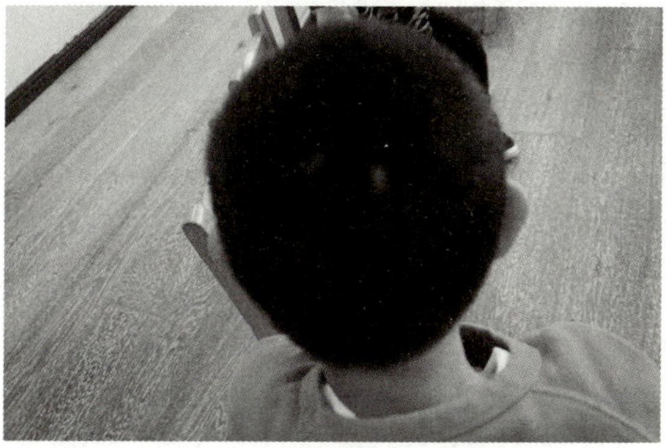

图 2-2-3　我的头上有两个"旋涡"

活动记录与呈现

王隽珩：我们的身体上有很多数字，比如，我们有一个头、一张嘴巴、一个鼻子。

张笑嫣：我们有两个胳膊、两条腿。

魏琳奕：我有一块胎记，这是别人都没有的。

张舒朗：我的手上有十个"簸箕"，一个"斗"都没有。

黄彬宸：我有一个头、两只手、四肢……

三、讨论提纲

1. 我们可以通过哪些途径收集身体的数字?

2. 用什么方法测量和观察身体?

3. 用什么方式记录身体的数字密码?

活动记录与呈现

讨论 1：我们可以通过哪些途径收集身体的数字？

陈益清：我可以和爸爸一起去图书馆查资料。

唐安吉：我可以和妈妈一起看纪录片，纪录片中有很多关于身体的介绍。

黄彬宸：我们可以用一些工具测量身体，肯定可以得到很多数字。

全奕单：关于身体的数字有很多，我们可以通过比较得到很多数字。

讨论 2：用什么方法测量和观察身体？

赵子昂：尺子可以帮助我们测量身体的高度。

冯澍予：我们的身高可以用身高表量出来。

朱思涵：体重秤可以帮助我们了解身体有多重。

杜星璇：体温计上显示的数字表示我们身体的温度。

张舒朗：我们可以用放大镜观察我们的指纹。

朱思涵：我们可以用小朋友的手测量我的腿有几个手掌的长度。

唐安吉：小朋友之间可以相互观察，在比较中，找到每个人的不同之处。

讨论 3：用什么方式记录身体的数字密码？

唐悦铃：我们可以请一位小朋友躺在纸上，另一位小朋友用画笔记录身体的形状。

邹明贤：我们不但要记录自己的身体数字，而且可以记录家人的身体数字。我发现自己是家里最矮的。

王隽珩：我们可以把测量的数字记录在自己的身体图上，如果不会写数字，可以用画星星的方式记录。

冯澍予：我们可以画一张身高变化图，把每个月的身高连在一起，就会发现身体数字的变化。

四、操作环节

幼儿自由结组，尝试观察、测量自己的身体，并用自己的方式记录身体的数字密码，针对发现，完成讨论。（图 2-2-4、图 2-2-5、图 2-2-6、图 2-2-7、图 2-2-8、图 2-2-9、图 2-2-10）

1. 我们可以直接借助工具发现哪些身体数字？

2. 我们不可以直接发现哪些身体数字？

图 2-2-4　我找到了和我的腿一样长的一块积木

图 2-2-5　量一量有多高

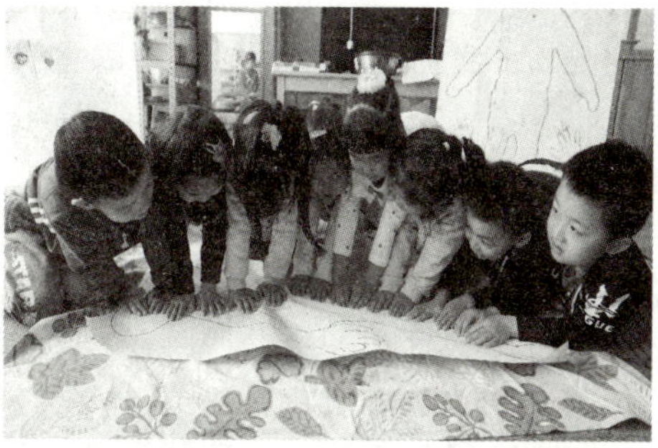

图 2-2-6　原来 16 只小手就可以量出我的身高

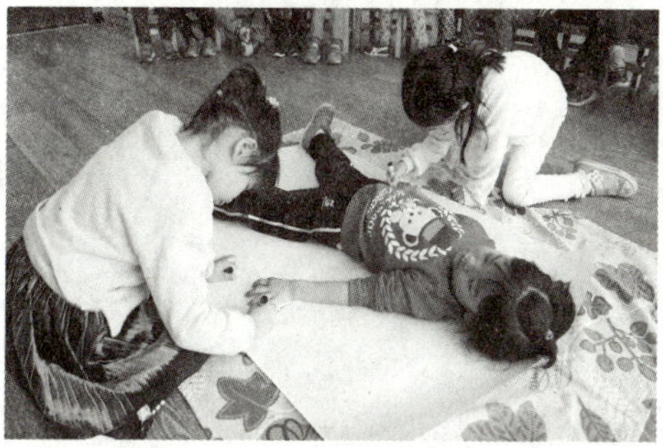

图 2-2-7　一位小朋友躺在纸上，另外两位小朋友用画笔记录身体的形状

图 2-2-8　量量我的手臂有多长

图 2-2-9　我有 4 张 A4 纸那么高

图 2-2-10　原来我有这么大啊

活动记录与呈现

讨论 1：我们可以直接借助工具发现哪些身体数字？

王隽珩：我们可以很轻松地用尺子量出我们的身高、腿长、胳膊长、头长……

王翊铭：我们可以直接发现身体外部的数字。

讨论2：我们不可以直接发现哪些身体数字？

冯澍予：有一些我们身体里面的数字，我们是发现不了的。

孙羽彤：我们可以看到、摸到头发，但是因为太多了，我们都数不清楚。

王翊铭：我们身体里面的一些数字，比如，血液的数字，我们是测量不了的，但是医生可以用专业的工具测量。

王隽珩：我们的大脑里面装着多少知识，是不可以直接测量的。这个科学家也还没有想到办法。

五、小　结

教师梳理幼儿探索身体数字密码的活动过程。

教师总结："今天我们一起寻找了藏在自己身体中的数字，小朋友想了很多的办法，尝试用多种形式记录自己的发现。大家回家以后可以和爸爸妈妈一起继续制作你们的身体数字密码图，一起去寻找藏在身体中的那些秘密吧！"

六、延伸学习

幼儿和爸爸妈妈借助身体数字密码图找到自己最特别的地方。

活动小结与反思

在今天的活动中，孩子们在讨论、操作的过程中，逐步探索蕴藏在自己身体中的数字。活动最主要的环节是孩子们自由结组，借由老师们提供的或者他们能够找到的工具测量身体的数字，在学习过程中我们发现相较于成人的定式思维，孩子们的测量方式更加出人意料，如用A4纸测量身高，在区域中找到和自己腿一样长的积木，用手做测量单位进行测量……所用的方式中，最受孩子们欢迎的当属用画笔记录身体的形状，当另一个自己出现在纸上的时候，孩子们异常惊喜。

当我们为孩子们提供一个好的学习主题、丰富的学习材料、学习的伙伴、足够的空间和时间的时候，我们看到孩子们的学习在自然发生，且让人叹为观止！

活动三　身体之最

活动形式

小组活动。

活动目标

1. 知道寻找班级中的"身体之最"的多种方法。
2. 能通过实际操作理解数与数之间的关系。
3. 在身体数字中，感受自己的独特性。

活动准备

记录纸、笔。

活动过程

一、导　入

教师提问："昨天，我们观察、测量了自己的身体，并用自己的方式记录了身体的一些数字密码。你发现了哪些有趣的现象?"

二、分享环节

幼儿分享自己的发现。

活动记录与呈现

李莲舟：有些小朋友一样高，但是他们不是一样重的。

王隽珩：身高的数字大，体重的数字小，但是它们不能比较，因为它们是用不一样的工具测的。

邹明贤：我感觉自己是我们班最高的小朋友，可是我还不确定是不是真的，所以我想知道谁最高、谁最重、谁的头发最长……

三、讨论提纲

1. 什么是"身体之最"?
2. 可以用什么方法找到这些"身体之最"?
3. 哪些"身体之最"不容易被发现?
4. 你想探索哪些"身体之最"?

活动记录与呈现

讨论 1：什么是"身体之最"?

唐安吉："身体之最"就是身体中最大的数字和最小的数字。

陈益清："身体之最"就是寻找谁的身高最高，谁的体重最重。

王隽珩："身体之最"是身体中最宝贵的部位。

讨论 2：可以用什么方法找到这些"身体之最"?

周万泽：我们可以通过比较同一类的数字，比如，身高的数字，找到最大的数字和最小的数字。

成昱明：我们昨天记录了一些身体数字，我们可以比一比数字的大小。

王隽珩：我们的鼻孔虽然不容易测量，但是我们可以用鼻孔对着鼻孔的方式比一下。

李　瑶：如果比谁的头发多，我们可以用手攥一下头发，就可以感觉出来谁的头发多了。我妈妈经常这样和我比头发。

朱思涵：我们可以用一种东西做参考，这样就可以比出长度了。

邹明贤：我们可以把手指放在手腕上，数一数一分钟内的心跳有多少次，再和小朋友比一比谁的心跳慢。

讨论3：哪些“身体之最”不容易被发现？

周万泽：每个人的肠子都很长，但是肠子的长度是没办法测量的。

唐安吉：细胞就不能比出来，因为每个人的细胞有很多，而且不容易观察。

付博闻：我们的心脏大小是没有办法比较的，但是可以比较心脏跳得快还是慢。

讨论4：你想探索哪些“身体之最”？

杜星璇：我们可以比一比谁的头发最多。

寇瀚辰：我们可以找出谁最胖，谁最瘦。

陈益清：我们可以比一比谁的力气最大。

王隽珩：我们可以选出班里鼻孔最大的小朋友。

周霆赫：我想知道谁穿的鞋子最小。

四、游戏环节

幼儿自由探索小组内小朋友的“身体之最”，自由分享感受和发现。（图 2-2-11）

图 2-2-11 找一找谁穿的鞋子最小

活动记录与呈现

侯　尧：我是班里最矮的小朋友。妈妈说，小朋友要好好睡觉，才能长个，但是因为我不喜欢睡觉，所以我没有邹明贤那么高。以后，我还是要好好睡觉！

王钰萱：因为豆豆吃饭很多，所以他比其他小朋友胖，希望以后豆豆可以控制自己的食量。

孙羽彤：因为我很少剪头发，所以我的头发是班里最长的。妈妈一直说头发太长就容易吸走营养。

邹明贤：我是班里最高的小朋友，因为我不挑食，好好吃饭，好好睡觉，还经常运动。

五、小　结

教师梳理“身体之最”的活动情况。

教师总结：“今天，我们借助数字，运用比较的方式，发现了很多‘身体之最’。很多小朋友在游戏的过程中，也找到了自己需要努力的方向。健康的身体是我们成长的保障，我们要好好爱惜它。为了让自己的身体很健康，我们要养成良好的卫生习惯和行为习惯。”

六、延伸学习

统计完成“班级身体之最”的榜单制作。

活动小结与反思

在本次活动中，通过游戏的方式，孩子们对“身体之最”进行了探索和发现。在游戏中，孩子们体验了不同的比较方式，发现了一些有趣的现象。更主要的是，孩子们能客观地认识自己，知道为了让自己能有一个更强壮、健康的身体需要努力或者改进的地方在哪里，也知道自己该如何做，这非常了不起。

课程活动传达给孩子们一个很重要的信息：我们的身体很重要，要好好爱护它。如果孩子们能因此更加爱惜自己的身体，逐渐养成良好的生活习惯，本次课程的价值也就得以体现了。

活动四　身体中的变与不变

活动形式

集体活动。

活动目标

1. 知道我们的身体会随着年龄、生活习惯等的变化而变化。
2. 能用连贯、富有逻辑的语言分享项目学习成果。
3. 知道一些保护身体的简单方法。

活动准备

材料准备：黑板。

活动过程

一、导　入

教师提问：“在探索身体数字密码的过程中，你有哪些发现？”

二、分享环节

幼儿自由分享自己在探索过程中的发现。

活动记录与呈现

张舒颜：每个人的身体数字都是不一样的。

高　裳：我发现有些数字是会变的，有些数字是不会变的。

王隽珩：在我们的身体上，有些数字是可以数清楚的，有些数字是数不清楚的。

三、主要环节

幼儿分组分享身体数字密码图。（图 2-2-12、图 2-2-13、图 2-2-14、图 2-2-15、图 2-2-16）

图 2-2-12　你能从我的研究海报里找到我的特别之处吗

图 2-2-13　我们在一个小组里进行分享

图 2-2-14　这是我的身体数字密码图

图 2-2-15　每个人的指纹都是很特别的

图 2-2-16　和别人不同，我做的是“身体调查表”

活动记录与呈现

王梓瑄：今天，我给大家分享的是关于我身体的秘密。我觉得我最特别的地方是我的手很灵活，它让我每次都能画出特别好看的画。

高　裳：每一年，我的爸爸妈妈都会给我做记录。大家看，我的身高、体重每年都在变化。

王隽珩：为了记录我的身体所有的秘密，我和妈妈一起画了一张很大很大的身形图，这样就能把所有的数字都标在上面了。

四、讨论提纲

1. 哪些身体数字或部位随着我们的成长不会发生变化？

2. 哪些身体数字或部位随着我们的成长会发生变化？为什么？

3. 平时我们该如何保护自己的身体？

活动记录与呈现

讨论1：哪些身体数字或部位随着我们的成长不会发生变化？

余轻眉：眼睛、耳朵、鼻子的数量不会变。

周万泽：指纹不会变，我们每个人的指纹都不一样。

杜星璇：肚脐眼不会变。

陈益清：性别不会变。

张笑嫣：我们的两只胳膊、两条腿的数量不会发生变化。

讨论2：哪些身体数字或部位随着我们的成长会发生变化？为什么？

张歆程：手指的宽度会有变化，张开或者并拢的时候就不一样。肚子吃饱的时候，腰围会变大。我们的身体会因为我们吃了东西发生变化，我吃的东西会在胃里消化一段时间。

李　瑶：牙齿如果掉了，就少一个了。我们正在长大，我们的身体在发生变化，我们的身体数字也在发生变化。

朱思涵：头发会变长，也会掉下来，我数不清楚具体的数字。

贾含漳：皮肤的颜色是会变化的，夏天时会晒黑，冬天时会变白。

高　裳：我们家里有一个身高墙，现在上面有很多横线，表示我在一点点地长高。

王钰萱：我们的指甲会不断地长长。

讨论3：平时我们该如何保护自己的身体？

陈益清：我们在做游戏的时候要先做热身活动，把身体叫醒，才能开始活动。

周万泽：我们要认真洗手，因为手上会有很多细菌。

唐安吉：运动和游戏的时候要注意安全，不要撞到其他人，也不要让自己摔倒，这样就能保护好自己的身体。

五、小　结

教师梳理幼儿分享和讨论身体数字密码图的情况。

教师总结："从小朋友的分享中，我们发现了很多之前不了解的身体数字，发现了很多特别的研究方法。有人靠猜测，有人靠做实验，有人靠在网上查资料，还有人和爸爸妈妈一起看了很多书，这些方式都有助于我们深入了解一个事物。通过项目研究，相信每个小朋友对我们的身体都有了更全面的了解。"

六、延伸学习

幼儿和爸爸妈妈一起了解种子，熟悉种植方法，为明天的种植活动做准备。

活动小结与反思

今天是本周的小结课，孩子们带来了和爸爸妈妈一起完成的"身体密码图"，因为爸爸妈妈的加入，孩子们的学习呈现出更加深入的态势。

每一次有家庭参与的项目学习，都能够透过项目学习的结果看到每个家庭不同的思维方式、与孩子相处模式的差异。比如，有的父母会细心地每年都为孩子记录身高、体重，在呈现的项目学习海报中，用折线图的方式，清晰地让我们看到孩子的身高、体重逐年递增且越来越快；有的父母会和孩子一起绘制一张全身图，让测量的身体数字在一个平面上标记在对应的部位，一目了然；有的父母则尽可能地引导孩子用自己能够看懂的符号进行记录……这样的思考问题、解决问题的方式，对待学习认真的态度和对孩子全然的相信，一定会深深地影响着孩子们的现在和未来。

忠实记录课程的瞬间｜其实，你还不够了解你自己

活动五 今天是播种日

活动形式

畅游活动。

活动由来

每年的春天，幼儿园都会组织孩子们一起去播种。在楼顶的一米菜园里，每个孩子都会有一个专属自己的“格子”，用来播种自己想种的蔬菜。

在观察活动中，孩子们可以实时观察植物的生长情况，自己动手制作种植记录本，观察、记录植物的生长状况，体会植物生长的意义和生命的奥秘。等待植物的生长和丰收的过程也是一个很幸福的过程。

活动目标

1. 了解不同种子的生长习性，掌握几种简单的种植方法。
2. 学会使用工具，能够有条理地按照步骤播种。
3. 尝试制作、完成种植记录本，感受植物生长的神奇。

活动准备

场地准备：一米菜园。

材料准备：种子，播种工具(铲子、耙子、浇水壶等)，自制菜牌，种植记录本。

活动过程

一、导　入

教师提问：“你们想在一米菜园里播种什么种子?”

二、分享环节

教师请幼儿分享自己想播种的种子。

活动记录与呈现

明梓轩：我想种西红柿，因为我喜欢吃西红柿。

顾峻熙：我想种菠菜，菠菜可以长出很多，我想和大家分享。

卢昕妤：我想种水萝卜，这样我就可以唱着拔萝卜的歌拔萝卜了。

三、游戏环节

1. 了解不同种子的生长特性。

2. 知道不同种子的种植方法。

3. 认识播种用的不同工具。

4. 按种子类型分组播种。(图 2-2-17、图 2-2-18、图 2-2-19、图 2-2-20、图 2-2-21、图 2-2-22、图 2-2-23)

图 2-2-17 做个垄，给种子找一个垄当作家

图 2-2-18 挑选一种自己喜欢的种子去播种

图 2-2-19 把种子撒到挖出的坑里

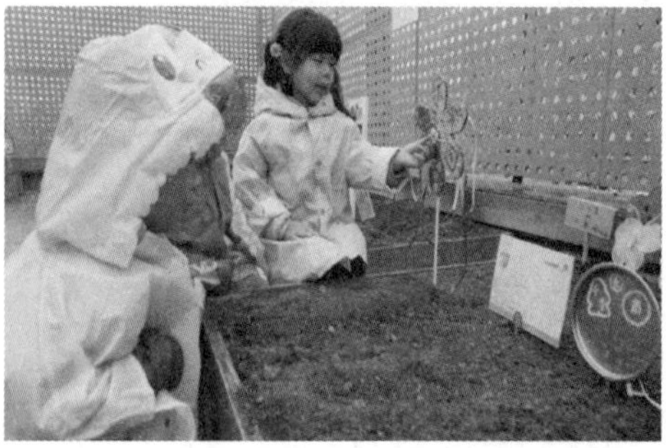

图 2-2-20 再把自己制作的牌子插在种子边上

图 2-2-21 小种子，愿你早点发芽

图 2-2-22 在记录本上画下对种子的美好祝愿

图 2-2-23　我们的记录本做好啦

活动记录与呈现

你知道哪些关于种子的生长特性和种植方法呢？

谌仲匀：虽然我没有种过豆角，但是我知道豆角长出来之后是要架枝的，这样豆角才能越长越长。

栗千涵：水萝卜的种子是可以直接被撒在土上进行播种的。

刘瑀垚：我种的是空心菜，要把种子埋到土里面。

高沄驰：我需要经常给圣女果浇水，也不能把种子放得太密了，不然它就长不大了。

四、小　结

教师请幼儿分享播种过程中的新发现，总结播种过程的一些注意事项。

教师总结："我们都挑选了自己喜欢的种子。在播种的过程中，我们发现，有的种子是被播撒在土上头的，有的种子是被埋在土里头的，播种需要用到铲子、耙子、浇水壶等工具。照顾植物也需要区别对待，不同植物需要的水分不同，在记录植物生长的过程中，你们要做好笔记。"

活动记录与呈现

在分组播种的过程中，你有什么新发现吗？

薛策方：我发现挖坑其实挺累的，不能挖得太深，也不能挖得太浅。

林苔骞：我发现撒种子的时候要分开点撒，不然种子们挤在一起就没法呼吸了。

龙思齐：我发现天气太热的时候，土很快就会变干，土太干的话，我们的种子就会缺水的。

唐悦铃：我发现有了种植记录本后，我就可以把我和种子每天发生的故事，还有种子的生长情况记录下来了。

五、延伸学习

幼儿和家人分享播种经历，和爸爸妈妈一起尝试在家建立一个种植角。

活动小结与反思

在活动中，孩子们要提前了解各种蔬菜的生长习性，还要在种植过程中运用、巩固自己的种植经验。基于已有生活经验，孩子们细心观察种子，在比较中发现了果实大小和种子大小的对应关系，在播种中有了和同伴共同探索、共同发现的完整体验。

“播种”一词蕴含着浓厚的春耕文化，孩子们播种的不仅仅是具体的种子，更是自身对一个新的收获季的期待。他们期待着种子快快发芽，自己能记录下种子的生长过程，也期待着自己和种子一样健康成长。

播种日丨哇，好一场及时雨！

教育笔记

关于课程——我的样子

唐　彬

进入四月健康成长月的第二周，我们的课程从第一周的了解自画像发展到了了解“我的样子”，从客观的角度去了解自己，认识自己。

一、从数字出发，激发所有人的兴趣点，调动积极性

整个这一周的课程内容都是从外围了解自己。通过教研会的讨论及对自己身体的了解和调查，我们决定从数字出发，这不仅符合中班幼儿符号化学习的特点，而且是一个很大的兴趣点。每个孩子调动自己的爸爸妈妈，成了学习的小主人。从孩子们的学习结果来看，从数字出发给了课程很大的开放性，孩子们和家长们可以自由决定调查的具体内容，最后呈现的也是所有人智慧的集合。有的会选择从测量开始，有的会选择对比，有的会从问题入手，有的用心的家长记录了孩子每一年的身高和体重，有的会从身体内部出发……无论哪一种方法，都能体现孩子的兴趣，也是适合孩子学习的重要方法。

二、让每个人都能找到一个与自我联结的点

和孩子们一起分享海报时，我们有很多有趣的发现，每个人都沉浸在分享的瞬间，不管上面分享的人，还是坐在椅子上倾听的人，大家总是会在某一个时刻，把彼此的距离拉得很近。最后当把每个人的分享综合在一起的时候，我们会有一种很惊喜的感觉，原来我们一起聊了那么多关于自己的故事，我们每个人都是最独特的存在。墨墨在和我们分享的时候提到了自己有一个胎记，于是引发了在场所有人各自去寻找自己身上的胎记，大家迫不及待地想要分享给同伴看。最有趣的就是禾禾，她卷起裤腿就开始吆喝："快来看，快来看，我这里也有一块胎记。"然后闻声赶来的小伙伴们都凑近她腿上的那块明显的胎记，开始摸，开始仔细观察，开始各种询问。后来，从上午上完课到下午起床后，禾禾那条腿上的裤腿就再也没有回归原位，一直是卷起来的状态。要知道，上小班时候的禾禾会因为这块胎记常常在被人提起的时候低头保持沉默……有意思的事情还有我们在一起寻找自己身体上最小的数字的时候，瑄瑄说："身体上最小的数字是自己的鞋子号码。"然后所有人同时脱下鞋子，认真寻找着那个藏在鞋子里最小的数字……我们被孩子们的智慧折服了。

三、不要对自己有太多的预设

四月份的课程组织下来，我的感觉就是不要有过多的预设，要更多地从孩子自身出发。上课的时候，孩子们会给我们带来更多的惊喜，让我们足够相信他们，放下预设。这样我们彼此之间会碰撞出火花。

下周，我们将和孩子们一起聊一聊内在的自己是什么样的，聊一聊自己的优点和缺点，从同伴眼里看看不同的自己，从主观上走近自己，发现自己，学会正视自己，获得新的力量。

第三周　谈谈我的优缺点

周主题说明

每个人都有自己的优缺点，优点和缺点之间看似是相对的，其实两者之间也是可以互相转化的。我们希望孩子们能够通过探讨优缺点的存在意义，辩证地看待自己的优缺点，客观地认识自己，接纳真实的自己。

在这一周里，孩子们通过讨论"我的优点是什么?""别人的优点是什么?""我也有缺点"主题活动，认识一个"真实的我"，最后通过畅游活动"幼儿园大体检"，更加全面地了解自己，并对未来的自己充满期待。

周课程目标

1. 组织幼儿讨论自身和他人的优点，发现优点的多样性和丰富性。
2. 引导幼儿发现自己的优点，接纳自己的缺点，不与他人做比较。
3. 帮助幼儿辩证地看待自己的优缺点，客观地认识自己，接纳真实的自己。

活动一　我的优点是什么?

活动形式

小组活动。

活动目标

1. 知道自己的一些优点，并对此感到满意。
2. 愿意与他人谈论关于优点的话题。
3. 喜欢用游戏的方式与他人分享自己的优点。

活动准备

材料准备：笔、记录纸。

活动过程

一、导　入

教师提问："你认为什么是优点?"

二、分享环节

教师请幼儿分享自己对优点的理解。

> **活动记录与呈现**
>
> 栗千涵：优点就是一个好习惯、一个大家喜欢的东西。
>
> 赵甜希：优点是每个人都有的东西。

三、讨论提纲

1. 你的优点是什么?
2. 你是怎么找到自己的优点的?
3. 发现自己的优点时，你的心情是什么样的?
4. 如何记录自己的优点呢?

活动记录与呈现

讨论 1：你的优点是什么？

王鏖闵：我的优点是我太喜欢笑了，我一笑，我身边的人也就笑了。

贾含漳：我的优点是我是个汽车迷，我会跟所有人分享和汽车有关的故事。

栗千涵：我的优点是很善良，我喜欢帮助别人。

讨论 2：你是怎么找到自己的优点的？

唐悦铃：我看到别人笑的时候，我就找到我的优点了。

杨皓云：我会听别人对我说的话，当他们表扬我的时候，我就知道我的优点是什么了。

龙思齐：我觉得自己做一件事情很开心、很舒服的时候，我就找到我的优点了。

讨论 3：发现自己的优点时，你的心情是什么样的？

谌仲匀：我觉得好像吃到肉的感觉，美滋滋的。

刘瑀垚：我感觉身边的人都非常友好，我很开心。

高沄驰：我觉得我会很激动，以后会继续去发现我其他的优点。

讨论 4：如何记录自己的优点呢？

张恩郡：我可以把我的优点画下来。

王子衿：我可以把我的优点说给爸爸妈妈听，请他们记下来。

曹雅淇：我可以把我的优点拍下来，然后印成照片，放在我的盒子里。

四、游戏环节

教师请幼儿用说“悄悄话”的方式，轻轻告诉别人自己的优点是什么。（图 2-3-1、图 2-3-2、图 2-3-3）

教师请幼儿将自己优点画下来，一起完成“优点树”。（图 2-3-4）

图 2-3-1　一起玩个互相说优点的游戏吧

图 2-3-2　老师，我有个优点要告诉你

图 2-3-3 听到别人夸自己，我都有点害羞了

图 2-3-4 我们一起完成的“优点树”

> **活动记录与呈现**
>
> 王子衿：这样说出自己的优点，我都不害羞了。
>
> 薛策方：我发现我可以说出我的 10 个优点。

五、小 结

教师梳理幼儿对优点的理解，阐述优点的多样性和丰富性。

教师总结：“有的小朋友的优点是性格上的，有的是技能上的，有的是习惯方面的。每个人发现的自己的优点和其他小朋友的优点有相同之处，也有不同之处。恭喜你们，每个人都找到了自己的优点。”

六、延伸学习

幼儿尝试去发现别人的优点，并记录下来。

活动小结与反思

在“我的优点是什么”的话题讨论中，孩子们表达了自己对“优点”的认识。有的孩子会从内在的品质方面来表达自己对优点的认识，有的孩子会从自己掌握的技能方面来表达自己的思想，有的孩子会从自己的兴趣爱好方面来进行阐述……相信通过这样的探讨，孩子们不仅发现了自己的优点，还能增加对同伴的了解。

活动中采用说“悄悄话”的游戏形式，是考虑到了平常羞于表达的孩子可以借用这样的方式尝试去表达自己，给他们一个向他人展示自己的机会。孩子们在分享的时候不仅表达了对自己优点的认识，而且能够根据他人的分享进一步发现自己还未发觉的优点。

那别人的身上有哪些优点呢？我们期待下次活动继续和孩子们一起进行探究。

活动二　别人的优点是什么?

活动形式

小组活动。

活动目标

1. 能够用完整的语言连贯地表达自己对别人的优点的看法和理解。
2. 能够用奖励贴纸的方式肯定别人，并对自己肯定别人的行为感到满意。
3. 愿意发现他人的优点，并给予赞美。

活动准备

材料准备：爱心贴纸。

活动过程

一、导　入

教师提问：“你知道别人身上的哪些优点?”

二、分享环节

教师请幼儿说出自己知道的别人的优点。

活动记录与呈现

赵甜希：我觉得我妈妈的优点就是很爱我。

卢昕妤：我的好朋友有一个很大的优点，她愿意帮助别人。

朱子奕：我发现杨皓云的优点就是对宇宙特别了解，他是个宇宙迷。

三、讨论提纲

1. 世界上有一个优点都没有的人吗?
2. 别人的优点和自己的优点有什么相同和不同?
3. 发现别人身上的优点时，你有什么感受?

活动记录与呈现

讨论1：世界上有一个优点都没有的人吗?

龙思齐：有，爸爸妈妈就说我没有优点。

谌仲匀：没有，我觉得自己身上有很多优点，别人也有很多优点。

薛策方：没有，每个人都会进步，进步就是一个优点。

讨论2：别人的优点和自己的优点有什么相同和不同?

周京远：别人的优点有时候和我的优点是一样的。比如，我以前不会扣纽扣，现在会扣了，我身边的很多朋友也都会扣纽扣了。

张恩郡：别人的优点是别人的，自己的优点是自己的，每个人都把自己的优点保护好了，世界就会变得更美好。

顾峻熙：会发现别人的优点，本身就是我的优点之一。

讨论 3：发现别人身上的优点时，你有什么感受？

刘瑀垚：能发现别人身上隐藏的优点，我会觉得自己很厉害，想给自己鼓掌。

曹雅淇：我觉得如果每个人都去认真地发现别人的优点，我们就不会有矛盾发生，每个人的内心就会是温暖的。

高沄驰：我会感谢发现这么多优点的我自己，希望会有更多人发现世界上的优点。

四、游戏环节

教师请幼儿用贴“爱心”的方式，大声说出别人的优点。(图 2-3-5、图 2-3-6、图 2-3-7)

图 2-3-5 用一分钟的时间，想想别人的优点是什么

图 2-3-6 好朋友，你的优点会一直陪在我身边

图 2-3-7 我得到了三个优点“爱心”，好开心

活动记录与呈现

栗千涵：我喜欢在游戏里说出别人的优点，每个人都有很多优点。

张恩郡：能发现别人的优点的人才是一个有很多优点的人。

赵子昂：我们应该经常玩这样的游戏，把大家的优点都说出来了，我们就可以找到更多以前不知道的优点了。

五、小　结

教师鼓励幼儿大声说出别人的优点，意识到这也是自己的一个优点。

教师总结："我们用贴'爱心'的方式，发现了别人身上的优点。别人的优点和自己的优点有相同的，也有不同的。每个人都有自己的优点，能够说出别人的优点，这本身也是一个优点。"

六、延伸学习

幼儿可以和爸爸妈妈一起讨论彼此的优点和缺点。

活动小结与反思

在"别人的优点是什么?"的话题讨论中，我们和孩子们一起将关注点从自身转移到了他人身上。活动现场瞬间变身为大型"夸夸群"，孩子们在夸别人和被别人夸的过程中，感受着双重的愉悦。

对于优点，孩子们有自己独特的看法。"别人的优点是别人的，自己的优点是自己的，每个人都把自己的优点保护好了，世界就会变得更美好。"(张恩郡)"会发现别人的优点，本身就是我的优点之一。"(顾俊熙)"我觉得如果每个人都去认真地发现别人的优点，我们就不会有矛盾发生，每个人的内心都是温暖的。"(曹雅淇)……听到孩子们的这些表达，身为教师的我们被深深打动，也想成为孩子们口中"更能发现他人优点"的人。

活动三　我也有缺点

活动形式

小组活动。

活动目标

1. 愿意在集体面前勇敢地说出自己的缺点。
2. 能够用图画符号记录下自己的缺点。
3. 愿意用积极的态度面对、接纳自己的缺点，并试着改变自己的缺点。

活动准备

材料准备：纸、彩笔、垫板。

活动过程

一、导　入

教师提问："什么是缺点？"

二、分享环节

教师请幼儿说说自己对缺点的理解。

> **活动记录与呈现**
>
> 高沄驰：缺点就是总会忘记事情、不能按时做完事情的一种习惯。
>
> 龙思齐：缺点是不好的事情，是会被批评的事情。
>
> 赵甜希：缺点就是犯错了，把事情给办砸了。

三、讨论提纲

1. 你有缺点吗？是什么？

2. 你是如何发现自己的缺点的？

3. 分享完自己的缺点后，你的心情是怎样的？

> **活动记录与呈现**
>
> **讨论1：你有缺点吗？是什么？**
>
> 朱子奕：有，我的缺点是和小朋友一起玩时爱捣乱。
>
> 栗千涵：有，我的缺点是早上来幼儿园时会控制不住自己，总是哭。
>
> 谌仲匀：有，我的缺点就是我说话太大声了。
>
> **讨论2：你是如何发现自己的缺点的？**
>
> 张恩郡：当别人批评我的时候，我就会发现我的缺点。
>
> 王子衿：我总是害羞，一害羞，我的脸就红了。所以，只要我脸红了，我就能发现我的缺点了。
>
> 刘瑀垚：我吃饭很慢，假如其他小朋友把饭都吃完了，我还在吃，那么我吃饭慢的缺点就会被大家发现了。
>
> **讨论3：分享完自己的缺点后，你的心情是怎样的？**
>
> 薛策方：我觉得我很轻松，我希望大家能够帮助我改变说话声音小的缺点。
>
> 杨皓云：我有点失落，真希望没有人知道我的缺点是什么。
>
> 赵子昂：我挺高兴的，大家知道了我爱睡懒觉的缺点，就会好心把我叫醒。假如我不再睡懒觉了，能够早睡早起了，那么我的缺点就会变成优点了。

四、游戏环节

1. 教师请幼儿用一种形状代表缺点，并用绘画的方式画出自己的缺点。(图 2-3-8、图 2-3-9)

图 2-3-8　用一种形状代表缺点

图 2-3-9　我想用泪滴的形状代表我的缺点

2. 教师请幼儿围成圈，依次走到圆圈中间，说出自己的缺点。也可以尝试请他人帮助自己想一想改正缺点的方法。(图 2-3-10、图 2-3-11)

图 2-3-10　围成圈，思考一下我是不是需要别人的帮助来改正缺点

图 2-3-11　谢谢你们的陪伴，害羞的我竟然敢在大家面前唱歌了

活动记录与呈现

高沄驰：你要是想改变睡懒觉的缺点，我们可以中午睡醒后就到你床头来叫你起床，这样你就不会睡懒觉了。

谌仲匀：你要是实在太害羞，我们就都围着你跟你说话，每天练习说话五分钟，相信你之后就不会害怕在大家面前说话了。

顾峻熙：我很喜欢这个游戏，我可以和大家分享我的缺点，也能知道大家的缺点。

卢昕妤：我发现说出自己的缺点其实没什么大不了的。

五、小　结

教师阐述缺点的普遍性，引导幼儿接纳自己的缺点。

教师总结："缺点其实是我们每个人的一部分，自己的优点和缺点对我们都很有意义，都有存在的价值。分享缺点让我们看到了自己不足的地方，去尝试面对、接纳自己的缺点，你就会变得更加自信、勇敢。"

六、延伸学习

幼儿尝试去总结归纳自己的优缺点，对自己有一个全面、真实的认识。

活动小结与反思

在孩子们眼中，每个人都会有缺点，就像人有左手，也有右手一样。但是，不是每个孩子都有勇气去承认自己的缺点。很多孩子会羞于说出自己的缺点，他们更加愿意把自己好的一面展现在他人面前。

借助绘画的表达方式，孩子们可以真诚地面对自己，画出自己的缺点。我们以陪伴者的身份，在孩子们的画旁记录下缺点的内容后，孩子们便可轻松很多。当孩子们尝试去接纳自己的缺点时，会发现缺点是每个人身体里的一部分。

谈论缺点需要勇气，孩子们都是勇敢的人。

活动四　真实的我

活动形式

集体活动。

活动目标

1. 借助绘本故事，尝试与他人谈论优缺点存在的意义。
2. 在讨论中发现优缺点是可以相互转换的，敢于接纳自身的缺点。
3. 辩证地看待优点和缺点，愿意做真实的自己。

活动准备

绘本《我选我自己》。

活动过程

一、导　入

教师讲述绘本《我选我自己》。

教师提问："在《我选我自己》这个故事里，你发现动物们在上台选举时的发言有什么共同的地方吗?"

二、分享环节

教师请幼儿分享自己对《我选我自己》这本绘本的理解和发现。

> **活动记录与呈现**
>
> 王思懿：我发现动物们都喜欢说自己的优点。
>
> 王子衿：没有一个动物在介绍自己时会说对自己不好的事情，可能它们会担心假如说了缺点，就没有人选它们了。

三、讨论提纲

1. 如果让你参加选举，你会如何介绍自己呢？
2. 优点永远都是优点吗？缺点永远都是缺点吗？
3. 通过讨论，你有什么收获？
4. 你喜欢真实的自己，还是虚假的自己？

> **活动记录与呈现**
>
> **讨论1：如果让你参加选举，你会如何介绍自己呢？**
>
> 周京远：我也会只介绍自己的优点，我觉得说优点的时候我会很自信。
>
> 林莒骞：我会告诉大家我的名字，我喜欢做的事情，还有我现在不太会做的事情。我希望大家能够帮助我去尝试做那些我不会做的事情。
>
> 薛策方：我会告诉大家我擅长什么，也会告诉大家我不擅长的地方，这样大家就能知道我到底适不适合那个职位了。
>
> **讨论2：优点永远都是优点吗？缺点永远都是缺点吗？**
>
> 谌仲匀：优点和缺点是会不停变换的。比如，我说话的声音很大，假如在户外大声笑，别人会觉得我很可爱，愿意跟我玩，但是我要是在教室里大声笑，别人就会觉得我有点吵。
>
> 王思懿：我觉得优点是会一直跟着我的，但是缺点是可以改变的。我可以通过努力和坚持把缺点变成优点。
>
> **讨论3：通过讨论，你有什么收获？**
>
> 龙思齐：我觉得每个人都要面对自己的优点和缺点，其实它们有时候是一件事情。
>
> 王鏖闵：要肯定自己的优点，也要接纳自己的缺点，这样才是一个真实的我。
>
> **讨论4：你喜欢真实的自己，还是虚假的自己？**
>
> 唐悦铃：当然是做真实的自己好，真实的自己才是我自己，假的就不是我了。
>
> 朱子奕：我想做真实的自己，说假话是不好的，我不想欺骗任何人。

四、小　结

教师鼓励幼儿肯定自己的优点的同时，也要承认自己的缺点，意识到真实比虚假更重要。

教师总结："优点并不会永远都是优点，缺点也并不会永远都是缺点。希望我们都能正确认识自己，既要正确认识自己的优点，也要接纳自己的缺点，这样我们认识的才是一个真实的自己。"

五、延伸学习

教师选择和"自我"相关的绘本，投放在阅读角，供幼儿翻阅。

活动小结与反思

活动中，孩子们的分享让我们看到了他们独特的儿童视角。我们无须预设，只需要全然接纳。当孩子感觉到这里的所有人对他都是认同的、接纳的、等待的时候，他也会放下内心的担忧和恐惧，愿意大胆地表露自己内心的想法，真诚地面对自己的优点和缺点。这份安全感在教育中是非常宝贵的，它让每个在其中的人，放松下来，真实地和自己相处。而"真实自有雷霆万钧之力"，这是我们为孩子们的成长注入的最宝贵的力量。

活动五　幼儿园大体检

活动形式

畅游活动。

活动由来

在万物生发的四月，我们的身体也发生着变化，用什么方法可以看到自己的成长呢？幼儿园每年都会组织幼儿进行健康大体检。上小班时，孩子们会害怕穿着白大褂的医生，害怕一些检查项目。上了中班，面对长大一岁的自己，除了通过体检的方式直观地看到自己的成长外，孩子们还会害怕那些曾经让自己有些胆怯的体检项目吗？健康大体检，不仅是对孩子们身体成长的检查，也是对他们心理成长的检验。

活动目标

1. 通过体检，了解自己身体的情况。
2. 配合医生完成各项体检，能用自己的方式记录体验结果。
3. 对比小班体检时自己的表现，看到自己的成长。

活动准备

经验准备：对各个体检项目和体检方法有一定的了解。

物质准备：体检表。

活动过程

一、导　入

教师提问："你们知道体检的时候需要注意什么吗？"

二、分享环节

教师与幼儿一起分享体检前需要做的准备。

> **活动记录与呈现**
>
> 寇瀚辰：我记得检查视力的时候，需要用一个小杯子捂住一只眼睛。
>
> 陈益清：我们要穿方便脱的衣服，要不然体检的时候会有点麻烦。
>
> 唐安吉：我们还要准备自己的体检表。
>
> 徐晟然：我们要学会认视力表。

三、主要环节

(一)检查听力

医生将检查听力的机器放在幼儿耳边。听到哪边有声音，幼儿就举哪只手。(图 2-3-12)

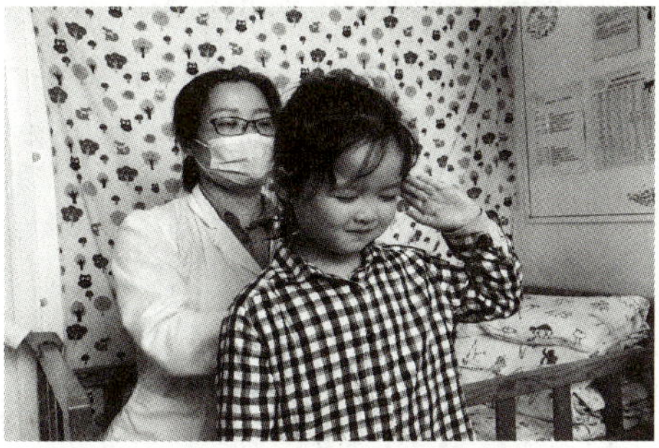

图 2-3-12　闭上眼睛，我能很清楚地分辨声音传来的方向

(二)检查视力

幼儿站在规定范围内，捂住一只眼睛，用手指指出每个图案的开口方向。

(三)抽　血

医生用规定的医疗用具在幼儿的手上轻轻地扎一下，在手指上抽血。(图 2-3-13)

(四)做内科检查

医生检查身体内部器官是否健康。(图 2-3-14)

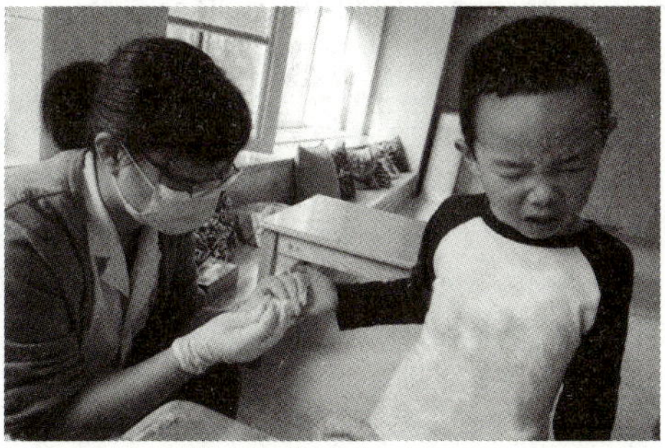

图 2-3-13　虽然有点疼，但是我很勇敢

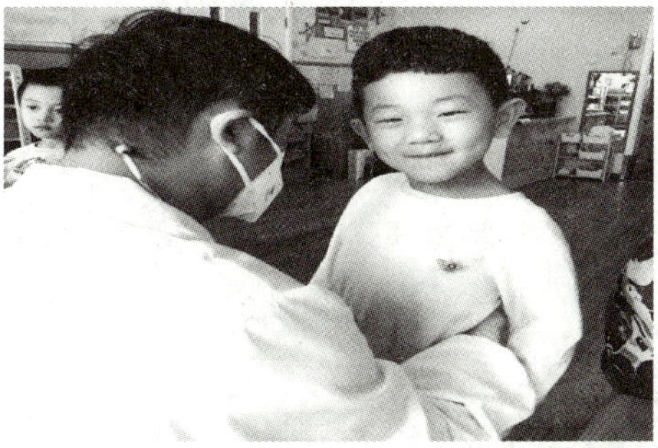

图 2-3-14　医生叔叔正在仔细地检查我的身体

四、小　结

教师将幼儿的体检表收回，请幼儿分享参加本次体检的感受，以及关于身体想了解的更多问题。

教师总结："体检不仅可以帮助我们了解自己身体的状况，还能考验我们是不是能够勇敢地接受挑战。"

活动记录与呈现

体检的时候，你的感受是怎样的？

魏琳奕：抽血一直就是我最害怕的事情，今天虽然我哭了很久，但我觉得我依然很厉害。

王梓瑄：检查听力的时候，我感觉有一只小蜜蜂在耳边嗡嗡嗡地叫，很好玩。

周霆赫：这个检查很有意思。听诊器在我的身上的时候，就像是在挠痒痒一样。

王子衿：我很喜欢做内科检查。对于身体里面的器官，我想知道得再多一些。

关于身体，你还想知道什么？

唐安吉：为什么我的头上会有两个“漩涡”呢？

王钰萱：我觉得我的指甲长得特别快，我想知道为什么剪掉指甲以后还能长出新指甲？

成昱明：我想知道为什么有的人有单眼皮，有的人有双眼皮？

赵子昂：为什么有的人有酒窝，有的人没有呢？

曹雅淇：我们人体的头发里面是什么样子的？

贾含漳：用什么办法可以看见我的骨头呢？

栗千涵：我的眼睛一下子最多能看到多少个小朋友？

卢昕妤：我的身体是怎么长出这么长的胳膊的？

林苢骞：为什么非得用胃来消化食物呢？

五、延伸学习

幼儿可以在爸爸妈妈的陪伴下，围绕关于身体还想知道的问题开展项目学习。

活动小结与反思

体检是幼儿园保健工作的大事，也是健康成长月里与大家息息相关的一件事，更是幼儿有些小担忧却又充满期待的事。通过定期的体检，孩子们可以从直观的数据中了解自己的身体，提升健康意识。

畅游日丨让两百多名幼儿园小朋友害怕、激动、兴奋又期待的居然是……

教育笔记

每个人有优点，也有缺点

申洁文

本周，课程进入了“谈谈我的优缺点”，孩子们对“优点”和“缺点”是怎样认识的呢？

认识一：一颗爱心，认识自己的优点

在对优点的学习中，我考虑到孩子们的性格不同，部分孩子内向，部分孩子外向，引入了“爱心”这个符号，来传递孩子们的优点信息。活动分为两个环节：介绍自己的优点和介绍别人的优点。

在泡桐树下，孩子们坐在轮胎里，有的觉着舒服，就躺在了轮胎里，还有的双膝跪在轮胎上……就这样，关于“爱心优点”的学习就开始了。愿意大方分享自己优点的孩子占了大多数，喜乐说：“我的优点是跑得快。”(刚好在上周的直线跑中，喜乐是小组里最快到达终点的人。)高沄驰说：“我的优点是我能跳很远。”(确实，在本周的跳远测试中，他是跳得最远的人。)糖果说：“我的优点是英语说得不错。”(听糖果唱的英文歌就知道啦。)孩子们都在积极分享、展示自己的优点，认识到了自身的优点，我以为这次课就结束了。

直到齐齐上来，他说：“妈妈说我没有优点。”当时，我觉得很震惊，不会的，齐齐怎么可能没有优点呢。我问齐齐：“那你觉得你有优点吗?”齐齐听到后，也不说话，难道他错误地把别人的评价当成真的了吗？紧接着，我把目光投向了坐在轮胎上的孩子们，问道：“那你们觉得齐齐有优点吗?”“有。”轮胎上的孩子们像是找到了一个共同的话题。“谁愿意把齐齐的优点说给他听呢?”我问孩子们。于是，晓晓上来了，她对着齐齐说：“齐齐，我觉得你笑起来露出酒窝的样子很好看。”说完，齐齐抬起头笑了，嘴角露出了迷人的酒窝。

我拿出了爱心，贴在齐齐的衣服上，我告诉孩子们：“小申老师这里有一盒优点爱心贴，你们可以从这里面拿出爱心，贴到别人身上。但是，你们要告诉那个人他的优点是什么，如果你们想给自己贴，也要告诉自己你的优点是什么。”说完，孩子们就撒开玩了，他们给自己贴，给别人贴，滚滚轮胎再去贴，有的孩子给自己贴了很多爱心，有的孩子给别人贴了很多爱心……无形中，孩子们知道了每个人都有优点，有的人的优点是自己认为的优点，有的人的优点是别人认为的优点，有的人的优点是别人和自己共同认为的优点……

认识二：一个泪滴，认识自己的缺点

我不太敢对孩子们直接提出缺点。所以，我想和孩子们一起从图画中去认识缺点。

喜乐说：“缺点就是爱心流泪了。”于是，我画了一个泪滴的形状，我在泪滴里头写了一句话：“每个人有优点，也有缺点，我的缺点是……”然后给孩子们留下了一大片空白。我带着孩子们来到大厅，把玻璃门关上，让他们赏着春景画自己的缺点。孩子们丝毫不避讳谈自己的缺点，笑脸盈盈，画着自己的缺点。

在帮助孩子们把画中的内容转换成文字的过程中，我记录到了这样一些内容。意意说："我爱哭。"桐桐说："我玩完乐高玩具就不想收拾了。"娃娃说："我害羞，容易脸红。"晓晓说："我爱笑……一笑就停不下来了。"后来，我把泪滴缺点这部分的画分享到了班级群里，娃娃妈说："感觉这些画真的能把他们心里想说的表达出来，真神奇。"昕宝妈说："必须把每张画都好好收藏起来。"

我也觉得需要珍藏这些画，孩子们对自己的缺点的认识并没有停在想象里，他们说的都是在现实生活里自己的缺点。

认识三：一个爱心圈，接受真实的自己

认识了优点和缺点后，孩子们了解到了真实的自己。就像成人一样，有的缺点是他们想克服的，有的缺点是他们可以接受的。于是，我把他们画好的缺点泪滴摆成了一个爱心圈。我走进爱心圈里说："小申老师也有一个缺点，就是爱睡懒觉，你们可以帮我改正一下这个缺点吗？因为我想早点起来，早点见到你们。"孩子们表示很想帮我。于是，我躺了下来，请他们待会儿闹钟响的时候把我叫醒。他们同意了，也把我叫醒了。我说："谢谢你们，今天帮我改正了这个缺点。现在，在这个爱心圈里，你们也可以来分享需要别人帮你们改正的缺点。当然，如果你觉得你的缺点是可以接受的缺点，不用改正也可以。"

接着，格格走进了爱心圈，她画下的缺点是："我不能像舞蹈家那样飞起来。"喜乐问格格："你想让我们怎么帮你呢？"格格说："你们就看着我，给我加油，我看看我能不能飞起来。"于是，格格在爱心圈里转了一圈，自己倒计时"3，2，1"，第一次跳跃不是很高，可能没有达到格格想要飞的高度。她马上请求进行第二次尝试，爱心圈外的孩子们表示很期待。之后，格格在第二次尝试中真的飞起来了，格格很开心。

格格分享完后，娃娃也迫不及待地想要寻求大家的帮助，她认为自己的缺点是害羞，容易脸红。其实，在她起身要进到爱心圈里的时候，孩子们就已经在大声鼓掌了，这预示着她挑战自己会成功的。不一会儿，娃娃说："我想唱一首歌。""什么歌啊？""园歌。"

那一刻，孩子们在大厅里唱起了园歌，娃娃站在爱心圈里，其他人围坐在爱心圈外(还有的趴在爱心圈外)。"成为我自己，我们在一起，按自己……"我感觉孩子们了解的自己超出了我的想象，我不停按下手中的快门，用手机拍摄下现场的画面。

孩子们在游戏化的课程中，帮助了别人，也帮助自己接受了真实的自己。每个人都有自己的选择，他们可以选择接纳自己的缺点，大方地说出自己的优点。我们不勉强每个孩子强行形成对优缺点的正确认识和看法，只要每个孩子都能意识到一个真实的自己的存在，我想，本周课程的意义也就找到了。

第四周 我觉得我还可以是……

周主题说明

每个孩子的内心都住着一位英雄。在动画片中，黑猫警长、蜘蛛侠、孙悟空都是他们喜欢并视为英雄的故事人物。在生活当中，他们同样有着自己的英雄情结，喜欢爸爸的强大有力，喜欢妈妈的温柔体贴，喜欢老师有趣的游戏主意，惊讶于小伙伴的特别之处……英雄在他们的生活中无处不在。

本周，我们从绘本《大英雄威利》入手，引导孩子们了解英雄所具备的主要特质，从“我心中的英雄”“英雄日”和“千面英雄”中了解自己和他人身上所拥有的英雄品质。最后，通过春游活动来感受生命的强大以及与大自然和谐共处的美好。

周课程目标

1. 引导幼儿了解英雄的含义以及英雄所具备的品质特征。
2. 帮助幼儿用多种方式表达与展示自己对英雄的理解。
3. 通过扮演活动，鼓励幼儿寻找并明确梦想中的自我形象，拥有更多成长的力量。

活动一 《大英雄威利》

活动形式

小组活动。

活动目标

1. 理解绘本《大英雄威利》的故事情节。
2. 愿意把自己的想法进行分享，表达自己对英雄的理解。
3. 感受英雄的魅力，崇拜英雄。

活动准备

材料准备：绘本《大英雄威利》、黑板。

活动过程

一、导　入

教师提问："什么是英雄?"

二、分享环节

教师请幼儿分享自己对英雄的理解。(图 2-4-1、图 2-4-2)

图 2-4-1　英雄应该是这个样子的

图 2-4-2　英雄可以很轻易跳过水坑

活动记录与呈现

邹明贤：英雄都是了不起的人，英雄都很厉害。

薛梓彤：每个人都是英雄，英雄都很有耐心，很有信心。

王隽珩：英雄就是什么都不怕、什么都可以做的人。

杨力鸣：英雄是很帅的、有爱心的、可以保护别人的人。

王梦琪：每个人都是英雄，因为英雄有各种各样的，每位英雄的本领也不一样。

三、故事环节

教师出示绘本《大英雄威利》，和幼儿一起分享。

四、讨论提纲

1. 在绘本中，威利为什么可以成为大英雄?

2. 英雄是什么样子的?

3. 英雄有哪些优点?

活动记录与呈现

讨论 1：在绘本中，威利为什么可以成为大英雄?

张舒颜：因为威利可以保护别人，所以他是英雄。

孙羽彤：因为威利不是一个胆小鬼，所以他是英雄。

王隽珩：威利敢去试一试，虽然他骑车骑得不好，但他试了，他就是英雄。

讨论 2：英雄是什么样子的？

张舒朗：英雄很高，肚子很大，手里拿着盾牌。

冯澍予：英雄都是男的，都有喉结。

黄彬宸：英雄的手臂和肚子上都是硬硬的肌肉。

张歆程：英雄应该是骑着大马、手里拿着剑的人。

张舒颜：英雄都穿着很帅的衣服，比如说战袍。

李天鸣：英雄应该有宝剑和斗篷。

讨论 3：英雄有哪些优点？

冯澍予：英雄很聪明，他们什么都知道，什么都能做到。

谌仲匀：英雄是很厉害、很勇敢、很有正义感的人。

刘彦熙：英雄就是很厉害的人，他们可以拯救需要救助的人，这叫"见义勇为"。

杨力鸣：英雄还要爱自己的国家和人民。

周京远：英雄可以变来变去，就像孙悟空。但是如果这个厉害的人干了坏事，他就不是英雄了。

徐晟然：英雄能吃能喝，能打败怪兽。他们在路上开车的时候，别人觉得很安全；他们打跆拳道的时候，特别有力量；他们摆积木的时候特别快……

五、小　结

教师帮助幼儿梳理成为英雄所需要的品质，鼓励幼儿找到自己心目中的英雄。

教师总结："每个人都有自己对英雄的定义，能成为英雄可能是因为一件事，也可能是因为他的某个好的品质。我们每一个人都可以找到自己心目中的英雄。"

六、延伸学习

幼儿与爸爸妈妈分享自己心目中的英雄。（图 2-4-3）

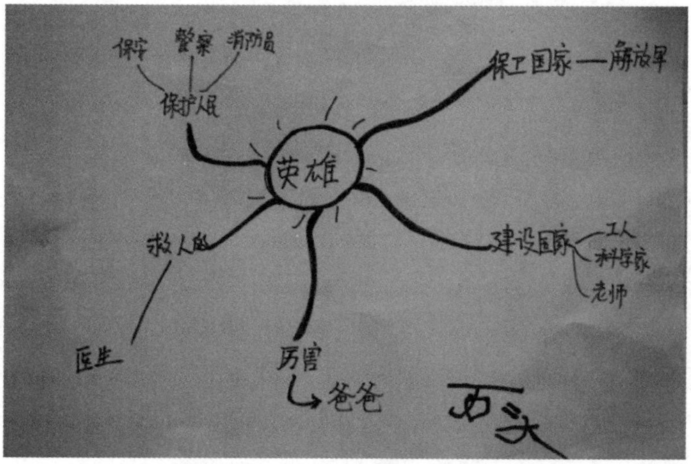

图 2-4-3　关于英雄的思维导图

活动小结与反思

通过绘本《大英雄威利》中对威利这个主人公的一系列故事的讲述，孩子们了解了威利被称为英雄的原因，因此在表达自己对英雄的定义时，他们的表达更为丰富、思维更加开阔。

这本绘本用有趣的语言刻画了一个真实又不遥远的英雄形象，引起了孩子们的共鸣，就像有的孩子说的那样："每个人都是英雄，因为英雄有各种各样的，每位英雄的本领也不一样。"相信了解了威利的英雄之路，孩子们的内心也会变得越来越强大，越来越有力量。

孩子们对英雄的定义更具有开放性了，那么他们的心中住着的英雄是谁呢？是故事中的人物，还是自己身边的人，甚至是一只小动物？让我们一起期待明天的学习吧！

活动二　我心中的英雄

活动形式

小组活动。

活动目标

1. 能基本完整、客观地描述自己心中的英雄的样子。

2. 在倾听与讲述的过程中，发现英雄身上值得学习的优秀品质。

3. 在分享的过程中，获得自己与英雄之间的联结感，在欣赏他人的同时学习接纳自己。

活动准备

场地准备：户外场地。

经验准备：对英雄含义的了解。

活动过程

一、导　入

教师提问："你心目中的英雄是什么样子的？"

二、分享环节

教师请幼儿分享自己心目中英雄的样子。（图 2-4-4、图 2-4-5）

图 2-4-4　英雄都有超能力

图 2-4-5　英雄都跑得很快

活动记录与呈现

邹明贤：英雄很强壮，力气很大。

李莲舟：英雄能够保护我们。

孙羽彤：英雄可以飞，孙悟空、小白龙都是英雄。

周霆赫：英雄可以打坏人。

李秉宸：英雄什么都不害怕。

三、讨论提纲

1. 你心中的英雄是谁？他为什么成了你心中的英雄？

2. 你愿意当英雄吗？

活动记录与呈现

讨论 1：你心中的英雄是谁？他为什么成了你心中的英雄？

周霆赫：我心中的英雄是孙悟空、葫芦娃和黑猫警长，他们也是我爸爸妈妈小时候心中的英雄。

张歆程：我的好朋友成当当、花木兰和警察叔叔都是我心中的英雄，因为他们都很愿意帮助别人，都是善良的人。

王子衿：我心中的英雄是爸爸和妈妈，因为爸爸强壮，可以抓坏人，妈妈善良，爱护小朋友。

薛策方：我心中的英雄是我自己，因为我可以想出很多解决问题的办法。

王钰萱：我心中的英雄是妈妈，妈妈能干很多活。

冯澍予：我心中的英雄是我的小弟弟，虽然他很小，但是他已经学会做很多事情。

刘彦熙：我心中的英雄是花木兰，她能女扮男装，去打仗。

杨力鸣：我觉得曹操是一位英雄，因为他联合诸侯打败了董卓。他很勇敢，他还爱他的人民。

讨论2：你愿意当英雄吗？

周霆赫：愿意，因为英雄很厉害，可以打坏人，可以救人。

解应登：愿意，因为我要保护爸爸妈妈和妹妹。

赵甜希：愿意啊，但是我没有本事就当不了，因为当英雄得需要本事。

侯　尧：愿意，我觉得自己做了英雄后会很开心。

余轻眉：不愿意，因为我不想打枪。

高　裳：不愿意，因为英雄会受伤，我不喜欢受伤，受伤了会疼。

谌仲匀：不愿意，我害怕被坏人抓住。

四、操作环节

教师请幼儿记录下自己心目中的英雄，一起制作“英雄图”。（图2-4-6、图2-4-7、图2-4-8）

图2-4-6　我心目中的英雄是曹操，他戴着帽子，嘴巴边上还有小胡子

图2-4-7　一起记录下我们心中的英雄

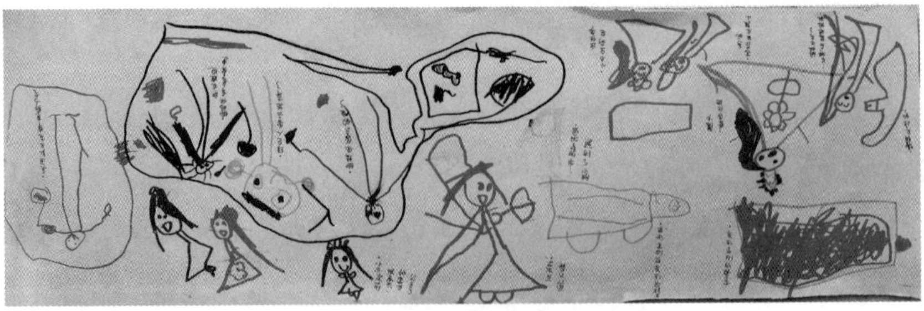

图2-4-8　我们的“英雄图”

五、小　结

教师概括幼儿心中的英雄所拥有的品质，结束本次活动。

教师总结：“每个人心中的英雄有很多相同的品质，他们勇敢、善良、正义，还很愿意帮助别人。我们崇拜的英雄不一定是最强大的，他们身上的许多品质却是我们最喜欢的。希望你们可以朝着自己心中的目标前进！”

六、延伸学习

幼儿和爸爸妈妈一起制作扮演自己心中的英雄所需的道具。

活动小结与反思

人类对英雄的崇拜，从来都不受年龄的限制。英雄，可以带给孩子们强烈的情感体验。整个活动以“我心中的英雄”为主题，引导孩子们用自己喜欢的方式，描述自己心目中的英雄的外形，了解英雄的品质，从而激发孩子们向英雄学习的动力。

你心目中的英雄是什么样子呢？他身上的哪些地方最吸引你？你想成为这样的英雄吗？孩子们在参与两次关于英雄的主题活动后，很想过一把“英雄瘾”。在明天的活动中，孩子们将装扮成自己心目中的英雄的样子，成为一位小英雄。

活动三　英雄日

活动形式

小组活动。

活动目标

1. 根据自己的角色，简单地制作相应的道具。
2. 用表演、游戏等方式展现自己心目中的英雄形象。
3. 通过游戏，感受成为英雄后的成就感与满足感。

活动准备

材料准备：纸、剪刀、胶棒、装扮服装、头饰。

活动过程

一、导　入

教师提问：“你们最想要成为哪一位英雄？”

二、分享环节

教师请幼儿分享自己的想法。

> **活动记录与呈现**
>
> 王子衿：我想成为小美人鱼，因为她很勇敢，很善良。
>
> 王墨涵：我心中的英雄是芭蕾舞蹈家，因为她们很美，她们很辛苦，还要克服很多困难。

> 唐安吉：我想成为宇航员英雄，去宇宙中看看外星人。
>
> 李莲舟：我不想变成别人，我觉得谁都是英雄，我自己就是英雄。

三、操作环节

幼儿根据自己心目中的英雄形象，简单准备需要的道具。（图 2-4-9）

图 2-4-9 要扮演芭蕾舞蹈家必须要有芭蕾舞服

四、主要环节

幼儿用表演、游戏等方式展现自己心目中的英雄形象。（图 2-4-10、图 2-4-11、图 2-4-12、图 2-4-13、图 2-4-14）

图 2-4-10 我心中的英雄是警察叔叔

图 2-4-11 每个人的心中都有一个英雄

图 2-4-12 拥有很多本领的孙悟空是我心中的大英雄

图 2-4-13 在我们男孩子心中，红军永远是英雄

图 2-4-14 “英雄日”的一天

五、小　结

教师引导幼儿思考"脱掉了英雄装备，还是英雄吗?"，对幼儿的表达进行延伸。

教师总结："很多小朋友感觉自己变得特别厉害了，变成英雄后，特别想去帮助别人。原来英雄也有普通人的一面。"

> **活动记录与呈现**
>
> 贾含漳：人本来就是高级动物，和英雄很像，脱去衣服等装备也是英雄。
>
> 杨力鸣：我觉得我们还是英雄，因为英雄已经住进了我们的心里。
>
> 冯澍予：我觉得我们一直都是英雄，我们既可以帮助别人，也要勇敢地面对自己遇到的困难。

六、延伸学习

幼儿和爸爸妈妈讨论英雄的优点和缺点。

活动小结与反思

在今天的"英雄日"中，孩子们体验了当英雄的一天。他们每个人都在为成为自己心目中的英雄而努力。在前期，他们从外形上让自己成为英雄的模样，增加了角色的代入感。活动中的游戏是对他们英雄品质的考验，在这个过程中，他们了解了坚持不懈、敢于和困难做斗争的英雄品质，在游戏中感受到了一种成就感与满足感。

教师在活动中要做的就是为满足孩子们的需求提供帮助，用心记录他们的活动过程，为成就他们心中的英雄提供一切可能性。英雄的形象刻画在每一个人的心中。英雄一定是完美的吗？一起期待明天的讨论吧！

活动四　千面英雄

活动形式

集体活动。

活动目标

1. 尝试发现自己和英雄之间的区别。
2. 能够辩证地看待英雄人物。
3. 感受英雄的魅力，愿意通过自己的努力向心中的英雄靠近。

活动准备

材料准备：画纸、水彩笔、大黑板。

活动过程

一、导　入

教师提问："英雄最大的优点是什么？"

二、分享环节

教师请幼儿分享自己的想法。

活动记录与呈现

王子衿：英雄最大的优点就是勇敢。

张舒颜：英雄最大的优点就是善良。

杨力鸣：我觉得英雄最大的优点就是，他们爱自己国家的心一直不变。

三、讨论提纲

1. 你和英雄之间有哪些区别？

2. 英雄可以有缺点吗？

3. 想要成为英雄，我们需要做出哪些努力？

活动记录与呈现

讨论 1：你和英雄之间有哪些区别？

黄彬宸：我只能帮助自己认识的人，但是英雄可以帮助任何需要帮助的人。

王墨涵：英雄能做很多事情，本领更强大，但是有些事情我做不到。

冯澍予：我们知道的事情很少，英雄知道的事情很多。

杨力鸣：英雄的优点有很多，我们的优点却很少。

讨论 2：英雄可以有缺点吗？

英雄不可以有缺点

薛梓彤：英雄如果有了缺点，大家就不喜欢他了。

杨力鸣：英雄一定要坚持，如果有缺点，就不能当英雄了。

成昱明：英雄不可以有缺点，因为英雄本来就很厉害。在我心里，他们是没有缺点的。

李秉诺：英雄不可以有缺点，因为他们都是很厉害的人，他们能拯救世界。

全奕单：英雄不可以有缺点，因为英雄是很厉害的人，如果犯错误的话，多丢人啊！

英雄可以有缺点

张舒朗：英雄也可以有一点缺点。当他坚持不了的时候，也可以休息一下。

李秉宸：英雄也可以有忘记事情的时候，人不可能记得所有的事情。

陈益清：英雄可以有缺点。我心中的英雄是一位机长，他如果失误，飞机就会失控，但是他从来都不放弃，所以他依然是我的英雄。

讨论 3：想要成为英雄，我们需要做出哪些努力？

杨力鸣：英雄是需要接受训练的，他们每天都要锻炼身体。为了成为英雄，我们也要每天锻炼身体。

王鏖闵：我要练习安全地从高的地方跳下来，感受“飞起来”的感觉，这样我就可以当“超人”。

王隽珩：我们要好好学习，看很多书，让自己的头脑更聪明，这样才可以解决更多的问题。

黄彬宸：我们要多去接受挑战，这样才能变得更勇敢。

四、小　结

教师帮助幼儿结构化英雄的特质，并用思维导图(图 2-4-15)的方式将讨论结果可视化。

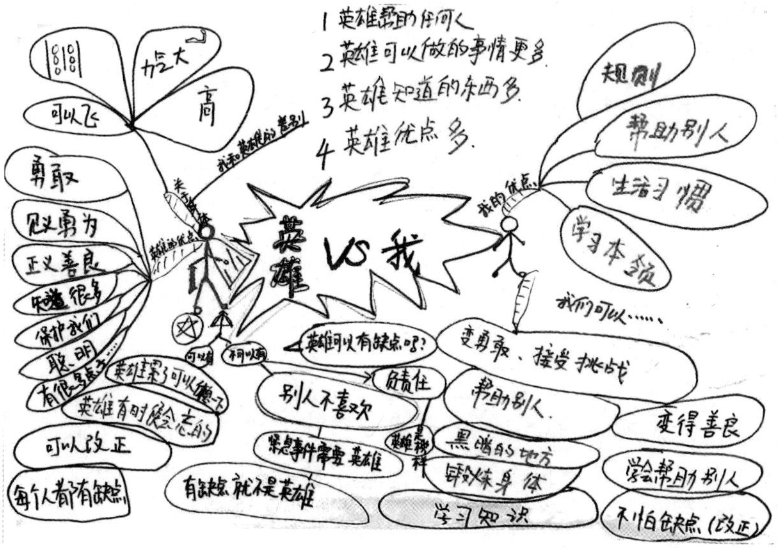

图 2-4-15　“英雄 VS 我”思维导图

教师总结：“每个人心目中都有属于自己的英雄。他们之所以成为我们心目中的英雄，是因为他们有本领，或者是因为他们有美好的品质，或者是因为他们是我们的同伴……他们成为我们心中的英雄有很多的原因，但不管哪个原因，他们都是我们独一无二的英雄。”

五、延伸学习

在区域活动中，幼儿将自己心目中的英雄画下来或者进行角色扮演，演绎自己心目中的英雄。

活动小结与反思

在活动中，我们将近期关于“英雄”的讨论结构化。孩子们可以很敏锐地捕捉到这些英雄背后的特质，也能从内心深处感受到这些特质的美好。

通过孩子们的表达，我们不难看出，他们眼中的英雄有时候并非做过什么惊天动地的大事，英雄就在他们的生活中。孩子们精彩的表达带我们走进了一个不一样的世界，换了一个角度看每一个人，用一种更欣赏的方式去和身边的人相处。

英雄遥远吗？不，他们就在我们的身边。就像孩子们说的那样，只要我们都努力做好自己的事情，也许我们就是别人心中的英雄。

忠实记录课程的瞬间｜你和英雄之间，只差一次这样的活动

活动五　春游啦！

活动形式

畅游活动。

活动由来

四月的最后一天是春游日。在这一天里，孩子们会去大自然里撒欢儿，利用各种工具，借助大自然独有的环境，或踢足球，或采摘植物，或滑“泥土”滑梯，或从坡上跑下来……他们尝试和大自然、自己进行着各种交互探索，感受大自然的魅力。

活动目标

1. 能用完整的语言连贯地表达自己在大自然中的发现。
2. 在自主游戏中，锻炼动手动脑、实际操作的能力。
3. 感受人与自然和谐相处的关系，萌发感恩自然、爱护环境的情感。

活动准备

材料准备：地垫、收集盒子、放大镜。

活动过程

一、导　入

教师提问："你们希望在大自然中做些什么？"

二、分享环节

教师请幼儿分享自己希望在大自然中做的事情。

> **活动记录与呈现**
>
> 赵子昂：我想去收集一些自然物，把它们放在盒子里带回来。
>
> 薛策方：我想从土坡上滑下来。
>
> 朱子奕：我想挖个最深的洞。
>
> 高沄驰：我想从高高的山坡上跑下来，看看我能不能刹住脚步。

三、游戏环节

1. 幼儿乘坐大巴车，前往春游目的地。（图 2-4-16、图 2-4-17）

2. 到达目的地后，幼儿在教师的视线范围内自由选择捡拾宝贝、玩土、躲猫猫、踢足球等活动。（图 2-4-18、图 2-4-19、图 2-4-20、图 2-4-21、图 2-4-22、图 2-4-23、图 2-4-24）

图 2-4-16　坐上大巴车，我们就要出发啦

图 2-4-17　快到目的地了，跑起来吧

图 2-4-18　拿着宝贝盒从山坡上跑下来，真刺激

图 2-4-19　我要把这根木棍带回家

图 2-4-20 “泥土”滑梯太好玩啦

图 2-4-21 我们是大自然中的花仙子

图 2-4-22 来一场足球友谊赛吧

图 2-4-23 把汉堡吃成月亮的形状

图 2-4-24 这是我们收集到的动植物

四、小 结

教师引导幼儿分享在春游中的收获和感受。

教师总结：“在春游中，你们和自然界的动物、植物都有了接触。在采集、探索中，你们发现了泥土、树叶、树枝的新玩法，领略了大自然的魅力。”

活动记录与呈现

在春游中，你有哪些发现和感受？

曹雅淇：我在小河里看到了一些小鱼，它们在小河里游过来游过去。

张恩郡：我觉得土坡实在太好玩了，我可以从上面跑下来，也可以从一个山头跑到另一个山头。

顾峻熙：这样的春游很棒，明年我还想来玩一次。

赵甜希：我觉得在今天的春游活动里，我挑战了自己，尝试去做了一些以前不敢做的事情，我成了大自然里的英雄。

五、延伸学习

幼儿阅读和大自然有关的绘本，观察自然角里植物生长情况。

活动小结与反思

在活动中，孩子们敞开心灵，和大自然亲密接触。他们有生动的表情、跳跃的身体，还有自由的思想……他们仿佛能够听懂大自然的语言，成了大自然的孩子。

自然是孩子最适宜的生活和学习环境。孩子们会在自然中认识动植物的简单习性，在静态事物中开发千百种游戏。甚至最后，他们意识到自己成了大自然里的英雄，和本周主题课程巧妙地联系在了一起。

走！春游去！

教育笔记

每个人心中都有一种“英雄情结”

田　悦

在上周的学习中，孩子们就英雄展开了讨论和探索。他们认为英雄不但要有健壮的体格，而且要有善良、聪明、坚忍、勇敢等美好的品格。英雄可能是虚幻的、现实的；英雄可能会出现在动漫中、名著中、游戏中……

一、比较学习可以帮助我们看清自己

这个月是“健康成长月”。在这个月中，我们一直在对自己的身体、优缺点进行探索和学习。在我们的心目中，英雄有具体的形象，也可能有一股力量。那么，在比较学习中，我们和英雄有哪些区别？在比较中，我们发现：我们自己只能帮助小朋友，但是英雄可以帮助任何人；英雄能做很多事情，本领更强大，但是有些事情我们做不到；我们知道的事情很少，英雄知道的事情很多；英雄的优点有很多，我们的优点却很少……孩子们在和英雄比较的同时，对英雄和自我的认识更加饱满、更加客观了。在学习的过程中，这种崇拜的力量会推动着我们和自己心目中的英雄越来越接近。

二、孩子们的辩证学习

在我们的心目中，英雄是完美的。但是我们知道每个人都有缺点。那么英雄在不在这个范畴内呢？英雄可不可以有缺点？

有一部分孩子认为，英雄就应该是没有缺点的。薛梓彤认为："英雄如果有了缺点，大家就不喜欢他了。"杨力鸣认为："英雄一定要完美，如果有缺点，就不能当英雄了。"

也有一部分孩子给予了英雄一定的包容性，认为英雄也是可以有缺点的，但是英雄最大的优点就是敢于面对自己的缺点，并且改正缺点。张舒朗认为："英雄也可以有一点缺点，当他坚持不了的时候，也可以休息一下。"李秉宸认为："英雄也可以有忘记事情的时候，人不可能记得所有的事情。"那么，英雄可以害怕吗？英雄可以伤心吗？英雄可以休息吗？英雄可以……吗？

在这种辩证学习中，孩子们的开放性会变得越来越好，他们开始尝试着理解英雄，尝试着理解他人，也尝试着理解自己，从而在一个更高的层次上理解自己，包容自己。

英雄有千面，就像约瑟夫·坎贝尔在《千面英雄》中提到的一样："……在本以为会向外远游的地方，我们来到了自我存在的核心；在本以为会孑然一身的地方，我们却与全世界在一起。"

五月主题　家门口的初夏

月主题说明

对于4～5岁这个年龄阶段的幼儿来说，学习能力的提高是在探究具体事物和解决问题时，发现事物之间的异同和联系的过程中实现的。

本月主题“家门口的初夏”，就是基于这样的思考而设计的。我们从孩子们熟悉的环境出发，引导他们在观察季节变化时，发现周围环境的一些变化，在观察过程中发现问题，提出疑问，探究问题背后的答案。这个月，孩子们还会邀请爸爸妈妈和自己一起去探究夏天的变化以及季节变化背后的一些奥秘。

月课程目标

1. 引导幼儿通过观察家门口事物的变化，感受季节变化的美好，发现植物与季节的关系，以及背后蕴含的科学原理。

2. 启发幼儿对事物的现象进行思考，观察与比较夏季与其他季节的不同，设计制作调查表与统计表，记录观察到的问题。

3. 通过家庭学习小组的方式，带动家庭共同学习和研究；让幼儿在与家人合作学习的同时，享受高质量的陪伴。

4. 支持幼儿通过提问、研究、整理资料、得出结论等方式，体验科学探索的趣味。

第一周主题是“夏天大调查”，孩子们通过设计观察与记录表格，从观察身边的人、事、物的变化开始，感知、记录夏天的到来；第二周主题是“夏天的发现”，孩子们在讨论“我的夏天发现”的过程中，组成学习小组，思考与探索这些变化背后的原因；第三周主题是“夏天的游戏”，孩子们会调查家人及周围人关于夏天最喜欢玩的游戏，用海报、柱状图等方式呈现出可视化的学习成果，并分享给大家；第四周主题是“夏天里的成长故事”，孩子们会跟家人一起组成学习小组，回顾自己在成长过程中每个夏日里的变化与一些趣事，制作“我的夏天成长故事书”。

这个月，我们将科学的学习方式引入了日常生活，把幼儿发现问题、分析问题、解决问题的能力视为培养目标，这将成为孩子们受益终身的学习能力。我们很期待，这个夏天能够成为他们心中最美的一个夏天。

课程树状图

夏日小实验
初夏大回顾
我的夏日游戏计划
初夏大揭秘
寻找幼儿园的初夏
全班最喜欢的夏日游戏
水果的研究
我家最喜欢玩的游戏
植物大猜想
我的夏日印象
夏天的昆虫
我家的夏日游戏
夏天100问
夏天的发现
夏天的游戏
夏天里的第一次
我的“夏天大调查”
那年夏天
夏天趣事大分享
夏天里的成长故事
夏天大调查
夏天在哪里？
我的夏天成长故事书
夏日成长游戏大比拼
家门口的初夏

第一周 夏天大调查

周主题说明

五月，我们迎来了夏天，在孩子们眼里，哪些信号代表着夏天的到来呢？夏天来了，我们的生活将发生哪些变化呢？带着这些问题，孩子们开启了自己的夏日探究之路。

本周，孩子们通过活动“夏天在哪里?”，对周围生活的变化进行观察，初步了解夏天到来的信号。在“我的‘夏天大调查’”“夏天 100 问”“我的夏日印象”和“寻找幼儿园的初夏”活动中，孩子们利用填写调查表、采访、拍摄等多种形式记录自己眼中的夏天，对大自然中的各种现象有好奇心，能大胆提出问题，为第二周的研究学习打下基础。

周课程目标

1. 通过各种方式，帮助幼儿了解夏天到来的信号，知道夏季的主要特征。

2. 引导幼儿用绘画的形式表达自己的观察和思考，尝试用多种不同的符号描绘夏天。

3. 鼓励幼儿通过采访和拍摄等方式记录身边的夏天，对精彩的夏天生活充满期待。

活动一 夏天在哪里?

活动形式

小组活动。

活动目标

1. 初步感知季节变化给人们的生活带来的变化。

2. 能用画笔绘制出自己心中美丽的夏天，在倾听他人的表达时及时补充自己的发现。

3. 能通过想象，感受夏天生活的丰富和有趣。

活动准备

水彩笔、纸张。

活动过程

一、导　入

教师提问："这两天的天气渐渐热了起来。走在马路上，我们能看见很多人都穿上了短袖衣服，是不是夏天到了呢？你们还发现了哪些夏天到来的标志呢？可以试着把这些标志画下来。"

二、分享环节

教师请幼儿画出自己眼中的夏天并分享。（图 3-1-1、图 3-1-2、图 3-1-3）

图 3-1-1　我要画出我眼中的夏天

图 3-1-2　夏天，我们在大滑梯上晒太阳

图 3-1-3　夏天，你好

活动记录与呈现

李天鸣：我家小区里的花多了很多，有很多种颜色，可美了。

张笑嫣：晚上吃完饭，我能出来玩了，天还亮着。之前吃完晚饭，天就黑了。

朱思涵：我看到有很多摆夜市的人，有很多人都会在饭店外面吃饭。

李　瑶：卖水果的人多了，还有人会打伞防晒了。

王隽珩：我的妈妈会抹防晒霜后再出门。

冯澍予：我的被子变成薄被子了。

王翊铭：有时候能看见蚊子了，这个是我不太喜欢的夏天的事物。

三、讨论提纲

1. 夏天的植物与其他季节相比有什么变化?

2. 夏天的小动物有什么特点?

3. 夏天的我们有什么不一样?

活动记录与呈现

讨论1：夏天的植物与其他季节相比有什么变化？

王隽珩：夏天，到处都绿绿的，还有彩色的花。

薛梓彤：夏天，要多给植物浇水，因为天太热了，植物需要更多的水。

讨论2：夏天的小动物有什么特点？

曹雅淇：夏天的蚊子很多，我们要喷花露水，才不会被蚊子咬到。

郭沛元：我觉得小狗吐舌头太有意思了，和我们人不一样。

讨论3：夏天的我们有什么不一样？

杨力鸣：夏天，女生可以穿裙子，男生可以穿短袖、短裤。

张笑嫣：夏天，我们睡觉的时候要铺凉席。

唐悦铃：夏天很热情，就像爸爸妈妈的拥抱一样，热乎乎的。

四、小　结

教师梳理幼儿眼中的夏天，分享夏天带给他们的感受。

教师总结："孩子们，你们观察得非常仔细。大自然和我们一直保持着很密切的联系，随着每一次季节的变化，我们的生活也会发生改变。就让我们一起准备好迎接多彩、美好的夏日生活吧！"

五、延伸学习

幼儿与爸爸妈妈一起继续寻找夏天，完成调查表。

活动小结与反思

孩子们敞开的心灵很容易接收到周围环境的变化信号，他们能够从多种角度捕捉夏天的到来。通过小组讨论，他们能对这些零散的信息进行归类、结构化，他们的学习能力得到了提高。

大自然总是能够带给孩子们很多探索欲望和探究机会。我们的课程也总是能够跟随大自然的脚步，让孩子们从自己的生活出发，不断地去发现，去思考，从而不断地提高学习能力。

接下来，孩子们将和爸爸妈妈一起用符号的方式记录这个夏天，更加系统地了解我们身边的夏天。

活动二　我的“夏天大调查”

活动形式

小组活动。

活动目标

1. 通过和爸爸妈妈一起观察，知道夏天生活是丰富多彩的。
2. 能将自己观察到的“夏天信号”用符号的形式填写到“夏天大调查”里。
3. 愿意与同伴分享自己的夏日计划，对夏季生活充满期待。

活动准备

小黑板、提前在家完成的“夏天大调查”。

活动过程

一、导　入

教师提问：“昨天，请你们回家跟爸爸妈妈一起寻找夏天，填写‘夏天大调查’。现在我们一起来分享大家的调查结果。”

二、分享环节

教师请幼儿分享自己的调查表内容。（图 3-1-4、图 3-1-5、图 3-1-6）

图 3-1-4　我的“夏天大调查”

图 3-1-5 “夏天大调查”大分享

图 3-1-6 我把夏天说给你听

活动记录与呈现

朱思涵：一想到夏天，我就觉得身体热热的，我们需要喝绿豆汤解暑。

黄彬宸：一想到夏天，我就觉得开心，因为可以吃很多冰激凌。

李莲舟：一想到夏天，我就会想到下雨，我喜欢穿着雨鞋踩水玩。

三、讨论提纲

1. 夏天，你想和爸爸妈妈一起做的事情有哪些？

2. 夏天，你想在幼儿园里做的事情有哪些？

活动记录与呈现

讨论 1：夏天，你想和爸爸妈妈一起做的事情有哪些？

唐安吉：我想和爸爸在海边游泳，晒太阳。

李墨涵：夏天，我计划去跟家人一起环游祖国，去看看祖国的高山和大河。

解应登：夏天，我想和奶奶学做饭，还想去河里光着脚丫子捉螃蟹。

王钰萱：我想和爸爸妈妈一起打着伞，在雨中漫步。

讨论 2：夏天，你想在幼儿园里做的事情有哪些？

曹雅淇：我想知道幼儿园里哪些地方蚊子最多，这样我就不会挨咬啦！

杜星璇：我想去观察蚂蚁的洞。

赵子昂：我想在幼儿园的院子里吃好吃的。

王隽珩：我想在幼儿园里玩夏天的各种游戏。

四、小 结

教师梳理幼儿的调查表内容，结束本次活动。

教师总结：“我们分享了大家的‘夏天大调查’，原来夏天已经悄悄来到我们的身边了。你们的‘夏天小计划’非常有趣，希望大家都能实现自己的心愿。关于夏天，你们还有哪些想了解的问题呢？请记下来，在以后的学习中，我们一起寻找答案。”

五、延伸学习

幼儿回家后采访爸爸妈妈在这个夏天最想做的事，尝试制作一份“家庭夏日计划表”。

活动小结与反思

进入中班下学期，孩子们刚开始学习使用表格，对填写表格的方式不够了解，填表时还需成人的引导。在活动中，孩子们始终都是主导者，我们只是为他们提供了一个分享展示的机会，满足他们表达的需要。

由于事先和爸爸妈妈一起做了调查、收集、记录，因此在分享过程中，每位孩子都很积极，有自信。这种小组分享的形式不仅能提高孩子们对表格内容的理解，而且能促进孩子们的合作学习，符合这个年龄段幼儿的学习特点，效果不错，值得推荐。

关于夏天，孩子们想了解的太多太多了，那就记录下这些问题，大家一起去寻找答案吧！

活动三　夏天 100 问

活动形式

小组活动。

活动目标

1. 初步了解夏天的特征，并对一些现象产生好奇心，有探究的欲望。
2. 能用科学的态度看待夏天的各种变化，提出想探究的问题。
3. 尝试用自己的方式解决问题。

活动准备

大黑板。

活动过程

一、导　入

教师提问：“这几天，我们都在搜集关于夏天的信息。你用了哪些方法搜集信息?”

二、分享环节

教师请幼儿分享自己搜集有关夏天信息的方法。(图 3-1-7)

图 3-1-7　看，我和爸爸妈妈一起去公园寻找的夏天

活动记录与呈现

李莲舟：我和爸爸妈妈一起去了公园，那里的夏天的信息最多了。

王翊铭：妈妈下班以后带我去了超市，我看到了很多夏天的蔬菜和水果。

冯澍予：我找到夏天以后就用爸爸的手机拍下来。

三、讨论提纲

1. 关于夏天，你有哪些想了解的问题？（图 3-1-8）
2. 你想用什么方式进行探索？
3. 如何分享自己的研究结果？

图 3-1-8　我们记录下了自己想了解的问题

活动记录与呈现

讨论 1：关于夏天，你有哪些想了解的问题？

王钰萱：在我家小区里，春天的花都掉落了，夏天可以种哪些花呢？

王隽珩：夏天，为什么那么多人都吃冰激凌？

薛梓彤：夏天，为什么会有那么多蚊子？夏天结束的时候，蚊子都去哪里了？

李天鸣：夏天，我家的小狗就喜欢吐出舌头来，为什么？

朱思涵：为什么夏天那么热，冬天就不热？

黄彬宸：夏天，为什么天黑得很晚？

讨论 2：你想用什么方式进行探索？

李　瑶：我想和爸爸妈妈一起上网查资料。

王梦琪：我想查阅百科全书，上面有很多有趣的答案。

> **讨论 3：如何分享自己的研究结果？**
>
> 李秉宸：我想制作一张海报，和小朋友们一起分享。
>
> 邹明贤：我想用相机把我的发现拍摄下来，和大家一起分享。
>
> 侯　尧：我把这些找到的答案写在我的日记里，可以每天拿出来看一看。

四、小　结

教师总结幼儿关于夏天的问题，鼓励他们继续探索。

教师总结：“每个人对夏天的理解和感兴趣的夏日现象都不同，你们能够从问题出发学会思考，并尝试用自己的方式去解决问题，有一种很棒的学习能力。接下来的时间，就让我们一起找到这些问题的答案吧。”

五、延伸学习

幼儿回家后和爸爸妈妈一起将想研究的大问题分解成可操作的小问题，着手开展家庭项目学习。

活动小结与反思

孩子们的思路很活跃，视角独特，对夏天的一切都充满了好奇心与探索的欲望。很多时候，成人会觉得没办法回答孩子们提出的问题，因为在成人看来，理所当然的事情有必要问为什么吗？可是在孩子们看来，一切事物或者现象都有着值得探究的价值。

如果我们能够从孩子的思考角度出发，协助他们去探究问题，他们最终得到的不仅仅是问题的答案，还是一种学习与思考的态度，这会让他们受益终身。

这些问题的探究需要时间，为了给孩子们留下充足的时间去找答案，今天我们提前做好了统计。第二周，我们会对这些问题进行分组讨论。

活动四　我的夏日印象

活动形式

集体活动。

活动目标

1. 通过回顾前三天小组课的内容，对夏天有一个完整的印象。
2. 能用符号和绘画等形式完成一份夏日计划。
3. 喜欢阅读和夏天有关的绘本，丰富夏天给自己带来的多重感受。

活动准备

白纸、彩笔、黑板、思维导图用纸。

活动过程

一、导　入

教师提问："你们喜欢夏天吗？为什么？"

二、分享环节

教师请幼儿表达自己对夏天的感受。

> **活动记录与呈现**
>
> 王瑞晨：我喜欢夏天，因为夏天特别漂亮，有各种各样的颜色。
>
> 朱思涵：我喜欢夏天，因为可以吃很多冰激凌；但是我也不喜欢夏天，因为夏天有很多蚊子。
>
> 冯澍予：我喜欢夏天，因为可以穿妈妈给我买的公主裙。
>
> 王梦琪：我喜欢夏天，因为可以去海边玩沙子，玩水。

三、讨论提纲

1. 假如让你用画笔画出自己的夏日计划，你想画什么？
2. 你读过的夏日绘本有哪些？

> **活动记录与呈现**
>
> **讨论1：假如让你用画笔画出自己的夏日计划，你想画什么？**
>
> 李莲舟：我要画一个自己制作水果冰棍的计划。
>
> 宁可儿：我要把和妈妈一起去海边游泳的计划画下来。
>
> 李　瑶：我想在计划里记录去姥姥家看萤火虫的事情。去年暑假，我就见到了萤火虫，它们很漂亮。
>
> **讨论2：你读过的夏日绘本有哪些？**
>
> 冯澍予：妈妈给我讲过一本关于夏天的绘本，叫《夏日的一天》。
>
> 孙羽彤：夏天，我喜欢喝绿豆汤。我看过一本书，叫作《妈妈买绿豆》。
>
> 李天鸣：去年夏天，爸爸带我去海边玩了，还给我讲过一个故事，叫作《海滩假日》。

四、绘画环节

教师请幼儿用绘画的方式记录自己的夏日计划。（图3-1-9、图3-1-10）

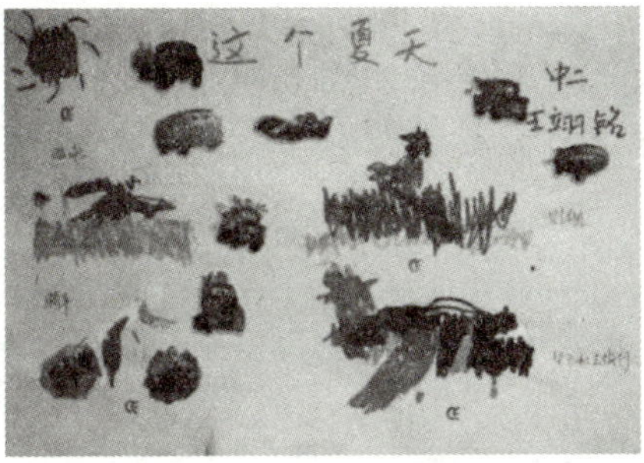

图 3-1-9　我的夏日计划(1)

图 3-1-10　我的夏日计划(2)

> **活动记录与呈现**
>
> 王瑞晨：夏天，我觉得可以做很多在其他季节不能做的事情。
>
> 薛梓彤：我希望我能把我想做的那些事情都做到。

五、小　结

教师总结幼儿的感受，完善本周思维导图(图 3-1-11)，帮助幼儿梳理对夏天的印象。

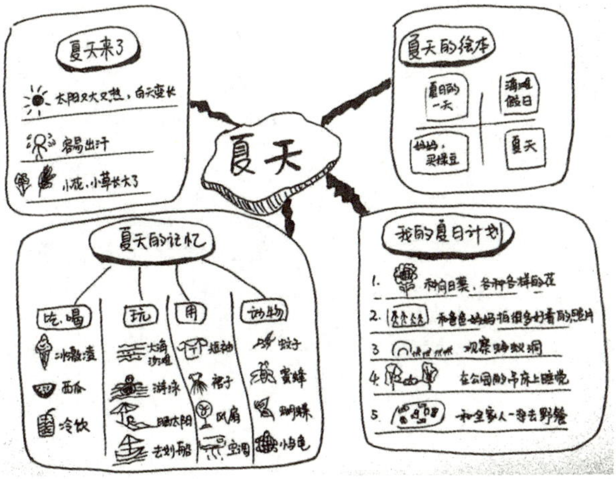

图 3-1-11　关于夏天的思维导图

教师总结：“孩子们，你们的夏日计划真是丰富多彩啊！老师希望你们在这个夏天能够用心感受大自然带来的乐趣，多看一些关于夏天的绘本，玩很多有趣的夏季游戏，也请你们将这些美好记录下来，制作成海报，我们慢慢分享。”

六、延伸学习

幼儿将自己的夏日计划带回家，和爸爸妈妈一起分享并尝试去实现。

活动小结与反思

前三天的小组分享让孩子们对夏天的认知逐渐变得完整，“夏天”作为一个重要的符号印在了他们的脑海中。

制作思维导图是课程在小结时常用的形式，它能够帮助幼儿将零散的经验进行细化和整合。通过这周课程的学习，孩子们对夏天的了解越来越深入，他们的所思所想都体现在了思维导图之中。

在接下来的畅游活动中，孩子们将继续带着对夏天的好奇，走进幼儿园的每个角落，寻找不一样的夏天。

忠实记录课程的瞬间｜夏天夏天，了解一下

活动五　寻找幼儿园的初夏

活动形式

畅游活动。

活动由来

本周，孩子们通过观察家门口的人、事、物的变化，知道夏天已经悄悄来到了我们的身边。随着夏天的到来，幼儿园又有什么变化呢？

今天的畅游日，孩子们化身成为小记者，手拿照相机，通过观察、访问、拍照等方式，寻找、收集幼儿园里出现的夏日元素，从细微之处感受夏日的气息。

活动目标

1. 尝试使用多种工具记录寻找到的夏天。
2. 通过采访与摄影，了解幼儿园在夏天的变化，从多角度感知季节的特点。
3. 在活动中，能与同伴分工合作，体会畅游活动的快乐。

活动准备

照相机、简易的话筒、纸和笔。

活动过程

一、导　入

教师提问："孩子们，你们知道记者是做什么的吗？记者采访时需要准备什么？"

二、分工讨论

幼儿根据任务进行分工，担任负责采访的记者、记录员和摄影师。

活动记录与呈现

记者是做什么的呢？

薛梓彤：记者就是拿着话筒采访别人的人。

王梦琪：记者要把别人说的话全部记下来，然后再告诉更多的人。

记者采访时需要准备什么？

王钰萱：要把采访的东西写下来，这样能记住自己采访了什么。（记录员）

张舒朗：要有人拍照，这样才可以让大家看见自己采访了什么。（摄影师）

李秉宸：要找到我们采访的那个人。采访的时候，其他人还需要注意保持安静。

黄彬宸：记者还应该有礼貌，采访别人的时候，要先问问能不能采访他。

三、操作环节

小组一：采访幼儿园各部门教师的工作在夏天发生的变化。（图 3-1-12）

小组二：寻找幼儿园中夏季环境的变化，用相机和画笔进行记录。（图 3-1-13、图 3-1-14、图 3-1-15、图 3-1-16、图 3-1-17）

图 3-1-12　我来采访食堂的师傅

图 3-1-13　夏天到了，幼儿园里的葡萄快成熟了，我要把它们拍下来

图 3-1-14　看，我的相机里满满都是夏天

图 3-1-15　哇，太阳下，我的影子真可爱

图 3-1-16 夏天，幼儿园的葡萄架上的葡萄成熟了

图 3-1-17 “花花”和“草草”也喜欢夏天

活动记录与呈现

幼儿园内教师的工作发生了什么变化？

张舒颜：周老师(办公室老师)，您好，请问夏天到了，您的工作有什么变化吗？

周老师：昨天我请大班小朋友画了代表夏天的画，我们要更换大厅玻璃上的画了。

邹明贤：小妍老师(带班老师)，您好，夏天来了，您的工作发生了什么变化吗？

小妍老师：最大的一个变化就是要花更多的时间陪着小朋友去户外做游戏。

薛梓彤：小申老师(带班老师)，夏天来了，您的工作发生变化了吗？

小申老师：有啊，夏天来了，我要把女孩子的长头发扎起来，梳高。在户外玩游戏的时候，我要提醒孩子们多喝水。

杨芊予：梁师傅(食堂老师)，在夏天，您的工作有什么变化吗？

梁师傅：小朋友在夏天要补水，要补充维生素 C。我会给你们准备绿豆汤、山楂水，还有时令水果。

四、小　结

教师回顾活动过程，总结幼儿的发现。

教师总结：“每一位小记者都出色地完成了自己的工作，帮助大家更多地了解了幼儿园里夏天的变化。虽然在采访过程中遇到了一些困难，但是大家很快就能找到解决办法，大家都是非常出色的小记者。”

五、延伸学习

幼儿继续变身小记者，采访家人，了解家人眼中关于夏天的变化并做记录。

活动小结与反思

中班幼儿已经积累了一定的生活经验，他们对周围发生的事变得敏感，通过了解教师工作中的细微变化以及对幼儿园自然环境的观察，他们能捕捉到夏天的气息。

在小组分工的过程中，孩子们按照自己的兴趣进行选择，虽然有时意见会发生分歧，但是他们很快就能接受同伴提出的意见和建议。

在获得新经验和新方法(如摄影技巧和采访时需要注意的礼仪等)的同时，孩子们全情投入，专注地寻找幼儿园里最美的夏天，逐渐形成了对夏季特征的完整认识。

畅游日｜花草园里“找夏天”——来自中班小记者的报道

教育笔记

五月课程畅想

张　蕾

夏天来了！花草园又多了很多可以探究的话题。对于这个话题，孩子们期待又兴奋，我也借此机会将这个月的课程好好地梳理了一番。

一、预见美好，为自己制订一个计划

第一周的主题是“夏天大调查”。因为对中班的孩子来说，他们虽然经历过几个夏天，但是已有经验并不是特别丰富，所以我们要借助调查表帮助他们理清思路。通过这个调查，我们既能了解家长对活动的重视程度和积极性，也能了解每个家庭的经验。做好了准备之后，我们还和孩子们一起讨论夏天的计划。有了计划，才会有美好的期待。孩子们的计划形式多样，有的围绕着神秘的花草园，有的将计划的重点放在和家人一起，还有的计划包含着对未来生活的向往。看着孩子们的计划，作为教师，我们的心也跟着飞扬起来。这个夏天一定会非常的美好！

二、分组合作，与同伴共同研究

第二周的主题是“夏天的发现”，这个主题来源于孩子们的兴趣。我们将收集来的零散信息进行分类，发现他们关注的主要有“吃、动物、花草园”这三点。于是我们设计了和这三个关键词相关的小组主题，让孩子自由选择最感兴趣的一项来进行研究。三个中班打散之后重新组成小组，这让孩子们的合作充满了新鲜感，同时也面临着挑战。

三、情感联结，父母的儿时记忆

第三周的主题是“夏天的游戏”。从这周开始，家长活动月的高潮来到了，我们要充分调动起爸爸妈妈的积极性，帮助他们回忆自己小时候的夏天玩过的游戏，穿越时空的隧道，让幼儿感受来自父母内心深处的童心和夏日情结。这种融会贯通的情感联结是课程中最柔软、最打动人心的部分。

四、项目学习，课程精髓的升华

最后一周的主题是“夏天里的成长故事”。作为五月的收尾课程，我们采用项目学习的形式进行家庭式的探索和分享，正好为这周的半日开放和家长沙龙做好铺垫。课程就在一个个的项目报告中画下了最精彩的句点。

当然，五月刚刚开始，这也只是我们的一些设想。生活最美好的地方就在于它随时都在变化，我们的生活课程也是在一点点的变化中不断生成和调整的。只要我们始终有一颗坚定并善于思考的心，就能随时迎接新的变化。让我们一起迎接美好的夏天吧！

第二周 夏天的发现

周主题说明

多彩的夏天总是能带给我们无限的欢乐。夏天的动物、植物、生活都为孩子们提供了丰富的学习材料。通过上周的活动，我们发现，孩子们很喜欢夏天，每个人都有数不清的“为什么”。

本周，孩子们根据自己感兴趣的夏日问题进行分组探究，在“夏天的昆虫”“植物大猜想”“水果的研究”“初夏大揭秘”活动中通过观察、对比、实验等方式找到问题的答案，并在爸爸妈妈的帮助下制作完成学习海报，在与同伴的相互分享中获得更多的夏日发现。在畅游活动“夏日小实验”中，孩子们用科学实验的方法获得了更多关于水的新认知。

周课程目标

1. 引导幼儿和同伴一起合作完成小组探究活动，并大胆分享自己的研究结果。
2. 鼓励幼儿在爸爸妈妈的帮助下，将收集到的各种信息整理成一份项目学习海报。
3. 引导幼儿观察和水有关的自然现象，并能通过科学实验验证自己的猜测。

活动一 夏天的昆虫

活动形式

小组活动。

活动目标

1. 初步了解夏天常见的几种昆虫的外形特征和生活习性。
2. 能基本完整地讲述自己的海报，并乐于与同伴讨论，从中获得成就感。
3. 懂得人们的生活与自然环境密切相关，知道尊重和珍惜每一个生命。

活动准备

幼儿自制的海报、黑板。

活动过程

一、导　入

教师提问：“作为昆虫组的小朋友，你们发现的昆虫有哪些呢？”

二、分享环节

教师请幼儿分享自己在夏天发现的昆虫。（图 3-2-1、图 3-2-2）

图 3-2-1　看，我们在幼儿园的钻筒上发现了一只大知了

图 3-2-2　池塘边有很多小蚂蚁在爬来爬去

活动记录与呈现

张舒朗：我喜欢看小蚂蚁爬呀爬，我觉得它们的力气很大，能搬动比它们身体大的食物。

张笑嫣：夏天还有很多蚊子。我不喜欢蚊子，蚊子会咬我们。

王钰萱：上次我在幼儿园的钻筒上看到了一只知了，它好像找不到妈妈了。

三、讨论提纲

1. 你研究的关于昆虫的问题是什么？（图 3-2-3）
2. 你是和谁一起研究的？用了什么研究方法？
3. 你的研究结果是什么？

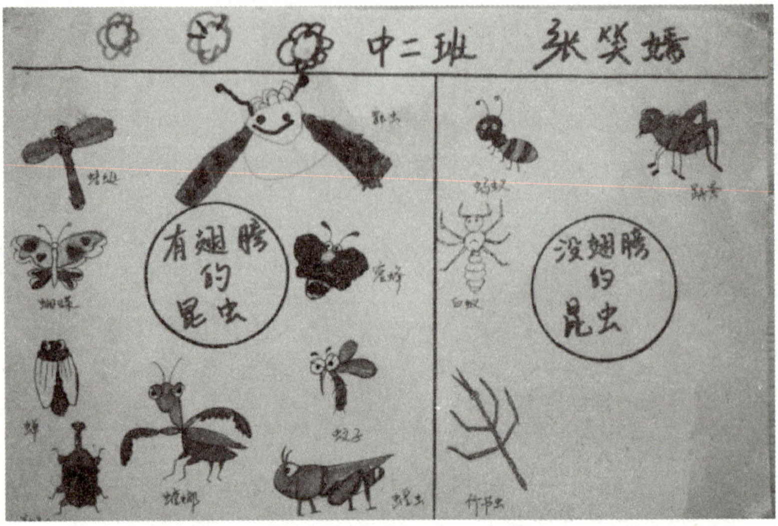

图 3-2-3 我研究的是“哪些昆虫有翅膀，哪些昆虫没有翅膀”

活动记录与呈现

讨论 1：你研究的关于昆虫的问题是什么？

张舒朗：我研究的是“小蚂蚁的身体是怎么样的，它的身体有哪些部位”。

李 瑶：我研究的是“蜜蜂是怎么采蜜的，采蜜的过程有哪些”。

朱思涵：我研究的是“为什么毛毛虫可以变成蝴蝶，还有哪些昆虫可以飞起来”。

张笑嫣：我研究的是“哪些昆虫有翅膀，哪些昆虫没有翅膀”。

讨论 2：你是和谁一起研究的？用了什么研究方法？

张舒朗：我和爸爸捉了几只小蚂蚁，放在“蚂蚁工坊”里观察它们。

张笑嫣：妈妈给我买了一套昆虫标本，我和妈妈画了一张海报。我的海报上记录了很多有翅膀的昆虫和没有翅膀的昆虫。

讨论 3：你的研究结果是什么？

杨力鸣：每只昆虫都有生命，我们要爱护它们，不能随便伤害它们。

张舒朗：我知道了蚂蚁是有分工的，有蚁后、工蚁和兵蚁。它们的任务都是不一样的，很有规则，我要向它们学习。

四、小 结

教师梳理昆虫组幼儿的探究结果，请幼儿分享和爸爸妈妈一起学习带给自己的感受。

教师总结："昆虫小组完成了学习报告的分享。在大家的讨论中我们发现，每一种昆虫或者每一个生命都有生存的特点和意义，因此我们要学会珍惜生命，和大自然和谐共处。老师为你们认真的学习态度和善良的心灵点赞！"

五、延伸学习

幼儿与爸爸妈妈一起继续探索新内容，丰富项目学习海报。

活动小结与反思

周末，孩子们根据选定的话题，和爸爸妈妈一起查阅昆虫百科全书，收集标本，上网查找相关资料，制作学习海报。在分享研究结果时，孩子们的表达清晰准确，对科学领域中出现的专业词汇，也能用小朋友熟悉的语言解释出来。

小组分享活动充分调动了幼儿主动参与的积极性，增加了同伴之间的情感体验。对昆虫的特性了解得越充分，他们越能萌发对生命的关爱，真切地感受到生命体之间的密切联系。

接下来，植物组的小朋友将分享自己的学习海报，一起期待吧！

活动二　植物大猜想

活动形式

小组活动。

活动目标

1. 初步了解植物在夏季的生长特性。
2. 通过对夏季植物的了解，引发对"植物问题"的思考和探究。
3. 在小组中，主动分享研究结果，获得被同伴认可的满足感。

活动准备

幼儿自制的学习海报、黑板。

活动过程

一、导　入

教师提问："孩子们，今天小组分享的内容是关于植物的，你们觉得夏天的植物有什么样的特点？"

二、分享环节

教师请幼儿分享自己的发现。

> **活动记录与呈现**
>
> 朱思涵：夏天，我们到处都能看到绿油油的大树和漂亮的小花。
>
> 王钰萱：夏天，我们家种的兰花都开花了，特别好看。
>
> 孙羽彤：夏天，小草也绿绿的，长得很高。

三、讨论提纲

1. 你研究的关于植物的问题是什么？（图 3-2-4、图 3-2-5）

图 3-2-4　我研究的是“为什么植物叶子有大有小”

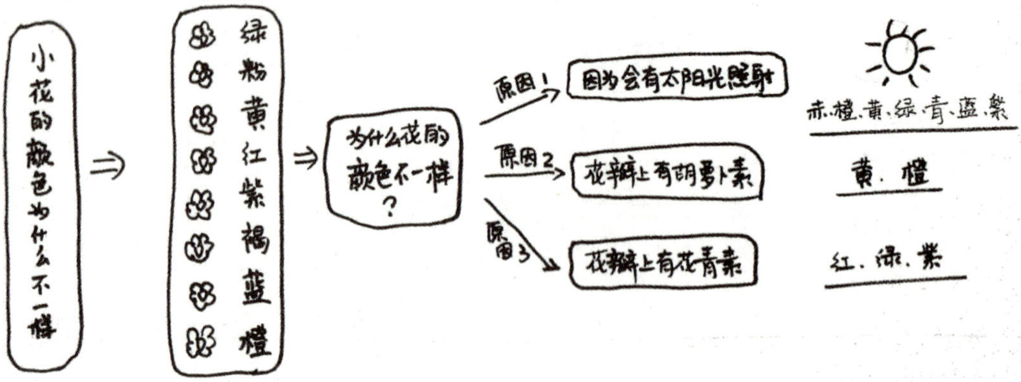

图 3-2-5　我研究的是“小花的颜色为什么不一样”

2. 你是和谁一起研究的？用了什么研究方法？

3. 你们的研究结果是什么？

活动记录与呈现

讨论1：你研究的关于植物的问题是什么？

王翊铭：我研究的是“小花从种子到发芽，再到开花的过程是怎么样的”。

王隽珩：我研究的是“为什么树叶是绿色的”。

王梦琪：我研究的是“小花的颜色为什么不一样”。

薛梓彤：我研究的是“为什么植物叶子有大有小”。

冯澍予：我研究的是“小草为什么会变成黄色，会枯萎”。

王钰萱：我研究的是“为什么有些植物有刺，有些植物没有刺”。

杨芊予：我研究的是“为什么有的花有香味”。

孙羽彤：我研究的是“小花为什么会有花蕊，它有什么用处”。

讨论2：你是和谁一起研究的？用了什么研究方法？

薛梓彤：我和妈妈一起去了银川，还去了海南。我发现这两个地方的植物长得就不一样。

王隽珩：我妈妈是大学老师，她知道很多东西，她告诉了我很多关于植物的知识。

王梦琪：我和爸爸一起上网查资料，找到了问题的答案。

讨论3：你们的研究结果是什么？

王隽珩：我知道了很多花都是在夏天晚上开放的，如昙花和仙人球的花。

薛梓彤：我知道了有些植物的叶子小是因为它们生长在干燥的地方，怕水分流失。比如，仙人掌就生活在沙漠里。

冯澍予：我知道了小草到了秋天就会缺少叶绿素，而多了叶黄素，所以变黄了。

四、小　结

教师请幼儿分享制作项目学习海报的感受，整理海报内容。

教师总结：“从问题的提出，到海报的分享，你们都积极主动地参与。通过这一次的探究，大家了解了植物和季节、气候条件、地域环境之间的关系。其实不只是植物，我们的身体也会随着季节和环境的变化而发生改变。关于这一点，以后我们可以继续研究。”

五、延伸学习

如果幼儿对项目学习报告还有补充说明，可以选择在区域活动中继续进行。

活动小结与反思

孩子们对世界的认知是多方面的。除了日常生活中发生的变化外，大自然中的各种生命体都是他们探索的对象，他们对动物、植物都有着浓厚的学习兴趣。

利用网络、查阅相关书籍等方式，植物组的孩子们展开了对“夏季植物”的探究。小组交流学习让他们在短短的时间内就了解了近10个有趣的关于植物的问题，受益匪浅。

接下来是研究水果的小朋友们的分享，敬请期待吧！

活动三　水果的研究

活动形式

小组活动。

活动目标

1. 初步了解夏季成熟的几种水果的特征。
2. 通过观察，对和水果有关的各种现象产生好奇，有想进一步探究的愿望。
3. 能在小组分享中阐述自己的观点，并能对他人的分享给予鼓励。

活动准备

幼儿自制的海报、活动室、大黑板。

活动过程

一、导　入

教师提问：“前两天，小朋友分享了关于植物和昆虫的海报。看了他们的海报，你们有什么收获呢？”

二、分享环节

教师请幼儿分享自己的收获。

> **活动记录与呈现**
>
> 李莲舟：我觉得小朋友分享的世界上最大的蚂蚁“斗牛犬蚁”特别有意思。
>
> 宁可儿：我觉得小朋友的植物海报做得很好看。
>
> 杨芊予：看了小朋友的海报，我知道了因为花瓣里有各种色素，所以花瓣才有各种各样的颜色。

三、讨论提纲

1. 你研究的关于水果的问题是什么？（图3-2-6）
2. 你是和谁一起研究的？用了什么研究方法？

3. 你们的研究结果是什么？

图3-2-6　我研究的是“苹果为什么切开放久了颜色会变黄”

活动记录与呈现

讨论 1：你研究的关于水果的问题是什么？

黄彬宸：我研究的是“香蕉为什么会从绿色变成黄色、黑色”。

李秉宸：我研究的是“苹果为什么在新鲜的时候是鼓鼓的，时间长了会变得皱皱巴巴的；为什么切开放久了颜色会变黄”。

杨力鸣：我研究的是“为什么有的水果是从藤上结出来的，有的水果是从树上结出来的，有什么不同”。

邹明贤：我研究的是“橘子里面的白色丝丝是做什么的”。

张舒颜：我研究的是“为什么有的水果是甜的，有的水果是酸的”。

刘哲源：我研究的是“为什么有的水果有籽，有的水果没有籽”。

讨论 2：你是和谁一起研究的？用了什么研究方法？

李秉宸：我是和妈妈一起研究的，我们做了一个实验，把苹果切开，然后放了一晚上，它真的变黄了。

黄彬宸：我是和妈妈一起查资料找到答案的，然后和爸爸一起制作了海报。

张舒颜：妈妈给我买了 pH 试纸，给我做了酸和碱的实验。

讨论 3：你们的研究结果是什么？

邹明贤：我知道了橘子里面的白色丝丝是一种丝状纤维，吃了对人的身体好。以前我都会把它丢掉，以后我要一起吃。

刘哲源：我知道了很多水果都没有籽。

四、小　结

教师梳理幼儿的分享结果，对幼儿的思考和探究精神给予鼓励。

教师总结："小朋友们的分享太精彩了，每个人都用自己的方法找到了答案，并且和爸爸妈妈一起制作了精美的海报。经过这次的项目学习，你们已经会思考，爱思考了，这是一种非常优秀的学习品质，期待你们接下来的探索和分享。"

五、延伸学习

教师设置专门的项目学习海报区，将幼儿的海报张贴展示。

活动小结与反思

水果是孩子们夏季最爱的食物，但是平时却很少有人会注意观察水果。借助今天的活动，孩子们对和水果有关的现象产生了浓厚的研究兴趣。

通过和爸爸妈妈的前期讨论、收集材料和制作海报，孩子们已经找到了自己感兴趣的问题的答案。小组分享时，孩子们始终保持着轻松、自信的状态。在倾听他人分享的过程中，他们积累了各种关于水果的知识，逐渐形成了爱思考、爱发问的科学的学习态度。

明天，我们将一起回顾本周小组学习的内容。

活动四　初夏大揭秘

活动形式

集体活动。

活动目标

1. 对其他组同伴制作的项目学习海报产生兴趣，了解其研究内容。
2. 能用总结性的语言概括前三天的学习收获，愿意参加深入的话题讨论。
3. 通过相互分享与学习，感受夏天的奇妙，对生活始终保有探究精神。

活动准备

黑板、笔。

活动过程

一、导　入

教师提问："这一周，你们都探究了哪些有关夏天的问题呢？"

二、分享环节

教师请幼儿分享自己的发现和研究过程及结果。（图 3-2-7、图 3-2-8）

图 3-2-7　我想研究的是
“为什么小花会有花瓣”

图 3-2-8　我想研究的是
“为什么蚯蚓喜欢下雨天”

活动记录与呈现

李秉宸：我研究的是夏天的水果，我知道了为什么苹果切开以后就变黄了。

冯澍予：我了解的是蚊子，知道了夏天的蚊子也有很多种。

王墨涵：妈妈帮我找了有关蚊子的知识，我知道蚊子喜欢住在潮湿的地方，有水和有草的地方就会有很多蚊子。

王梦琪：我研究的是“小花的颜色为什么不一样”。

三、讨论提纲

1. 通过研究，你最大的收获是什么？

2. 听了同伴的分享，你的感受是什么？

3. 以后你还想继续研究什么问题？为什么？

活动记录与呈现

讨论 1：通过研究，你最大的收获是什么？

冯澍予：我最大的收获是，知道了树叶里因为有叶绿素，所以是绿色的。

杨力鸣：我最大的收获是跟爸爸妈妈一起制作了学习海报，我觉得很有趣。

讨论 2：听了同伴的分享，你的感受是什么？

王钰萱：我觉得小朋友分享的关于小花有很多颜色的海报太有意思了。

李天鸣：我发现每个小朋友分享的内容都不一样，但是都很好玩。

黄彬宸：我爸爸妈妈工作忙，没有和我一起制作海报，我想下一次和他们制作一张海报。

讨论 3：以后你还想继续研究什么问题？为什么？

薛梓彤：我想研究“蚂蚁洞为什么是圆的，不是方的”。

张笑嫣：我想研究“树叶为什么在夏天不会掉下来”。

邹明贤：我想研究“为什么榴梿是臭臭的”。

四、小　结

教师小结本周活动，总结幼儿关于夏天的探究学习经验。

教师总结：“这一周，你们通过自己的发现和探究，对夏天的各种现象有了更为深入的认识。同时小组之间的分享也让我们掌握了更多的探究方法和科学知识。但是关于夏天的话题还有很多很多，期待小朋友们今后进行更多的学习和探索。”

五、延伸学习

幼儿和爸爸妈妈一起绘制家门口的夏日图，邀请爸爸妈妈一起补充更多的夏日元素。

活动小结与反思

幼儿的学习具有发散性和零散性的特点，因此幼儿不仅需要依靠直接经验进行学习，间接经验的学习也很重要。各个小组不同方向的研究内容让孩子们获得了不一样的认知体验，也让他们对某一类问题的“认知地图”更加完整。

在集体分享活动中，孩子们能用总结性的语言对自己的研究进行概述，并能在同伴分享时认真倾听，及时给予回应和鼓励。通过一周的学习，他们对各种自然现象有了浓厚的探究兴趣，对今后想要研究的方向展开了想象。

本周畅游日，孩子们将通过科学实验的方式，在动手操作中感受水的神奇，热爱与大自然亲密接触。

活动五　夏日小实验

活动形式

畅游活动。

活动由来

这一周，孩子们关于夏天的项目学习正在如火如荼地进行着……随着调查的不断深入，他们对夏天的各种现象越来越感兴趣了。

经过讨论我们发现，水是孩子们最感兴趣的夏日元素之一。所以，我们将“水”定为这个畅游日的主题。孩子们会用水做游戏，通过科学实验、动手操作等多种方式感受水的神奇魅力。

活动目标

1. 愿意对自己感兴趣的现象进行大胆猜想，并尝试用符号记录自己的实验结果。

2. 通过玩水，了解水的物理特性及其背后蕴含的科学知识。

3. 感受大自然中无处不在的奥秘，保持科学探究的热情。

活动准备

场地准备：户外操场。

材料准备：水、彩纸、洗衣粉、洗涤灵、白糖、搅拌棒、吹泡泡工具、冰块、彩色碗、沙子。

活动过程

一、导　入

教师："孩子们，你们喜欢玩水吗？今天的畅游日，让我们尽情地玩起来吧！"

二、分享环节

教师和幼儿一起确定实验内容，讨论所需材料。

三、游戏环节

1. 纸花朵朵开：让手工纸花浮在水面上，观察神奇的"毛细现象"。（图 3-2-9）

2. 泡泡出没：制作一瓶泡泡液。（图 3-2-10）

3. 冰块变身：研究冰块在什么情况下融化得最快。（图 3-2-11）

图 3-2-9　看呀，我的"纸花"在水里开放啦

图 3-2-10　看，我自己制作的泡泡液

图 3-2-11　冰块在哪里会化得最快呢

四、小　结

教师小结本次活动，总结实验活动的经验，请幼儿分享实验过程中的发现与感受。

教师总结："今天我们做了三个关于水的实验，你们都很专注认真，也尝试着独立思考问题。其实生活中很多常见的现象都蕴含着丰富的科学知识和道理，希望你们始终保持一颗好奇心，不断地去探索、发现。"

活动记录与呈现

关于"纸花朵朵开"的新发现

赵甜希：我第一次做的时候失败了，然后我再叠了一朵纸花就成功了。

余轻眉：我发现把开过的花放在钻筒上，花一下子就干了。

唐安吉：我觉得水中花开的游戏特别好玩，我感觉就像鲨鱼把水中花给吃掉了。

关于"泡泡出没"的新发现

杜星璇：我发现用那个泡泡液可以吹出很多泡泡，可是为什么吹着吹着泡泡就都跑到吸管上面来了，不在吸管下面待着呢？

余轻眉：吹泡泡的时候，总是一吹，泡泡就粘到我嘴上了，可好玩了。

林苢骞：我感觉用自己做出的泡泡水吹泡泡，就像在天空中吹泡泡一样。泡泡飞起来了，我觉得非常好玩。

关于"冰块变身"的新发现

曹雅淇：我发现冰块在沙子里面和在水里面要等一小会儿才会融化。

张笑嫣：我把冰块放在沙子里面，它化得特别慢。在冰块融化的过程中，沙子也变湿了。

王隽珩：我发现在水里的冰块融化得最快了，我看到它一直在融化，但是在沙子和空气中的冰块却看不出来在融化。

五、延伸学习

幼儿回家后跟爸爸妈妈分享活动中的实验，可尝试在家再次体验。

活动小结与反思

在探究具体事物、尝试解决问题的过程中，孩子们的学习能力会不断得到提升。在这次的畅游活动中，孩子们利用生活中最常见的水进行各种各样的探索，不断丰富着自己的已有经验与知识体系。有的孩子会重复做同一个实验，他们专注的样子特别打动人。

希望在这个夏天，孩子们可以收获更多的惊喜和发现，学习用科学的视角去探究周围的世界，发现最美的夏天。

畅游日丨1 个绘本、3 个实验、6 个社团，这个畅游不一般！

教育笔记

夏日小实验

田　悦

这周，我们的畅游活动主要是围绕夏日里的实验展开的，分别有纸花朵朵开、泡泡出没、冰块变身。孩子们做实验的时候，发现了很多问题，也得出了一些结论。

余轻眉："我发现把开过的花放在钻筒上，花一下子就干了。吹泡泡的时候，总是一吹，泡泡就粘到我嘴上了，可好玩了。"

杜星璇："我发现用那个泡泡液可以吹出很多泡泡，可是为什么吹着吹着泡泡就都跑到吸管上面来了，不在吸管下面待着呢？"

周霆赫："我刚开始吹的时候，泡泡特别小，后来我看见彤彤吹的泡泡非常大，还不会一吹就破。我就问她是怎么弄的，她告诉我往里面加糖就可以了，加完糖我再试，真是那样。"

唐安吉："我觉得水中花开的游戏特别好玩，我感觉就像鲨鱼把水中花给吃掉了。"

周万泽："我做了两次水中花开的实验，第一朵花的中间有花蕊（镂空的），第二朵花的中间没有花蕊。然后我发现有花蕊的那朵花放在水里会开得很快，比没有花蕊的花要开得快。"

陈益清："我已经学会制作泡泡水了，回家以后，我就开始做。"

片段一：乐乐、叮当、禾禾把已经开过的花放在钻筒上继续晾晒变干，然后纷纷走回自己的水碗旁。禾禾这时从水碗旁边捡起一朵掉落的泡桐花，放进水碗中，发现泡桐花并没有像纸花一样漂浮在水面上，而是沉入了水底。这时乐乐和叮当见状，立马也捡起一朵泡桐花做实验，结果发现和禾禾一样，三人相视而笑。叮当这时把泡桐花从水碗中拿了出来，另外捡来一朵泡桐花，和一个掉落在地上的与花朵分开的圆圆的花蒂。她把泡桐花的花瓣掰了下来，放入水碗里，发现和之前的结果不一样。她眼前一亮，又把那个圆圆的花蒂放进去，花立马沉入了水里。三人看到此情此景，纷纷开始寻找材料尝试起来。

小小的实验引发了孩子们一连串的延伸探究活动，不仅是教师提供的材料，一些自然物也能激发孩子们想要探究的欲望。

片段二：周霆赫小心翼翼地叠好了花朵，然后再轻轻放入水里，等待花开。刚放进去的时候，他环顾了四周，没人看见，他轻轻地对着花朵吹了一口气，双手合十，眼睛微闭，然后立马睁开，小心地把碗捧在手心里，开始了观察。赫赫的小心翼翼体现了对实验的重视程度。

通过观察孩子们在畅游活动结束后的讨论，我们发现孩子好像与自然有着天然的联系。只要提供的材料丰富，能够激发孩子们的好奇心和探索欲望，他们就会主动去探索，反复做游戏和实验，从而发现问题，得出自己的结论。

第三周 夏天的游戏

周主题说明

夏天，你最喜欢玩什么游戏？不一样的家庭都玩过哪些不一样的游戏？孩子们心目中最好玩的游戏又是什么？这个夏天，就让我们一起玩起来吧！

本周，孩子们通过分享“我家的夏日游戏”，选择“我家最喜欢玩的游戏”，感受夏日游戏带给自己的美好回忆，发现每个家庭喜爱的夏日游戏是不一样的。他们从家庭学习延伸至课堂分享，尝试用柱状图的方式统计出“全班最喜欢的夏日游戏”，把可视化的学习成果分享给大家；制订“我的夏日游戏计划”，尝试在夏日周末或假期做活动规划；通过整理一周分享的内容，在“初夏大回顾”的畅游活动中，体验亲子游戏的乐趣，尝试与家人进行更紧密、更有深度的联结。

周课程目标

1. 引导幼儿收集和夏日游戏有关的信息，尝试用绘画、符号等方式进行记录。

2. 启发幼儿学习用柱状图的方式进行统计，能了解图示的含义。

3. 通过开展活动，帮助幼儿增进和家人之间的情感交流，享受和家人一起游戏的乐趣，体验高质量的陪伴带来的关系变化。

4. 鼓励幼儿分享自己的成长变化，为自己和他人的进步感到高兴。

活动一 我家的夏日游戏

活动形式

小组活动。

活动目标

1. 知道什么是游戏，能对这些游戏进行简单的分类。
2. 积极分享自己的调查发现，并尝试在分享过后进行提炼与小结。
3. 通过回忆和想象，对本周开展的夏日游戏活动充满期待。

活动准备

“我家的夏日游戏”采访记录表。

活动过程

一、导 入

教师提问：“夏天到了，你们在夏天都喜欢玩什么游戏呢？”

二、分享环节

教师请幼儿在小组内自由分享自己喜欢的夏日游戏。（图 3-3-1、图 3-3-2）

图 3-3-1 夏天，我喜欢玩“冻冰棍”的游戏

图 3-3-2 我们最喜欢的夏日游戏是不是一样的

活动记录与呈现

米衡辰：夏天，我喜欢脱了鞋去雨水花园里玩，在雨水花园里踩水花。

张歆程：夏天，我喜欢去游泳，在游泳池里玩水。

唐安吉：夏天，我最喜欢玩打水仗的游戏，用水枪滋水。

余轻眉：夏天，我喜欢和爸爸妈妈在公园里面搭帐篷。

三、讨论提纲

1. 夏天，你和你的家人都会玩什么游戏呢？

2. 你觉得什么才是游戏？

3. 你能尝试给这些游戏分类吗？

活动记录与呈现

讨论1：夏天，你和你的家人都会玩什么游戏呢？

王梓瑄：夏天，我喜欢穿着妈妈的裙子和她一起玩过家家的游戏。

成昱明：夏天，我最喜欢和爸爸妈妈一起去游泳，因为游泳池里的水很凉，夏天太热了，就要去泳池里凉快一下。

余轻眉：夏天，很多小朋友都爱吃冰激凌，我和弟弟会一起玩做冰激凌的游戏。

讨论2：你觉得什么才是游戏？

成昱明：我觉得游戏是很好玩的，可以让我们大家都玩得开心的项目就是好游戏。

魏琳奕：我觉得游戏就是玩自己想玩的。

讨论3：你能尝试给这些游戏分类吗？

和水有关的游戏

陈益清：我发现有很多小朋友爱玩水，打水仗会用到水。

刘彦熙：还有去海边玩也是在玩水，海水是咸咸的。

张歆程：在雨水花园里玩也是在玩水，我喜欢浑身湿湿的。

高　裳：还有扔水球。水球爆炸后，身上冰凉凉的。

和动物有关的游戏

王子衿：我喜欢找蚯蚓和蚂蚁。一到夏天，这些虫子就跑出来了。

周霆赫：爸爸喜欢听知了的叫声，妈妈喜欢寻找蚂蚁洞。

周万泽：我妈妈也喜欢跟着知了的叫声去找它的踪迹，这也是和小动物有关的游戏。

张歆程：我喜欢找蜗牛，看蜗牛一直爬呀爬。

和食物有关的游戏

王子衿：我妈妈会带着我做蛋糕，我觉得很好吃。

李墨涵：我和爸爸在吃完西瓜以后会用西瓜皮打仗。

米衡辰：我和妈妈在吃西瓜的时候会看谁咬的形状多，我经常咬出个“月牙”来。

和人有关的游戏 杜星璇：我和爸爸妈妈最喜欢玩的游戏就是藏猫猫和打地鼠，爸爸总是扮演地鼠。 周霆赫：我会和爸爸赛跑，这也是一个很好玩的游戏。

四、小　结

教师小结幼儿的讨论，调动幼儿参与本周夏日游戏活动的积极性。

教师总结："大家讨论出了很多好玩的夏日游戏，原来，我们身边的很多东西都可以用来玩。这一周，我们要探索各种各样好玩的游戏，还要邀请爸爸妈妈来幼儿园里跟我们一起做游戏，一起期待吧！"

五、延伸学习

幼儿回家后与家人针对夏日游戏进行更加深入的讨论，找出家庭中大家最喜欢玩的游戏。

活动小结与反思

夏天是可以尽情玩水的季节，是可以寻找小蚂蚁、玩各种游戏的季节。第一天，孩子们回顾了自己曾经玩过的夏日游戏，采访了爸爸妈妈，了解了他们在夏天里爱玩的游戏，制作了一份"我家的夏日游戏"采访记录表。在这个过程中，孩子们对夏日游戏的认知和经验逐渐丰富了起来。

在小组分享时，孩子们能很清楚、详细地将记录表上的内容分享给同伴，他们会争先恐后地说："我最喜欢和爸爸妈妈一起玩踩雨水的游戏。""我喜欢和爸爸妈妈玩冻冰棍的游戏。"……或许，因为有了这个记录，这个夏天在幼儿的心中就拥有了非凡的意义。

说了这么多夏日游戏，有哪些游戏是大家心目中的最爱呢？在接下来的活动中，让孩子们一起来说说吧！

活动二　我家最喜欢玩的游戏

活动形式

小组活动。

活动目标

1. 知道自己和家人最喜爱的夏日游戏，并说出理由。
2. 尝试用符号的方式进行调查结果的记录。
3. 喜欢家庭共同参与的调查活动，体验与家人一起讨论的乐趣。

活动准备

《我家喜欢的夏季游戏大调查》、黑板、大纸、笔。

活动过程

一、导　入

教师提问：“昨天晚上，你们和爸爸妈妈一起讨论了夏天最喜欢玩的游戏，大家有哪些发现呢？”

二、分享环节

教师请幼儿根据调查表的内容，在小组内自由分享与讨论。（图 3-3-3、图 3-3-4、图 3-3-5）

图 3-3-3　我们互相分享喜欢的夏日游戏

图 3-3-4　我家最喜欢的游戏是老鹰捉小鸡、组长组员游戏和迷迷转

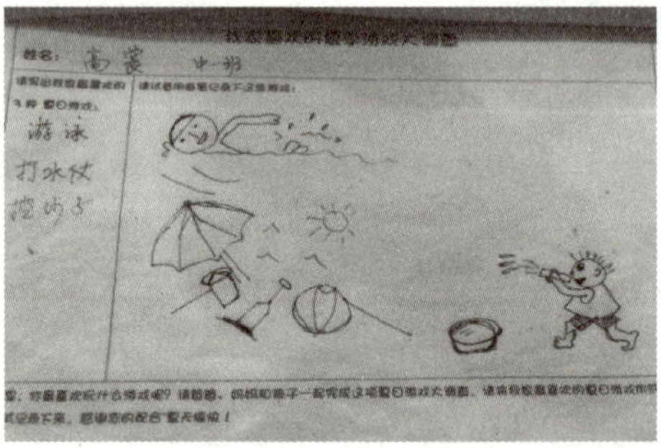

图 3-3-5　我家最喜欢的游戏是游泳、打水仗和挖沙子

活动记录与呈现

王梓瑄：昨天我又问了爸爸妈妈一遍，他们的答案有一点儿不同，以前喜欢捉蚂蚁，现在变成了喜欢玩水。

高　裳：我家最喜欢的游戏是游泳、打水仗和挖沙子，我最喜欢挖沙子了。

解应登：我昨天和妈妈说夏天去海边是一件事情，不是游戏。可后来我觉得我们能在海边玩，做游戏，那就是好玩的游戏了。

三、讨论提纲

1. 在你和家人最喜欢的游戏中，排行前三名的都有哪些呢？
2. 你们喜欢这些游戏的理由是什么？
3. 你最喜欢和家里的谁一起玩游戏，为什么？

活动记录与呈现

讨论 1：在你和家人最喜欢的游戏中，排行前三名的都有哪些呢？

全奕单：我家最喜欢的游戏是老鹰捉小鸡、组长组员游戏、迷迷转。

解应登：我家最喜欢的游戏是打水仗、藏猫猫、打沙包。

李映萱：我家最喜欢的游戏有三个。第一个是跟爸爸妈妈在公园里玩小野人的游戏，第二个是妈妈教我做头上的小花，第三个是喜欢在树上玩吊床。

米衡辰：我家最喜欢的三个游戏是在海边用沙子堆城堡、爬山和野餐。

讨论 2：你们喜欢这些游戏的理由是什么？

成昱明：我家最喜欢的游戏是藏猫猫，因为我最喜欢藏起来。我妈妈每次都找不到我，我觉得她肯定是假装找不到我的。

寇瀚辰：大家都喜欢去海边玩，因为海边有很多小螃蟹、小贝壳。我很喜欢捡东西，小朋友们都喜欢捡东西。

余轻眉：爸爸喜欢观察蜻蜓，还带着我一起观察到天黑，因为爸爸小时候就喜欢这么玩，所以他现在也带我这么玩。

唐安吉：我喜欢大海，我喜欢在海边堆沙堡，我很喜欢小昆虫。爸爸给我买了关于昆虫的书，我会先观察它们。

讨论 3：你最喜欢和家里的谁一起玩游戏，为什么？

王梓瑄：我喜欢跟我爸爸一起玩，因为我爸爸特别会玩，他总能想出很多好玩的游戏。

周万泽：我喜欢和爸爸玩，因为我爸爸认识很多昆虫，我觉得很厉害。

刘彦熙：我喜欢跟我弟弟玩，因为不管我说什么，他都听。

王子衿：我喜欢和妈妈一起玩，因为和妈妈玩很自由，想怎么玩就怎么玩。

四、小　结

教师总结大家最喜欢玩的游戏，鼓励幼儿多尝试一些有趣的游戏玩法。

教师总结："和爸爸妈妈一起做游戏是件开心的事，但是我发现大家最喜欢的游戏都不太一样，我们可以把这些游戏都收集起来，这样就变成了一个'游戏库'。我们还可以进行一次投票，在里面选出全班小朋友最爱玩的游戏。"

五、延伸学习

幼儿将自己和家人最爱玩的游戏画下来，张贴在主题墙上一起分享。

活动小结与反思

游戏是不分年龄和时代的，每个人都有对自己童年游戏最美好的回忆。这次活动是对昨天活动的延伸和再讨论。借助分享，孩子们发现很多小朋友和家人喜欢玩的游戏都是不一样的。经过整理，我们收集了很多能够在夏天玩的游戏。

在活动中，家长的参与让课程具有了空间和时间的线索，他们提供了大量的信息，对课程的推进起到了重要的作用，也让孩子们对夏天的感受变得更加饱满和生动起来了。

孩子们的学习总是一以贯之的，在选择了“我家最喜欢玩的游戏”之后，大家还想知道班级里最喜欢的夏日游戏，让我们一起来投票吧！

活动三　全班最喜欢的夏日游戏

活动形式

集体活动。

活动目标

1. 初步了解柱状图统计归类的方式和数量的相对性。
2. 理解投票的意义，初步掌握投票的规则，选出全班最喜欢的夏日游戏。
3. 能积极参与投票和记录活动，体验集体活动的乐趣。

活动准备

统计表格(根据幼儿的调查表列项目)、黑板、白纸。

活动过程

一、导　入

教师提问：“现在，我们要对每个人最喜欢的游戏进行投票，看看哪些游戏是大家最喜欢的。你们都知道哪些投票方法呢？投票的时候需要注意什么？”

二、分享环节

教师请幼儿分享自己想到的投票的方法和规则。

活动记录与呈现

有哪些投票的方法？

周万泽：可以举手。哪个游戏举手的人最多，哪个游戏就是大家最喜欢的游戏。

唐安吉：我们可以数一数每个人的调查表，看看每个游戏有几个人选。人选最多的游戏就是大家最喜欢的游戏。

成昱明：我觉得可以给每个小朋友发一些小贴画，说到一个游戏的时候就贴一个。哪个游戏的小贴画最多，哪个游戏就是大家最喜欢的游戏。

陈益清：可以在一张大纸上面，用一些符号来记录大家的投票，最后数一数。哪个游戏的符号最多，哪个游戏就是大家最喜欢的游戏。

投票的时候需要注意什么？

刘彦熙：投票的时候要每个人轮流投，每人只能投一次。

余轻眉：投票的时候需要有一个人记下来每个人都选了什么。

李秉诺：投票时必须要认真，不能乱投。

三、投票环节

教师根据幼儿最喜欢的夏日游戏，投票完成“全班最喜欢的夏日游戏”的柱状统计图。（图 3-3-6、图 3-3-7）

图 3-3-6　太好了！我最喜欢的游戏又有一票啦

图 3-3-7　玩水这个游戏的票数是最高的

四、讨论提纲

1. 大家最喜欢的夏日游戏有哪些呢？
2. 如果请你对这些游戏进行分类，你会怎么分？原因是什么？
3. 哪些游戏是你想在幼儿园的开放日玩的呢？

活动记录与呈现

讨论 1：大家最喜欢的夏日游戏有哪些呢？

陈益清：我发现很多小朋友都喜欢玩水的游戏，因为夏天很热，玩水很凉快。

周万泽：我发现大家都喜欢去大自然里观察小昆虫，夏天的昆虫真多！

王梓瑄：我发现人们很喜欢在户外玩，不喜欢在房间里面玩，因为房间里面很热。

张歆程：夏天的时候，很多人都去游泳了，泡在水里面很凉快。

讨论 2：如果请你对这些游戏进行分类，你会怎么分？原因是什么？

与水有关的游戏

成昱明：玩水和打水仗都算是一类，都跟水有关。

李秉诺：游泳、漂流也算是与水有关的游戏。

与动物有关的游戏

王子衿：寻找昆虫、观察昆虫，这些都算跟昆虫有关的游戏。

魏琳奕：我们还可以模仿小动物的样子来做游戏，如老鹰捉小鸡、小青蛙跳跳跳。

传统游戏

李墨涵：还有一些传统游戏，如切西瓜之类的游戏。

周霆赫：还有踩影子。

讨论 3：哪些游戏是你想在幼儿园的开放日玩的呢？

寇瀚辰：我想和爸爸妈妈玩冰棍化了的游戏，大家可以一起玩。

张歆程：玩踩影子，大家都能玩。

李墨涵：大家一起玩捉迷藏，大人不一定能赢小孩。

五、小　结

教师小结幼儿的投票活动，总结出全班最喜欢的几个夏日游戏，让幼儿对半日活动充满期待。

教师总结：“当大家的意见不一致时，投票是一种非常有效的推进方式。今天我们投票选出了全班小朋友最喜欢的几个夏日游戏。这周的畅游日，我们将邀请爸爸妈妈来幼儿园，跟我们一起玩这些游戏，请期待吧！”

六、延伸学习

幼儿回家后跟爸爸妈妈分享今天的投票结果。一起期待畅游日的到来。

活动小结与反思

今天的活动，孩子们第一次学习使用柱状统计图统计结果。尝试之前，我们也担心对于这个年龄段的孩子来说会不会存在困难，但是在大胆尝试后发现，孩子们有了在家中和爸爸妈妈活动的前期经验后竟然很顺利地理解、应用了柱状图，并且通过观察柱状图，能很直观地看到数量的变化。为了方便孩子们统计，我们用了不同的颜色，这样他们能一下子找到自己和好朋友的记录。

中班幼儿能通过讨论解决实际生活和学习中遇到的困难，并能感受到合作的力量。关于投票的讨论与以往的活动经验分不开。所以在活动的组织中，我们要尝试运用多种形式开展教学，并对孩子们的设想予以支持，活动也就能呈现出更多的精彩。

活动四　我的夏日游戏计划

活动形式

集体活动。

活动目标

1. 能根据自己喜欢的夏日游戏制订一份游戏计划单。
2. 感受与父母共同讨论假日计划的乐趣。
3. 愿意在同伴面前分享自己的游戏计划，体会自己制订计划的成就感。

活动准备

大黑板、白纸、水彩笔。

活动过程

一、导　入

教师提问："昨天我们投票选出了全班最喜欢的夏日游戏，大家还记得是哪些游戏吗？"

二、分享环节

教师请幼儿分享昨天投票选出的游戏。

活动记录与呈现

周万泽：大家最喜欢的游戏就是打水仗了，很多小朋友都很喜欢呢。

余轻眉：大家很喜欢玩冰棍化了的游戏，因为夏天天气热，最适合吃冰棍，所以冰棍化了的游戏能让我觉得就像真的吃冰棍一样。

王梓瑄：很多小朋友喜欢的夏日游戏都跟水有关系，因为夏天很热，玩水很凉快。

三、讨论提纲

1. 玩这些游戏的时候，你感受到了什么？
2. 夏日游戏要玩得快乐和尽兴，最重要的要素是什么？
3. 在夏天的周末或者假期，你会给自己制订一个什么夏日计划呢？

活动记录与呈现

讨论1：玩这些游戏的时候，你感受到了什么？

魏琳奕：我很开心，因为我喜欢夏天，可以玩很多不同的游戏。

寇瀚辰：这些游戏是爸爸妈妈小时候玩过的游戏，我觉得特别开心。

李秉诺：玩那种追的游戏的时候，我就很害怕，怕被追到了。

李墨涵：我在外面玩的时候，有的时候跑热了，就停下来看看蜗牛、小草啊，等不累的时候再接着跑。

讨论 2：夏日游戏要玩得快乐和尽兴，最重要的要素是什么？

王梓瑄：有一个好心情最重要，心情好了，去玩的时候就能更加的开心。

唐安吉：勇气最重要，因为一些游戏是很刺激的。

徐晟然：我觉得安全最重要，玩开心也要注意安全。

周万泽：我觉得要在游戏中玩得起，不能输不起。游戏的规则最重要。

李墨涵：我觉得我的好朋友最重要，我要和我喜欢的人出去玩。

讨论 3：在夏天的周末或者假期，你会给自己制订一个什么夏日计划呢？

高　裳：我想去公园，看小鱼、小蝌蚪在水中游来游去，真好玩。

解应登：放假了，我就可以带着我的爸爸妈妈出去玩了，真好啊！

米衡辰：我想放假了和爸爸妈妈一起去爬山。我妈妈总是穿着高跟鞋，我得告诉她爬山时不能穿高跟鞋。

王子衿：我想让爸爸带着我去一个能找到知了的地方，我只听过知了叫，还想看看知了长什么样。

四、小　结

教师用思维导图(图 3-3-8)的方式总结幼儿的夏日游戏计划，鼓励幼儿多尝试新的游戏。

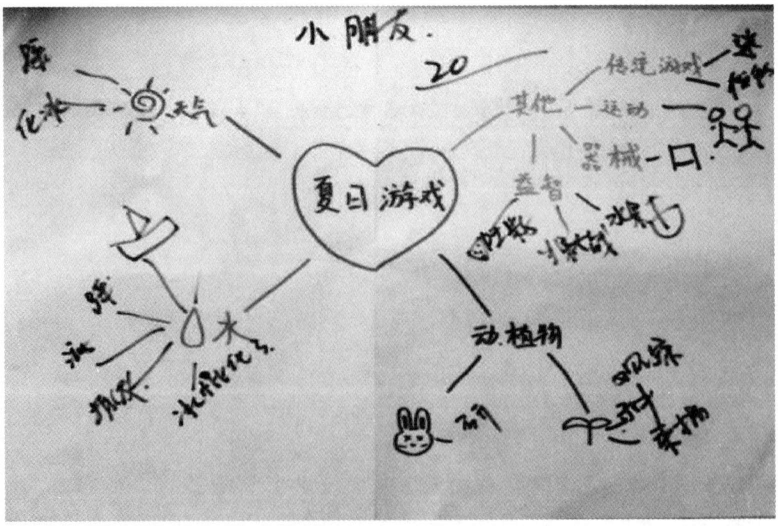

图 3-3-8　关于夏日游戏的思维导图

教师总结："我们一起讨论了游戏中最重要的要素是什么，还说出了自己接下来最想玩和最想做的事情。你们可以和爸爸妈妈一起实现计划，也可以多做一些尝试，玩出更多的花样。"

五、延伸学习

幼儿回家以后和爸爸妈妈一起完成自己的夏日假期游戏计划。

活动小结与反思

中班下学期，孩子们的认知理解能力有了进一步发展。他们在表达自己的想法的同时，也愿意去倾听他人的想法。他们更加希望成为活动的主导者，也希望同伴、家长能认可自己的想法，成为他们主导的活动的参与者。根据孩子们的这些年龄特点和对夏日游戏的兴趣，我们设计了制订夏日游戏计划的活动。

尝试给自己的假日生活制订计划，是中班下学期幼儿的发展目标之一。孩子们根据自己对夏日游戏的亲身体验，很快选取了假日里想要旅行的地方和想要玩的游戏。制订完计划之后，我们希望家长在参与的过程中，能发现孩子在游戏中的学习能力与学习习惯，观察和发现孩子认知世界的方式，感受到活动传递给孩子的成就感与幸福感。

活动五　初夏大回顾

活动形式

畅游活动。

活动由来

正值初夏，在进行了为期一周的关于夏日游戏的学习与分享过后，我们邀请课程的参与者、孩子们学习的陪伴者——他们的爸爸妈妈们来到幼儿园，在和孩子们一起的夏日游中，发现孩子的成长，享受游戏的乐趣。

活动目标

1. 知道竞猜类游戏的规则，并能在游戏中积极贡献自己的力量。
2. 能在集体面前讲述游戏规则，表达自己的想法。
3. 喜欢和爸爸妈妈一起玩游戏，体验游戏中亲子之间的温暖情谊。

活动准备

大黑板、白纸、白板笔、鼓。

活动过程

一、导　入

教师提问："我们邀请爸爸妈妈来幼儿园里跟我们一起玩游戏。首先大家来玩一个关于夏日游戏的抢答游戏，爸爸妈妈们一组，小朋友们一组，说一说你们玩过的游戏，看哪个组说得最多。"

二、抢答游戏环节

（一）讨论游戏规则

教师："游戏分两部分，第一部分是击鼓传花。两组同时开始传，传到谁的手里，谁就来说一个游戏。第二部分是抢答。开始后，两组抢答，看在规定时间内哪个组说得最多，不可以重复。"

（二）开始做游戏

第一部分：一位教师背对家长和幼儿击鼓，请两位教师助理分别在大黑板上记录下两组的答案。

第二部分：家长组和幼儿组抢答，教师记录。（图 3-3-9、图 3-3-10）

图 3-3-9　妈妈，你们加油啊

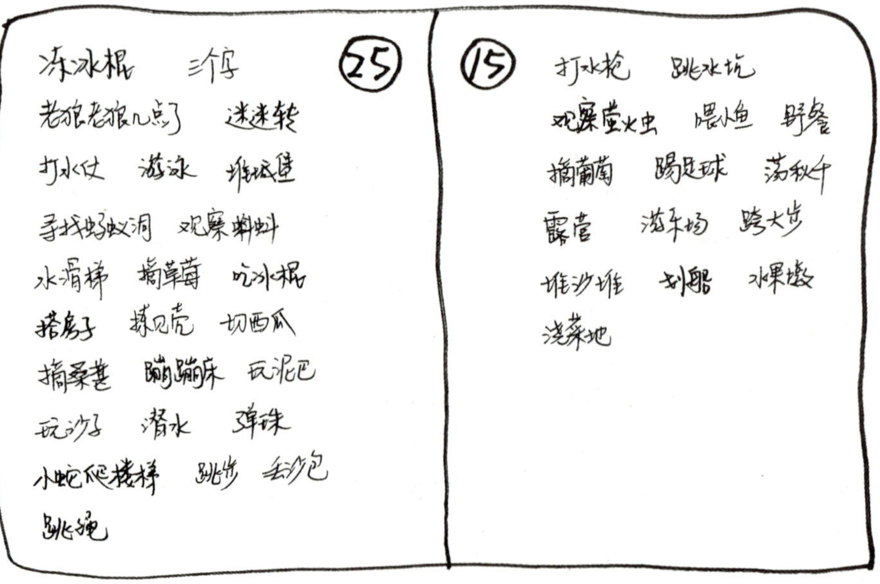

图 3-3-10　我们的活动记录

(三)游戏结束

教师统计看哪个组说的游戏最多。

三、户外游戏环节

教师邀请爸爸妈妈和幼儿在操场上一起玩投票选出的全班最爱的夏日游戏。(图 3-3-11、图 3-3-12、图 3-3-13)

图 3-3-11　这是一根巨型大冰棍

图 3-3-12　石头、剪刀、布，迈大步

图 3-3-13　苹果蹲，苹果蹲，苹果蹲完香蕉蹲

四、小　结

教师请家长和幼儿分别分享自己在活动中的感受和收获。

教师总结："孩子们，爸爸妈妈来幼儿园里陪我们做游戏，大家玩得真开心啊！这些游戏不仅伴随着我们的成长，而且影响着爸爸妈妈的童年。感谢爸爸妈妈的陪伴，感谢每个小朋友们的积极参与。"

活动记录与呈现

今天的活动结束了，你有哪些感受和收获呢？

家长组

陈益清妈妈：陈益清每天回家后都和我说在幼儿园里过得很开心，她很喜欢跟我分享幼儿园的各种活动。所以，孩子每天在幼儿园里做了什么，我都特别清楚。孩子对幼儿园的活动这么喜欢，说明活动本身是顺应孩子们的发展的。

刘彦熙妈妈：这个星期的活动让我也像回到了小时候，我们会把小时候玩过的游戏说给孩子们听。这段时间，刘彦熙总是让我带她玩我小时候玩过的游戏，我觉得这样的活动特别好，让我们母女之间的感情更密切了。

周霆赫爸爸：有一天，周霆赫回家以后特别兴奋，说有很多小朋友都和他选了一样的最喜欢的夏日游戏，还跟我说了排在第二的游戏是什么，排在第三的游戏是什么。我记得特别清楚，我觉得他一定很喜欢这个活动，才能记得这么清楚。

李秉诺妈妈：今天跟孩子们在一起玩得太开心了，没想到孩子们这个月就学会了玩这么多游戏，这也是游戏资源共享吧。

幼儿组

陈益清：一开始的时候，我总害怕我们组会输，但是后来我就不担心了，因为我觉得就算是爸爸妈妈赢了也挺好的。

唐安吉：我觉得爸爸妈妈们很棒，他们没有参加我们的活动，还能说出来那么多游戏。

李墨涵：刚才我听到很多我没有玩过的游戏，我想让那些爸爸妈妈们教我们玩。

成昱明：我都想马上和爸爸妈妈一起出去玩这些游戏了。

余轻眉：我觉得我爸爸变成了一个小孩，我喜欢和爸爸这样一起玩，我很开心。

王梓瑄：我以前不喜欢玩有输赢的游戏，但是我现在不怕了，因为就算是输了，也没有关系，还可以再玩一次。

五、延伸学习

幼儿回家后和爸爸妈妈一起回顾本月的活动，感受自己的成长变化。

活动小结与反思

对幼儿园的孩子们来说，游戏承载着他们的幻想世界，是他们完成对外部世界的认识与探索，实现自我建构的重要方式。在今天的活动中，家长们来到幼儿园，成为了孩子们游戏中的伙伴。对孩子们来说，这份陪伴是宝贵的滋养；对家长们来说，借由游戏，他们得以和童年的自己相遇，这份游戏中的自由自在，是幼儿园和孩子们一起送给他们的礼物。

在活动中，家长们也通过深入班级，切身体会到班级文化、师幼关系、孩子的成长……这也是幼儿园每学期一次的半日开放，我们希望呈现给家长，和家长共同探讨的核心。

游戏化的幼儿学习——中班组半日开放 & 家长学校活动纪实

教育笔记

"夏天游戏调查"三部曲

张 蕾

这周我们的课程主题是"夏天的游戏"。游戏是孩子们非常感兴趣的话题。夏天里的游戏多种多样，如何能做到让孩子们在短短一周的时间里了解这么多的游戏，从中获得理性的思考，并且让每个孩子都有机会参与和表达呢？这是我们在设计活动中重点思考的问题。

一、认识从家庭中来

对于夏季游戏的认识，每个人都有不一样的角度，因为这和一个人的成长经历有关。在记忆中，小时候和爸爸妈妈一起去草丛里寻找蚂蚱是我认为最有趣的夏天游戏。孩子们的已有经验比较少，认知要借助家庭的力量。所以第一步，我们设计了调查问卷，请孩子们和爸爸妈妈一起完成。通过符号记录、绘画等方式，每个家庭回忆和梳理最有趣的夏日游戏。这个过程不仅能帮助孩子们积累经验，而且能让他们对游戏的种类有了更多的了解。

二、技能在思维导图中延伸

使用思维导图是课程中非常重要的环节。孩子们不仅能够使用思维导图来整理已有经验，而且能将这些经验进行合理的分配，最后形成一个直观的、有逻辑感的"群"。通过这个群，他们能够自由组合自己的经验，将它运用到自己感兴趣的方面。这就是我们常说的学习能力，这是一种非常重要的技能。

三、期待是最美好的情感

这周五是这学期的半日开放活动，孩子们非常期待。借助课程，我们请孩子们自由选择，投票选出他们最喜欢的夏日游戏，得票最高的游戏成为半日开放活动时和爸爸妈妈一起玩的游戏。这样既有每个人的参与，让大家充满期待，又有规则。"少数服从多数"是每个孩子在学习投票时习得的本领。怀着和爸爸妈妈一起玩游戏的期待，孩子们投出了自己神圣的一票，结果也令大家满意。这种美好的情感一直延续到半日开放活动当天。

胡老师在《三块基石》的文章中提到的“认知”“技能”和“情感”成为我们设计课程时的金标准，每一次都会给我们和孩子们带来意想不到的收获。

第四周 夏天里的成长故事

周主题说明

这是你过的第几个夏天？每个夏天都发生了哪些有趣的事？哪些第一次是在夏天发生的……夏天里，总有一些故事让我们久久不能忘怀。而这些难忘的故事，记录着我们每一个成长的瞬间。

本周，孩子们和爸爸妈妈一起组成学习小组，通过活动“那年夏天”“夏天里的第一次”“夏天趣事大分享”，回顾自己在成长过程中每个夏日里的变化和趣事，制作一本“我的夏天成长故事书”，体会成长中家人陪伴的幸福美好。在“夏日成长游戏大比拼”中，和同伴一起在游戏中释放能量，感受“火辣辣”的激情夏日。

周课程目标

1. 引导幼儿通过家庭学习小组的方式，感受与家人合作学习的乐趣，享受高质量的陪伴关系。
2. 鼓励幼儿在集体面前分享自己小时候的成长趣事。
3. 通过照片及视频回顾，引导幼儿感受成长的变化和美好。
4. 帮助幼儿整理与自己有关的夏日故事信息，尝试制作一本夏日成长故事书。

活动一　那年夏天

活动形式

小组活动。

活动目标

1. 能用自己的方式记录、表达、分享在夏天做过的最难忘的事情。
2. 愿意与同伴分享自己的想法，并能接受他人的意见和建议。
3. 通过分享自己成长中的每个瞬间，体会成长的喜悦和家人对自己的爱。

活动准备

“那年夏天”的海报、椅子、宽阔的场地、黑板等。

活动过程

一、导 入

教师提问：“夏天到了，你们还记得夏天里都做过哪些难忘的事情吗？”

二、分享环节

教师请幼儿分享和爸爸妈妈一起制作的“那年夏天”的海报，把自己成长过程中在夏天里发生的难忘的故事分享给小朋友听。

> **活动记录与呈现**
>
> 王鏖闵：我在夏天做过很多的事情。比如，打水仗，吃冰激凌，和爸爸妈妈一起去公园划船。
>
> 曹雅淇：我爸爸都会带我去海边游泳，每年夏天都会去。
>
> 刘瑀垚：一到夏天，我就会去凉快的地方度假，我们一家人都会去。

三、讨论提纲

1. 在你听到的这些故事里，哪些故事是你觉得特别难忘的？
2. 这些故事都带给了你怎样的感受？
3. 今年夏天，你们都想做些什么呢？

> **活动记录与呈现**
>
> **讨论1：在你听到的这些故事里，哪些故事是你觉得特别难忘的？**
>
> 林苔骞：我觉得最有趣的就是玩水。很多小朋友都说了玩水的故事，这是夏天最有趣的事。
>
> 高沄驰：我最难忘的就是第一次划船，和爸爸一起去探险。
>
> 周京远：我觉得高沄驰分享的和爸爸划船的那个故事最有趣，我都想和我的爸爸一起去划船啦！
>
> 王子衿：我觉得夏天在公园里搭帐篷特别有意思，我也喜欢和爸爸妈妈一起在公园里搭帐篷。
>
> **讨论2：这些故事都带给了你怎样的感受？**
>
> 林苔骞：每一个夏天，我都在长大，都有很多新的故事发生。我觉得小时候的我和长大以后的我都很可爱。

谌仲匀：夏天虽然很热，但也可以做很多在其他季节里不能做的事情，这点还是很棒的。

王子衿：我的感受是夏天非常好，因为每到夏天，我就可以穿漂亮的裙子了。

曹雅淇：我的夏天过得非常的开心，因为每到夏天，爸爸妈妈都会放假，我们一起旅行。这种感觉太幸福了，我想对他们说谢谢。

讨论 3：今年夏天，你们都想做些什么呢？

周京远：我想今年夏天还可以痛快地玩水。

谌仲匀：我想今年夏天去吃烧烤，我的姥姥和姥爷会帮我们准备材料。

曹雅淇：我想和小朋友在幼儿园里办一个公主聚会，我们都穿着公主裙子，在一起过公主的日子。

王子衿：我想和爸爸妈妈一起做事情，让他们也很开心。

四、小　结

教师梳理幼儿在这个夏天想要做的事情，鼓励他们继续思考。

教师总结："我们听到了每个小朋友分享的自己在夏天发生的难忘故事，大家也有了许多新的发现和期待。这个夏天也有很多的事等着我们去做，让我们一起去完成吧！"

五、延伸学习

幼儿在爸爸妈妈的帮助下找到记录夏天"第一次"的故事的相关照片。

活动小结与反思

在活动中，听着孩子们的分享与讨论，我们就如同和他们一起经历了那些夏天的精彩，见证了他们的成长。孩子们的描述富有情感，他们享受着这份成长带给他们的自豪与喜悦。

这些成长的瞬间，承载着父母的记忆与爱，有什么比生命的成长更让人们感到惊叹与骄傲的呢？当课程里的生活经历都指向成长、指向情感时，我们的内心也不禁柔软起来，这样的陪伴真的很美好。

活动二　夏天里的第一次

活动形式

小组活动。

活动目标

1. 了解自己在夏天里的成长故事，体会成长的喜悦。

2. 能用有序、连贯的语言讲述自己在夏天里的“第一次”。
3. 喜欢在同伴面前分享自己的故事，并能对自己感兴趣的话题展开讨论。

活动准备

“第一次”分享表、彩笔、画纸。

活动过程

一、导　入

教师提问：“昨天，我们讨论了夏天里做过的一些难忘的事情，你们知道从你们出生到现在一共过了几个夏天吗？”

二、分享环节

教师请幼儿自由分享。(图 3-4-1)

图 3-4-1　分享我成长中的“第一次”

> **活动记录与呈现**
>
> 龙思齐：我都五岁了，我肯定过了五个夏天。
>
> 赵子昂：我也是过了五个夏天，不对，是四个，因为我还没有过五岁生日呢。
>
> 顾峻熙：我感觉我过了十八个夏天，我太喜欢夏天了，我把其他的季节都当夏天来过了。
>
> 刘瑀垚：我妈妈告诉我，我出生的时候就是夏天，所以我出生的时候就过了一个夏天。

三、讨论提纲

1. 大家都有哪些夏天里的“第一次”的故事呢？
2. 听完分享，你有哪些新的发现？

> **活动记录与呈现**
>
> **讨论 1：大家都有哪些夏天里的“第一次”的故事呢？**
>
> 赵子昂：我还不会走路的时候，爸爸妈妈第一次带我去海洋馆，我看了一个海豚表演，我还给它们鼓掌了。又过了一个夏天，爸爸妈妈带我第一次坐摩天轮，到了很高的地方我都不害怕。到了晚上，下面的灯光特别漂亮。
>
> 朱子奕：我在三岁的夏天第一次去了蟹岛，看到了真正的荷花还有荷叶，在荷叶上看到了一只小青蛙，太漂亮了，我觉得太开心了。

曹雅淇：我三岁的时候第一次滑滑梯，嗖地一下就下来了，太刺激了。还有那年夏天，我有了一个弟弟，我第一次摸我弟弟的手，觉得他的手好小。

刘瑀垚：我两岁的时候，第一次吃棒棒糖，妈妈还想把我的棒棒糖给拿走，可是我不让，我不给她，因为棒棒糖太好吃了。

讨论 2：听完分享，你有哪些新的发现？

曹雅淇：我发现有几个小朋友都记得他们第一次吃西瓜。

龙思齐：还有第一次去海边，我和顾峻熙都说了我们第一次去海边的故事。

刘瑀垚：小时候就是小婴儿，什么都不会，现在我们已经会做很多事情了。

四、创作环节

教师请幼儿用绘画的形式，将自己最感兴趣的“第一次”描绘出来。（图 3-4-2、图 3-4-3）

图 3-4-2　画出我的成长中的“第一次”

图 3-4-3　我要画出“第一次”，和我的好朋友分享

五、小　结

教师帮助幼儿整合夏天里第一次的体验，并对此进行小结。

教师总结：“每个夏天都会发生很多的事情，这其中一定会有属于自己的‘第一次’。以后的夏天依然还会有不同的‘第一次’带给我们的新的体验与感受，这些都是我们成长中最值得纪念的瞬间，也是我们成长的重要标志。”

六、延伸学习

幼儿和爸爸妈妈一起回顾更多的成长中的“第一次”，在情感上有更深的联结。

活动小结与反思

在活动前，孩子们已经和爸爸妈妈一起回顾了自己在夏天里第一次做的事情。在活动的分享环节里，他们表现得积极、主动，能够和同伴商量分享的先后顺序，并在这个过程中认真地倾听，了解同伴成长中的趣事，也唤醒了自己脑海深处的记忆。

在家长活动月里，我们希望帮助家长与孩子之间，以及家长、孩子与幼儿园之间建立更多、更深的联结。孩子们和爸爸妈妈一起回忆夏天里的“第一次”，回忆成长中的酸甜苦辣。这样温情的时刻让他们感受到了成长的滋味，也让他们对自己的当下有了更多的期待。

活动三 夏天趣事大分享

活动形式

小组活动。

活动目标

1. 初步理解“有趣”的含义。
2. 愿意分享自己及家人夏日里有趣的故事。
3. 通过分享夏日里的趣事，体会夏天的美好和成长中的点滴快乐。

活动准备

大黑板、水彩笔。

活动过程

一、导 入

教师提问：“你觉得什么是有趣的事情?”

二、分享环节

教师请幼儿分享对“有趣的事情”的理解。

活动记录与呈现

王鏖闵：有趣就是好笑。

薛策方：有趣的事情就是能够让人笑的事情。

贾含漳：有趣的事情就是能够让人记住很长时间的事情。

朱子奕：我觉得有趣的事情就是让人轻松快乐的事情。

刘瑀垚：有趣的事情有时候也是不好的事情，就好像我玩水的时候，趴到了水里，被爸爸一把抓起来了。

三、讨论提纲

教师请幼儿在小组内和同伴分享自己在夏天里发生的有趣的事情，并记录下来。(图 3-4-4、图 3-4-5)

1. 你在夏天里发生过哪些趣事?
2. 可以按什么方式对这些趣事进行分类呢?

3. 对趣事分类之后，你有什么新的发现和感受呢？

图 3-4-4 我觉得有趣的事就是好玩的事

图3-4-5 老师记下了我们说的那些有趣的事

活动记录与呈现

讨论 1：你在夏天里发生过哪些趣事？

明梓轩：我有一次喝酸奶，把酸奶抹了一脸，爸爸妈妈还给我拍下来了。我现在看着都觉得很搞笑。

王鏖闵：我吃完西瓜，把西瓜皮戴在头上，爸爸妈妈笑得哈哈的。

贾含漳：我和弟弟把厨房里的盆子当帽子戴在头上，还用筷子敲。

朱子奕：我有一次把爸爸的剃须刀放在头上，把我的头发都给剃掉了。妈妈告诉我这是很危险的，但我觉得很有趣。

刘瑀垚：我钻到床底下出不来了，就哇哇大哭。爸爸也爬不进去，就抬起床，让我出来的。现在想想，真的很有趣。

讨论 2：可以按什么方式对这些趣事进行分类呢？

薛策方：很多是和吃东西有关的趣事，就可以放在一起。

贾含漳：很多是和爸爸妈妈有关的事情，就可以放在一起。

刘瑀垚：吃东西的事情也有和爸爸妈妈在一起的，可以放在一起。

朱子奕：把担心害怕的事情归成一类，把开心的事情归成一类。

明梓轩：只能分成两类，一类是开心的事情，另一类是不开心的事情。

讨论 3：对趣事分类之后，你有什么新的发现和感受呢？

刘瑀垚：我发现，有趣的事情有很多。有的时候爸爸妈妈觉得不是很有趣的事，而我们小朋友却觉得很有趣。

朱子奕：我发现有趣的事就是很简单的事，一点儿也不复杂。

明梓轩：因为有趣的事情每天都会发生，所以我们才能每天都这么快乐。

四、小　结

教师梳理趣事分类的不同方法，也可将自己的童年趣事和幼儿分享。

教师总结："你们说的这些趣事的分类方法有的相同，有的不同，但都有自己的思考，也都很有道理。在每个人的心里，有趣的事情是开心的、搞笑的、有点儿刺激或者有点儿遗憾的事情，而这些都将成为你们最美好的回忆。"

五、延伸学习

请爸爸妈妈和孩子分享自己小时候的成长趣事，拉近亲子之间的关系。

活动小结与反思

孩子们对"有趣"的理解，有自己的思考，其界定更是富有童趣。在对这些趣事进行分类的过程中，他们已经能够提出自己的分类标准了，能够找到事物明显的特征和特性，甚至有的幼儿可以从两个维度进行分类。

孩子们讲述自己的成长趣事，记忆的闸门被打开了。他们回忆着自己成长过程中发生的一个个有趣的故事，孩子们在慢慢长大，我们也在不断地成长。这样的活动，不仅让孩子们感受到了自己的成长变化，也让我们一起回忆了美好的童年生活。

活动四　我的夏天成长故事书

活动形式

集体活动。

活动目标

1. 初步了解故事书的制作所需要的材料和步骤。

2. 能借助语言、符号及图像等方式描述和记录自己的回忆。

3. 通过制作"我的夏天成长故事书"，感受成长过程中的美好瞬间，收获自己制作图书的满足感。

活动准备

幼儿夏日故事分享海报、照片、彩色纸、白纸、水彩笔。

活动过程

一、导　入

教师提问："这两天，我们一直都在分享关于夏天的故事，每个小朋友都分享了很多有趣的故事。今天我们把这些故事做成一本书，一本属于自己的成长小书。你们都想把这本小书做成什么样的呢?"

二、分享环节

教师请幼儿分享自己的想法。(图 3-4-6、图 3-4-7)

图 3-4-6 我要大胆地把我的想法说出来

图 3-4-7 我们一起分享成长故事

活动记录与呈现

杨皓云：我想把我前几天在美工区里画的那些有趣的故事都粘在一起，做成一本书。

栗千涵：我想把我在夏天吃雪糕的样子画进去。

赵甜希：我要记录我每一次去旅游的事情。

高沄驰：我的书一共要有 6 页，记录 6 个好玩的故事。

三、讨论提纲

1. 制作一本书需要做哪些准备?
2. 制作一本书需要哪些步骤?
3. 在制作的过程中，需要注意些什么?

活动记录与呈现

讨论 1：制作一本书需要做哪些准备?

栗千涵：要准备笔、彩色纸，可以做书皮。

杨皓云：还要有一些可以装饰的材料，比如说贴画什么的。

赵甜希：需要有订书机、胶带。

高沄驰：胶带不结实的时候还需要胶水。

讨论 2：制作一本书需要哪些步骤?

张恩郡：书皮上可以画一幅画，还要写上作者。

曹雅淇：还需要写上一些字，就在图画下面写。

林苢骞：然后就是做书后面的皮了。

栗千涵：要先把书的内容加进去，然后再做书后面的皮。

讨论 3：在制作的过程中，需要注意些什么？

顾峻熙：要把书的内容一页一页地摆齐，这样才能钉在一起。

栗千涵：书皮上要写上书的名字，老师可以帮我们写，我们自己来画画。

赵甜希：我们可以剪一些漂亮的花贴在上面，不过用剪刀时要注意。

曹雅淇：粘书的时候，不能涂得到处都是。

四、操作环节

教师将做书所需要的材料准备好，请幼儿根据自己的需要选取材料，制作故事书。（图 3-4-8、图 3-4-9）

图 3-4-8　把我成长的故事画在我的书里

图 3-4-9　书皮要装饰得美美的

五、小　结

教师请幼儿分享制作故事书的感受和发现，鼓励他们继续丰富故事书的内容。

教师总结："我们把前几天分享的那些故事制作成了一本自己的小书。在每一本小书中，记录着你们美好的生活。在今后的每一个夏天里，你们都可以把一些难忘的、有趣的、有意义的故事记录下来，增添到这本书中，等到你们长大了，再去看这本书时，一定会有新的收获。"

六、延伸学习

教师在美工区中投放制作图书用的纸和各种制作材料，请幼儿在区域活动中继续增添书的内容。

活动小结与反思

在前三天活动的基础上，孩子们幼儿将绘制好的图画制作成了一本本精致的小书。

在帮助他们的过程中，我们发现孩子们喜欢的故事大多有父母的参与，有自己本领的增长，有和自然的联结……孩子们自然地产生了很多的共同语言，这也是他们愿意说、想要表达、全情投入制作的原因。

生活是孩子们学习的源泉。我们将这些回忆记录下来，变成一本书，用这样的方式让这些美好的回忆得到了升华。

活动五　夏日成长游戏大比拼

活动形式

畅游活动。

活动由来

在这周分享的夏日故事中，很多孩子都讲到了他们在公园里奔跑、在海边扔石子、下雨天跳水坑……这些游戏都能够很好地为孩子们的体质测试做准备。

今天是幼儿园每学期一次的体质测试，希望孩子们能在游戏化的情境中享受这次测试。

活动目标

1. 能在游戏中掌握跑、跳、投掷、坐位体前屈等体能训练的规则。
2. 能灵活运用身体各部位进行创造性的游戏。
3. 喜欢体育活动，愿意尝试挑战自己。

活动准备

宽阔的场地、项目所需的材料、网球等。

活动过程

一、导　入

教师提问："幼儿园的操场上有很多神秘的线条，我们可以利用地上的神秘线条玩什么游戏呢？"

二、分享环节

请幼儿分享想要玩的游戏，教师根据幼儿的设想创设相应的情境。

> **活动记录与呈现**
>
> 曹雅淇：我觉得可以跑步，也可以跳远，假装是小白兔在比赛。
>
> 林苕骞：大家可以当小兔子，玩跳蘑菇（双脚连续跳）。

周京远：可以玩小兔子打大灰狼的家（投掷），这个我喜欢。

赵甜希：比赛谁摸得远，玩这个项目（坐位体前屈）时我总是第一名。

高沄驰：我们还可以玩走线，就像在走平衡木一样。

三、体验环节

幼儿分成不同的小组，在教师的引导下，前往不同的场地，在设置的游戏情境中完成体质测试。（图 3-4-10、图 3-4-11、图 3-4-12、图 3-4-13）

图 3-4-10　我跑得快，我是跑步高手

图 3-4-11　想要投得远，方法很重要

图 3-4-12　腿绷直，使劲往前摸

图3-4-13　力气用足，双脚用力向前蹬

四、小　结

教师请幼儿分享游戏的感受，给予自己和同伴鼓励。

教师总结：“在游戏中，你们挑战了自己。在和他人比赛的过程中，你们能够接受比赛中输赢的结果。对待自己和同伴，你们都能给予鼓励，相信你们会成长得更快。”

活动记录与呈现

你最擅长的游戏项目是什么？

林苢骞：我玩小兔子打大灰狼的家（投掷）特别厉害，我扔得最远。大灰狼总能被我打到。

顾峻熙：我玩平衡木进步了，平时我走的时候总掉下来，但是今天我就没有掉下来。我找到了一个技巧，就是跨得远一些，走的时候不看脚下，就能走得很快。

杨皓云：我往返跑特别快，我今天才发现我是班里跑得最快的小朋友。

卢昕妤：我最擅长“比谁摸得最远”的游戏，因为我平时会在舞蹈课上认真压腿，我觉得我下次还会更努力的。

谌仲匀：我发现我的好朋友高沄驰玩哪个项目都很厉害，他是个运动高手。

龙思齐：我觉得老师们可能也是高手，虽然他们没跑，但是他们知道怎么跑得快。

五、延伸学习

教师利用户外活动时间，帮助部分幼儿加强身体素质的练习，促进幼儿身体的发展。

活动小结与反思

每学期的体质测试是幼儿园保健工作的大事，也是评估儿童当前运动水平的重要方式。我们将体质测试和本月课程做了有机的融合，在和孩子们讨论的基础上，创设了体测项目对应的夏日游戏情境，这一定程度上也缓解了部分孩子对于测试的恐惧。

虽然是在游戏情境中，但是因为有了比赛的设置，孩子们都在全力以赴，希望能够为小组取得一个好成绩。我们也在孩子们的一声声“加油”，一次次奔跑、跳跃中感受到了团队的力量，为孩子们感到骄傲！

畅游日丨让我们在运动中燃起来！

教育笔记

相约在夏天

张　焱

美好的五月这么快就过去了，回想这个月，我们真的一起经历了很多美好的、难忘的瞬间。每个人都有让自己印象深刻的事件，不管孩子、家长，还是教师，相信在这个五月，一定都会有很特别的收获。这个月，在“家门口的初夏”的课程学习中，我们一起完成了“我的夏日印象”“我家最喜欢玩的游戏”等活动，这些活动无一例外都是以家长参与、孩子主动学习的方式开展的。在这样的课程模式下，学习是细水长流的；

在课堂上，我们做得最多的就是分享，教师帮助孩子们总结经验，帮助他们发现新的问题，再进行持续性的探索和学习。其中，孩子们特别喜欢夏日游戏的投票活动，因为这样的活动最贴近他们的日常。但是在分享的时候，孩子们却发现，原来有那么多游戏是所有人都会玩的，原来他们从来没有玩过一些游戏。投票过后，孩子们还一直在回味。

家长也在课程学习中获得了成长。也许最开始，家长只是为了完成幼儿园布置的任务而去做这些事情，但是一段时间下来，更多的家长以各种形式为课程提供了支持，家长非常用心地在做这件事情。半日开放活动后，分享感受的时候，墨墨爸爸表达了自己的想法，他说："从墨墨的身上，我发现了很多变化。墨墨更加善于思考，会自己想办法解决难题，会用更多的方式探索自己感兴趣的问题。"墨墨爸爸认为，是我们的课程让孩子掌握了知识本身之外的一些其他的能力，这些能力比知识更加重要。而且在与墨墨共同学习的过程中，墨墨爸爸对陪伴也有了更丰富的认识。现在的墨墨爸爸很享受和孩子在一起完成幼儿园布置的小任务，有时候还会期待幼儿园布置小任务。

每周的课程线索都比较清晰，主要内容集中在动态的夏日游戏中。由于在家庭活动月里，我们的活动更加注重家庭的参与、家庭的共同学习，但是活动不够深入，只解决了表面的问题。如果让孩子们持续地探索下去，或许他们能够提出更有深度的问题。夏日游戏的学习，让孩子们之间的互动更多了，也提升了他们的规则意识。月末的总结活动一定要开展，从孩子的角度来说，这样做能进行经验的提升；从教师的角度来说，这样做可以检验每一个幼儿的学习效果。

每个月的课程学习让我们有特别多的收获，这让我们每一个人，也都更加期待下一个月的学习。

六月主题　探秘幼儿园

月主题说明

良好的幼儿园环境为孩子们的学习提供了多样的机会与丰富的条件。这个六月，中班的孩子们会以幼儿园的自然环境为依托，在户外“安营扎寨”，开展“丛林学习”。

本月主题“探秘幼儿园”，孩子们会打破班级的界限，以兴趣为基础，形成研究小组，运用项目学习的方式，对幼儿园里感兴趣的自然事物展开研究。在这个过程中，教师将和孩子们一起探索学习，深入了解大自然的奥秘，感受生命的力量。

月课程目标

1. 鼓励幼儿对幼儿园里发生的自然现象进行连续观察，猜想事物之间的关系，探索现象发生背后的原因。

2. 引导幼儿在小组学习中，倾听与了解他人的想法，学会用互助与合作的方式开展学习。

3. 帮助幼儿学会运用统计、比较和归纳等方法开展学习，提升学习能力。

4. 通过开展对自然的探究活动，引导幼儿感受人与自然的亲密关系，懂得尊重和珍视生命，感恩大自然。

第一周主题是“初探幼儿园”，孩子们会设计观察记录表格，在幼儿园里寻找自己感兴趣的问题并记录下来，形成一个个的“问题树”并确定自己最想研究的问题，组成学习小组；第二周主题是“蚂蚁王国”，孩子们会在幼儿园里寻找蚂蚁洞，并尝试用自己的方式绘制蚂蚁的“地下王国”；第三周主题是“水之密语”，孩子们从雨水花园出发，对水流、管道全面开展探索研究；第四周主题是“大树笔记”，孩子们选出爸爸妈妈在幼儿园里最喜欢的树，投票选出问题，进行观察、丈量等探索，最后每个小组形成自己的研究报告，共享研究成果。

自然中的儿童最有灵性。六月，孩子们从观察身边的自然现象开始，学习了解自然，认识自然，与自然深度联结，形成合作、专注、勤于思考的学习品质。

让我们共同期待。

课程树状图

我和动物朋友的约会
关于蚂蚁，
我知道……
我和“水”的约会
地下迷宫
欢乐集结会
管道在哪里？
揭秘蚂蚁洞
水的流动
你好，新朋友
蚂蚁问题
大收集
寻找蚂蚁洞
探秘雨水花园
成立研究小组
蚂蚁王国
水之密语
幼儿园里
有几种树？
爸爸妈妈最喜欢的
那棵树
幼儿园的100问
探
秘
幼
儿
园
初探幼儿园
大树笔记
那棵最高的树
走遍幼儿园
大树的丛林
学习报告
丛林生活里
“交换”的一天

第一周 初探幼儿园

周主题说明

六月是儿童月，丛林学习正式拉开帷幕。第一周，孩子们穿梭于幼儿园的各个角落，用观察、记录的方式确定自己感兴趣的问题。同时，他们也将打破班级的界限，按照自身兴趣集结成研究小组，和新朋友们一起进行丛林探索。

本周，幼儿会“走遍幼儿园”，提出关于“幼儿园的100问”“成立研究小组”，并在“你好，新朋友”和畅游活动“欢乐集结会”中结交新朋友，与新的学习伙伴投身在大自然里，尽情探索。

周课程目标

1. 引导幼儿观察和探究自然界里感兴趣的事物，培养观察与分析能力。

2. 为幼儿提供多样的探究工具和记录工具，鼓励幼儿用图表的方式做简单的记录与分享。

3. 帮助幼儿确定自己最想研究的问题，找到恰当的方法开展研究。

4. 支持和鼓励幼儿认识新朋友，成立共同的研究小组。

活动一　走遍幼儿园

活动形式

小组活动。

活动目标

1. 观察幼儿园的环境，找出自己感兴趣的地方或事物。

2. 愿意用图画和符号表达对幼儿园的认识和想法。

3. 喜欢和同伴一起探索，体验探索带来的满足感。

活动准备

白纸、彩笔、垫板。

活动过程

一、导　入

教师提问：“在幼儿园里，你最喜欢的地方是哪里？”

二、分享环节

教师请幼儿分享自己在幼儿园里最喜欢去的地方。

> **活动记录与呈现**
>
> 薛策方：我最喜欢去大树屋里玩。
>
> 赵子昂：我最喜欢在楼顶花园上的一个“秘密基地”待着，我还在那里藏起来了。
>
> 唐悦铃：我喜欢幼儿园的所有地方，每一个角落都有我的故事。

三、讨论提纲

1. 在幼儿园里，你对什么地方或者事物最感兴趣？

2. 你为什么对这个地方或事物最感兴趣？

> **活动记录与呈现**
>
> **讨论1：在幼儿园里，你对什么地方或者事物最感兴趣？**
>
> 龙思齐：我最感兴趣的是小草。
>
> 赵甜希：我最感兴趣的是七星瓢虫。
>
> 王思懿：我对幼儿园里的花花草草最感兴趣。
>
> **讨论2：你为什么对这个地方或事物最感兴趣？**
>
> 唐悦铃：我觉得大树很大。在大树底下，我们可以乘凉，不会被太阳晒。
>
> 顾峻熙：我对小草感兴趣，因为它很绿。我给它浇水后，它能长出小花。
>
> 卢昕妤：小鱼可以产卵，生出不同的小鱼宝宝。
>
> 王鏖闵：葡萄会一直长，我们可以摘葡萄吃，葡萄还可以长出来，葡萄非常好吃。

四、操作环节

教师请幼儿走遍幼儿园里的每个地方，用绘画的方式记录下自己最感兴趣的地方或者事物。（图4-1-1、图4-1-2、图4-1-3）

图4-1-1　在绿荫下，我把植物画下来

图4-1-2　我想摸一摸小池塘里的水

图4-1-3　在雨水花园的桥上，我记录下此刻幼儿园的样子

活动记录与呈现

王子衿：我觉得这样慢慢记录的感觉很美好。我把能画的都画在这张纸上了，一面画不完，我就在另一面上画。

杨皓云：我想把这幅画带回家，放在我的抽屉里。

唐悦铃：我对一些问题感兴趣，我特别想知道和大树有关的一些秘密。

曹雅淇：我在幼儿园里看到了刺猬，它很厉害，背上有刺，但是它的内心是善良的，它会帮助别人。而且它有一个愿望，就是想要用柔软的那一面和人拥抱。

赵子昂：我喜欢桑葚的颜色，从绿到红，最后变成了紫色。我喜欢红色，也喜欢它的变色过程。

明梓轩：乌龟可以缩壳，回到自己的家，我就想认识一下它。

五、小　结

教师按照参观路线，引导幼儿记住自己感兴趣的地方或事物。

教师总结："我们一起走遍了幼儿园，去到了大树屋里、葡萄架下、小池塘边、长树屋里、雨水花园里、后院里、楼顶上、教室里这些地方，找到了自己最感兴趣的地方、事物。希望我们能用绘画的方式永远记住它们。"

六、延伸学习

教师将幼儿绘制的幼儿园最感兴趣的地方装订成册，投放至主题墙区域，供幼儿翻阅交流。

活动小结与反思

今天的活动中，孩子们如同第一次来到幼儿园一般，从大门口出发，经过葡萄架、小池塘、树屋、大滑梯、雨水花园、小滑梯，通过一楼大厅，沿着楼梯到达楼顶的一米菜园，慢慢地走过了幼儿园的每一个角落，重新发现它，记录它。

当活动节奏慢下来，孩子们能够有时间停留在一处细细观察的时候，另一个"微观世界"正在他们眼前徐徐展开：葡萄有深深浅浅的颜色，每一颗都很独特；蚂蚁的家在一个我们都不知道的地方；水纹的形状竟如此好看……这些都有可能成为孩子们研究的对象，很期待明天孩子们提出的关于"幼儿园的100问"。

活动二　幼儿园的100问

活动形式

小组活动。

活动目标

1. 喜欢接触自然事物，能够提出自己感兴趣的问题。
2. 了解图表的作用，能够绘制出自己的“问题图表”。
3. 愿意对幼儿园中的已知事物或未知事物进行探究，并乐在其中。

活动准备

经验准备：幼儿对图表有一定的认识。

物质准备：白纸、彩笔。

活动过程

一、导　入

教师提问：“在昨天走遍幼儿园的过程中，你对幼儿园有什么感到好奇的问题吗？”

二、分享环节

教师请幼儿分享自己对幼儿园感到好奇的问题。

> **活动记录与呈现**
>
> 米衡辰：我想知道小池塘的鱼是从哪里来的，它们在里面是怎么生活的。
>
> 李莲舟：我觉得小蜗牛特别好玩，每一次下完雨，我都能捡到很多蜗牛。它们壳上的花纹为什么不同呢？
>
> 杨力鸣：为什么树上的叶子会有变化，到了秋天就掉下来了？
>
> 唐悦铃：为什么夏天时我们在大树底下感觉很凉快？
>
> 王梦琪：我特别想知道小蚂蚁的家是什么样子的，它们又是怎么建造自己的房子的。

三、讨论提纲

1. 你想如何对问题进行分类？
2. 什么是“假问题”？
3. 你想如何研究这些问题？

> **活动记录与呈现**
>
> **讨论1：你想如何对问题进行分类？**
>
> 杨力鸣：我们可以按照研究的对象来分类，比如，分成动物类、植物类。
>
> 解应登：我们可以把这些问题分为简单的问题和难的问题。
>
> 赵子昂：我们可以把问题分为“真问题”和“假问题”。
>
> **讨论2：什么是“假问题”？**
>
> 赵甜希：“假问题”就是一个研究不了的问题。

龙思齐：我本来想研究放大镜，后来发现放大镜不在丛林里，这就是个“假问题”。

冯澍予：“假问题”就是不现实的问题。比如，小朋友为什么不能变成小草。我们应该研究“真问题”。

讨论 3：你想如何研究这些问题？

孙羽彤：我想把很多个尺子连在一起，来测量大树的高度。

贾含漳：我想拿显微镜、放大镜在幼儿园中进行观察。

王鏖闵：我想找一些扳手、螺丝刀，看看在丛林学习中有没有可能用到这些工具。

解应登：我想和小朋友一起去雨水花园里蹚水，我们可以用腿感受水的温度变化。

四、绘画环节

教师请幼儿用绘制图表的方式记录下自己的问题。(图 4-1-4、图 4-1-5)

图 4-1-4 一起记录下我们的问题

图 4-1-5 这是我们记录的问题

活动记录与呈现

龙思齐：大树的生长和水有什么关系？于师傅为什么要给大树浇水？

唐悦铃：为什么有的花瓣是尖的？有的花瓣是圆的？

周万泽：为什么小鱼身上有这么多花纹？

宁可儿：为什么泡桐树的树叶会变黄？

李　瑶：大树为什么有树根？树叶为什么有叶脉？

唐安吉：幼儿园哪里的蚂蚁最多？最多有多少种蚂蚁？

赵子昂：植物是怎么“吸收”太阳光的？

王子衿：小池塘的鱼是怎么交朋友的？

赵甜希：小蚂蚁是怎么生宝宝的？

薛梓彤：小水渠里的水有多少？我们可以怎么测量？

杨芊予：幼儿园的下水道里的水最后去了哪里？ 黄彬宸：大树的树皮上为什么有纹路？ 杨力鸣：为什么有些树上的叶子到了秋天就会掉下来？ 王梦琪：蚂蚁洞是怎么挖出来的？一个蚂蚁洞里面可以住多少只蚂蚁？ 王翊铭：下水道的水是怎么循环的？ 张舒朗：为什么一碰蜗牛的触角，它就会缩回去？

五、小　结

教师根据幼儿在活动中的表现进行小结，对幼儿积极主动去提问表示肯定。

教师总结："在问题的讨论和绘制图表中，每个人都找到了自己想要研究的问题，并且能够从已有问题中选出丛林学习中可供研究的'真问题'，针对要研究的问题找到了一些可操作的方法。期待你们结成小组，把想法变成深度研究的过程。"

六、延伸学习

幼儿在关于"幼儿园的100问"中，选出自己感兴趣的一个研究问题或对象，作为后序跨班组队的重要依据。

活动小结与反思

"问自己一个足够有趣的问题，并为它找到一个量身定制的解决方案，会将你推到一个孤独，但更有趣的地方。"用查克·克里斯的这句话来形容今天积极发问的孩子们再贴切不过了，孩子们提出的关于幼儿园的问题太有趣了！成人会说漂亮的答案，孩子们会问漂亮的问题。因为在孩子们眼中没有"理所当然"，他们比我们更能知道如果进入另一个神奇的世界，也更懂得提出一个好问题的奥秘。

活动结束后，我们还会运用一些零散的时间"一对一"地和孩子们讨论、确认他们想研究的问题或对象。明天，孩子们将打破班级的界限，根据研究问题或对象，组成不同的"丛林学习"小组。一起期待吧！

活动三　成立研究小组

活动形式

集体活动。

活动目标

1. 知道研究小组的作用，愿意在集体中表达自己的想法和意见。
2. 能够根据自身意愿选择一种最感兴趣的事物进行探索。
3. 愿意与同伴建立合作学习的关系，并乐意参加学习。

活动准备

白纸、彩笔。

活动过程

一、导 入

教师提问："你在丛林学习中最想研究的问题是什么？"

二、分享环节

教师请幼儿分享自己在丛林学习中最想研究的问题。

活动记录与呈现

张舒朗：我最想知道为什么蚂蚁经常打架。

黄彬宸：我最想知道为什么大树会长歪，大树能长多高。

冯澍予：我最想知道雨水花园里的水为什么会一直流，它是从哪里来的。

杨芊予：我最想知道为什么雨水花园里的石头会变绿。

朱思涵：我最想知道幼儿园里哪里有蚂蚁洞。

李秉宸：我最想知道大树的树根为什么能长在地上。

三、讨论提纲

1. 你喜欢丛林学习吗？为什么？

2. 你想如何选择研究小组？

活动记录与呈现

讨论 1：你喜欢丛林学习吗？为什么？

余轻眉：喜欢，大家可以在大自然里一起学习，可以互相帮助。

明梓轩：喜欢，这样大家一起可以找到更多的问题，找到更多的答案，找到更多的办法。

朱思涵：喜欢，如果有小朋友和我们一起学习，我们就可以交到更多的好朋友了。

讨论 2：你想如何选择研究小组？

王梦琪：我要和我的好朋友在一起，她选择哪个组，我就选择哪个组。

卢昕妤：对同一种东西感兴趣的小朋友就团结在一起，成立了我们的研究小组。

明梓轩：我们在观察幼儿园的时候就想好了要研究什么。所以等到观察完了，我们就找到研究同一类东西的小朋友，组成一个小组。

林苢骞：我们可以投票选出几个感兴趣的东西，然后再选择自己想进入的小组。

四、操作环节

1. 引导幼儿找出并概括自己或同伴的研究问题的特性，对研究问题简单分类。

2. 请幼儿投票选出三种最感兴趣的事物，选择其中一种结成丛林研究学习小组，并与其他班的组员集合。(图 4-1-6、图 4-1-7、图 4-1-8、图 4-1-9、图 4-1-10)

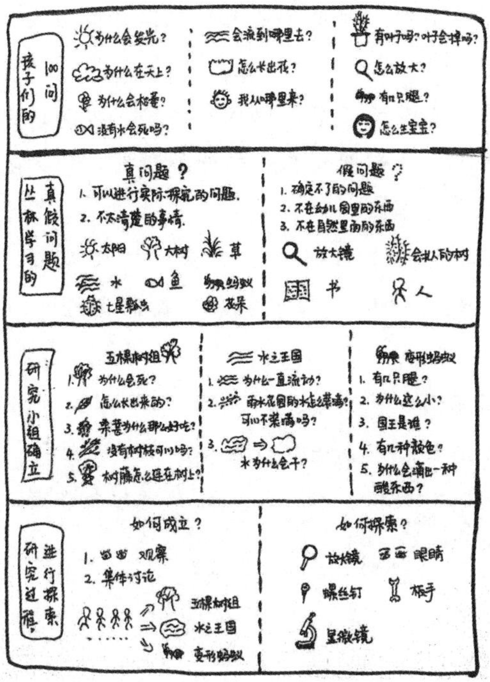

图 4-1-6　我们一起对问题分类

图 4-1-7　我想研究蚂蚁

图 4-1-8　我们的蚂蚁王国组成立啦

图 4-1-9　我们的水之密语组成立啦

图 4-1-10　我们的大树笔记组成立啦

活动记录与呈现

李墨涵：我发现每个小朋友的问题都不一样。

冯澍予：我发现 4 个小朋友都想研究雨水花园，虽然我们的问题不一样，但我们是在研究同一个地方。

李　瑶：我知道有些问题的答案，但我不确定，所以我想快点开展研究。

王梦琪：我觉得我可以和好朋友在一起开展研究，因为我们都想研究幼儿园里的小蚂蚁。

杨力鸣：我和其他班的一个新朋友可以在一起做研究，因为我们都想研究大树，但我们的问题不一样。这样一研究下来，我们就能知道更多和大树有关的知识了。

薛梓彤：我发现研究雨水花园的小朋友可以在一起，研究小动物的小朋友可以在一起，研究大树的小朋友可以在一起，这样我们就分组了。

赵子昂：我发现大家对大树、水、蚂蚁的兴趣比较浓厚，我对蚂蚁感兴趣，以后我就是蚂蚁王国组的了。

五、小　结

教师用思维导图帮助幼儿梳理本周的活动，鼓励幼儿继续主动探索，结交新朋友。

教师总结："我们这周走遍了幼儿园，提出了关于幼儿园的 100 问，又根据研究问题和研究兴趣，对同一类问题进行了分类，最后按照意愿分为蚂蚁王国组、水之密语组和大树笔记组三个丛林学习小组。接下来的三周，我们将打破班级界限，和组内同伴一起学习，一起发现。"

六、延伸学习

幼儿和爸爸妈妈就自己选择的丛林研究对象展开深入调查和学习，积累相关知识和经验。

活动小结与反思

在本次活动开始后，幼儿真正打破了班级的界限。根据研究兴趣，幼儿在研究问题中投票选出了三个大家最想研究的对象，组成了蚂蚁王国组、水之密语组和大树笔记组三个丛林学习小组。

一个有趣的现象是在活动中，部分幼儿会选择自己的好朋友共同去做一个研究，部分幼儿会根据自身的兴趣点进行研究。幼儿的兴趣点不是恒定不变的，他们更在乎的是当下的感觉。

这种以幼儿的兴趣为导向、开放式的选择形式保护了幼儿探索的积极性，蚂蚁、水和大树三大兴趣方向的选定也为畅游活动提供了思考线索。

忠实记录课程的瞬间丨丛林学习，你可能需要一个团队

活动四　你好，新朋友

活动形式

小组活动。

活动目标

1. 能积极参与丛林学习中规则的制定讨论。
2. 能运用绘画的方式表现自己观察或想象的事物，并设计出营地标志。
3. 愿意参加丛林学习，喜欢进行探究活动。

活动准备

经验准备：和中班组其他幼儿有互动经历。

物质准备：彩笔、白纸。

活动过程

一、导　入

教师提问："你们在中班认识了哪些新朋友?"

二、分享环节

教师请幼儿分享自己在中班认识的新朋友。(图 4-1-11)

图 4-1-11　嗨，你好

活动记录与呈现

杨皓云：我认识了中二班一个瘦瘦的女孩子。

赵子昂：我认识了一些新老师，她们也是我的朋友。

三、讨论提纲

1. 你觉得在丛林学习中需要遵守哪些规则？
2. 你想为小组设计一个营地标志吗？为什么？
3. 你会怎样和好朋友设计营地标志呢？

活动记录与呈现

讨论1：你觉得在丛林学习中需要遵守哪些规则？

林苣骞：我觉得每个人在丛林学习中都要有自己的想法，还要把自己的想法和别人进行分享。

薛策方：我们要一起认真制作海报，把自己调查到的东西记录下来。

卢昕妤：发生矛盾的时候，大家需要共同解决，用说的方式去解决问题。

讨论2：你想为小组设计一个营地标志吗？为什么？

顾峻熙：想，这样我们就有属于自己的标志了。

曹雅淇：想，设计完营地标志，我们小组就会更加团结了。

明梓轩：想，有了标志，大家就都知道这里是哪个小组的营地了。

讨论3：你会怎样和好朋友设计营地标志呢？

唐悦铃：我会先听听大家怎么说，再说出一个更好的主意。

赵甜希：我会和好朋友轮流设计，每个人都可以在标志上面画一笔。

高沄驰：我会思考我研究的是什么，根据这个来设计标志。

四、游戏环节

教师请幼儿在幼儿园里选择一个基地，开始制作自己的营地标志。（图4-1-12、图4-1-13）

图4-1-12 这个营地标志设计得太好玩了

图4-1-13 我们就在这里“扎营”吧

活动记录与呈现

张恩郡：我看到了各种各样的标志，每个营地的标志都很有创意。

周京远：真希望我们的营地尽快建造完工。

五、小　结

教师肯定幼儿积极探索的品质，鼓励幼儿用符号的方式结交新朋友。

教师总结："我们和中班的新朋友一起找到了自己的营地，还给自己的营地画了各种各样的标志，也尝试向身边的人介绍了自己的标志。以后，这些符号就会变成我们和新朋友们在丛林探索中的共同记忆。"

六、延伸学习

幼儿和其他小朋友互相介绍自己，熟悉起来，为后面的共同探索做好准备。

活动小结与反思

本次活动标志着丛林学习的小组探索即将开始。幼儿共同讨论后选择在幼儿园里驻扎营地，一起讨论小组"公约"以及共同绘制小组的标志。

对于幼儿来说，丛林学习意味着要开始面对一个新集体，熟悉新的伙伴和教师。新集体需要制定一系列规则来守护幼儿的自由探索，每一个幼儿都可以按照意愿提出对丛林学习规则的想法。这样幼儿更能了解规则的意义，也能主动遵守自己商议制定的规则。

活动五　欢乐集结会

活动形式

畅游活动。

活动由来

本周，孩子们提出了关于幼儿园想了解的很多问题。通过对问题进行分类、总结，我们发现孩子们对蚂蚁、水和大树的兴趣是最浓厚的。基于孩子们的兴趣点，我们设计了本次畅游日的游戏。

畅游活动中，孩子们与新的小组成员一起围绕蚂蚁、水和大树三种自然元素进行有趣的游戏，为后续的小组项目学习做经验的准备。

活动目标

1. 能按自己的想法进行蚂蚁、水和大树相关主题的游戏。
2. 会运用介绍自己、分享交流等简单的方法加入同伴的游戏。
3. 愿意与同伴团结协作，体会集体活动的乐趣。

活动准备

水、盆、量杯、自选的装水容器、沙包、各类树叶、水彩笔、胶棒、纸、捣棒、小碗等。

活动过程

一、导　入

教师提问："你们知道哪些跟蚂蚁、水和大树有关的游戏？"

二、分享环节

教师请幼儿根据自己的想象和已有经验分享和蚂蚁、水和大树有关的游戏。

活动记录与呈现

唐悦铃：我喜欢和几个人一起模仿蚂蚁爬行。

赵子昂：我喜欢在水边玩钓鱼的游戏。

贾含漳：我喜欢在大树后面玩躲猫猫。

三、游戏环节

教师根据幼儿感兴趣的自然物延伸出一个与之相关的主题元素游戏，引导幼儿参与游戏。

1. 蚂蚁搬豆：幼儿化身为小蚂蚁，尝试用自己的方式搬运食物（沙包）。（图 4-1-14、图 4-1-15）

图 4-1-14　数一数我运了几袋粮食

图 4-1-15　你见过这样的运输方式吗

2. 水的传递：幼儿分组进行水的传递游戏。在相同的时间内，幼儿用自己选择的容器运输水，最后用量杯对不同小组运送的水量进行测量。（图 4-1-16、图 4-1-17）

图 4-1-16　运水的时候一定要小心一点，别把水洒出来

图 4-1-17　我们在运最后一趟水，坚持就会胜利的

3. 大树的旅行：幼儿借助工具进行树皮拓印、树叶拼画等活动。（图 4-1-18、图 4-1-19）

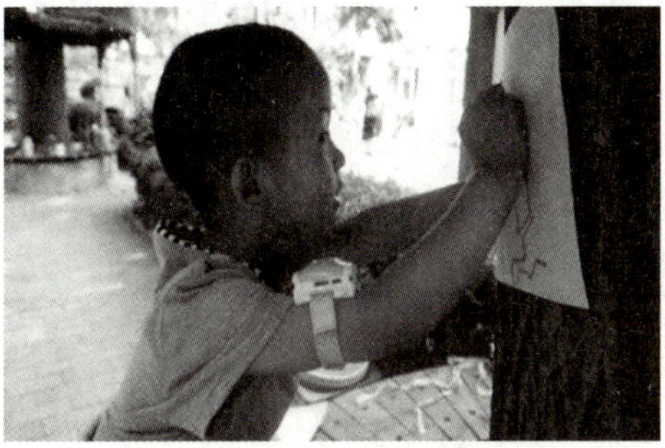

图 4-1-18　大树，我想知道你的纹路是什么样的

图 4-1-19　把树叶捣一捣以后会出现什么变化

四、小　结

教师鼓励幼儿分享活动中的发现和收获，引导幼儿继续在幼儿园里探索。

教师总结："我们一起玩了和蚂蚁、水、大树三类自然物有关的游戏，大家都有收获，也有期待，希望你们可以带着这份期待继续探索。"

活动记录与呈现

杨芊予：我发现搬运那种比较扁的沙包不容易掉。

成昱明：我运的粮食一次都没有掉，因为我很小心。

解应登：我一次背了 9 袋粮食，我感觉自己很厉害。

李墨涵：我发现搬豆的时候一次搬太多的话，豆就容易掉，所以少拿一点就可以了。

魏琳奕：每次我的水还没运出去，下一杯水就又来了。不过我今天一次都没洒水，每一滴水都被我倒进了绿盒子里。

> 顾峻熙：传水的时候，一定要把运水的瓶子扶稳。我把瓶子靠在我的肚子上，这样别人倒给我的时候我就不会手抖了。
>
> 周霆赫：我发现自己一着急就会把水洒出去。
>
> 余轻眉：我发现地上留下来的水的路线就像是我们所有人一起画的一幅画。
>
> 李天鸣：我最喜欢画大树，我把一张纸放在树皮上，就可以画出大树树皮的花纹了。
>
> 李秉诺：我把白纸摁到大树上，用油画棒画画，就感觉进到了大树的纹路世界里。

五、延伸学习

幼儿继续探索自己感兴趣的事物，制作相关海报。

活动小结与反思

今天的畅游日是孩子们组成研究小组后的第一个畅游日。“畅游日是以游戏化的方式呼应与拓展前四天的学习经验”，基于这样的思考，我们围绕孩子们经过前四天的讨论，确定的研究对象——蚂蚁、水、大树设计了相关的游戏。

游戏有个人可以完成的，也有需要团队合作才能完成的。孩子们在体验一个个游戏的过程中亲近自然；在和队员的磨合中慢慢有了合作的默契；也在遇到困难时，学会了坚持、积极想办法解决困难。这些都是开展丛林学习中必不可少的品质。

下周，丛林学习正式开启，一起期待吧！

畅游日丨三种畅游，你 pick 哪一个

教育笔记

学习小组诞生记

田　悦

时光荏苒，岁月如梭，时间总是在不经意间流逝。这里有郁郁葱葱的大树，有流水潺潺的雨水花园，还有难以计数的小昆虫等“小小动物”。幼儿园为孩子们提供了很多探索、学习的条件。

本周，中班的孩子们充分观察、感受自然的变化，在大自然中探究自己感兴趣的问题并进行记录。在分享和归纳的过程中，孩子们自发地组成了学习小组。

那么学习小组是怎么成立的呢？

一、以孩子的兴趣为出发点，发现和探索问题的方向

兴趣是孩子学习的出发点，也是孩子提出问题并有兴趣深入研究和探索的基础。了解孩子的兴趣和问题可以帮助我们找到研究的方向。六月初，孩子们表现出了对身边很多事物和现象的浓厚兴趣和探索欲。这些兴趣点可能是对生命和生命现象的探究，比如，大树的叶子为什么会落下来；可能是对物质科学的探究，比如，下水道是如何循环的，小水渠里的水为什么一直在流动；可能是对科学工具的探究，比如，我们怎么测量大树的高度，怎么测量水的多少……

二、以幼儿为主导的分享和讨论

在信息汇总的基础上，我们对收集到的很多问题进行归纳和分类。关于如何对收集到的问题进行分类，孩子们有自己的看法和分类方式。

杨力鸣："我们可以按照研究的对象来分类，比如，分成动物类、植物类。"

解应登："我们可以把这些问题分为简单的问题和难的问题。"

赵子昂："我们可以把问题分为'真问题'和'假问题'。"

令我震惊的是孩子们对问题甄别的敏锐度。有些孩子可以发现问题中的偏离，于是大家对真假问题展开了讨论。那么，什么是"假问题"呢？

赵甜希："'假问题'就是一个研究不了的问题。"

冯澍予："'假问题'就是不现实的问题。比如，小朋友为什么不能变成小草。我们应该研究'真问题'。"

三、以小组为基础的合作和研究

小组的力量是强大的。在小组学习中，孩子们开始尝试分工合作。他们就"小组学习的优缺点"和"如何选择自己的小组"展开了讨论。对于孩子们的回答，我们都能接受。在不断的选择和探究中，孩子们自己可以去发现这种选择带给他们的东西和他们失去的东西。

其实人生就处在一个个的选择中。我们要给予孩子们真正自由选择的权利和机会，让他们在选择中进行学习和探索。

六月是幼儿园里最热闹的一个月，孩子们每天都有很多时间在户外做游戏，开启丛林探索。在幼儿园里，一花、一草、一木的变化都逃不过他们敏锐的眼睛，也刺激着他们的好奇心和探索欲。在本月的活动中，孩子们将以兴趣小组的形式，对他们感兴趣的蚂蚁、水和大树展开研究。

这个六月，孩子们在感知并探索这些常见事物的特性的同时，将会与学习小组的同伴协力探究发生变化背后的一些奥秘。

第二周 蚂蚁王国

周主题说明

你遇见的任何一株植物，看到的任何一只充满生命力的小动物都是有故事的。在丛林学习的第二周，孩子们穿梭于幼儿园的各个角落，展开了关于蚂蚁的一系列探索活动。

本周，孩子们会通过进行“蚂蚁问题大收集”，找到感兴趣的问题；在“寻找蚂蚁洞”和“揭秘蚂蚁洞”的过程中，对蚂蚁进行深入研究；在“关于蚂蚁，我知道……”活动中，建立对蚂蚁的整体认知；在畅游活动“我和动物朋友的约会”中，建立起与动物的亲密关系，学会与自然中的动物朋友对话。

周课程目标

1. 鼓励幼儿与同伴一起观察、发现并分享有关蚂蚁的新奇、有趣的现象，收集并积累有关蚂蚁的探究问题。

2. 借助探究工具，持续观察，查阅资料，符号记录，建立起对蚂蚁更完整、具体、系统的认知。

3. 引导幼儿与同伴合作探究，分享交流，尝试概括、整理出集体关于蚂蚁的研究成果，体验合作探究与发现的乐趣。

4. 帮助幼儿在接触自然的事物和现象中积累直接经验和感性认识，鼓励幼儿热爱、尊重小动物。

活动一 蚂蚁问题大收集

活动形式

小组活动。

活动目标

1. 能通过简单的调查，收集和蚂蚁相关的信息。
2. 能够根据观察蚂蚁的结果提出问题，并大胆猜测答案。
3. 愿意观察、接触蚂蚁，享受和他人共同探索的乐趣。

活动准备

经验准备：对蚂蚁有一定的认识。

物质准备：笔、蚂蚁观察记录本、蚂蚁工坊。

活动过程

一、导　入

教师提问："观察了这么长时间的蚂蚁，你对蚂蚁有哪些了解？"

二、分享环节

教师请幼儿分享自己对蚂蚁的认识。

活动记录与呈现

唐安吉：我知道蚂蚁有6条腿。

陈益清：虽然蚂蚁长得特别小，但是它的力气特别大。

周霆赫：蚂蚁走路特别快。

杜星璇：我知道蚂蚁有工蚁和兵蚁，还有蚁后。

三、观察环节

教师与幼儿一起去户外，对蚂蚁工坊里的蚂蚁或幼儿寻找到的蚂蚁进行观察和记录。（图4-2-1、图4-2-2、图4-2-3）

图4-2-1　小蚂蚁，你能听到我们的声音吗

图4-2-2　快看，小蚂蚁跑得多快啊

图4-2-3　蚂蚁工坊里的蚂蚁居然在挖洞

四、讨论提纲

1. 关于蚂蚁，你想研究什么问题？

2. 这些问题可以归纳为哪几类？

3. 你想如何研究蚂蚁？

活动记录与呈现

讨论 1：关于蚂蚁，你想研究什么问题？

唐安吉：蚂蚁喜欢吃什么呢？

李莲舟：幼儿园里的哪些地方有蚂蚁洞？蚂蚁是怎么建造自己的家的？

赵甜希：蚂蚁是在干泥土里还是在湿泥土里建造房子的？

陈益清：蚂蚁的家需要多长时间才能建造好呢？

宁可儿：蚂蚁的家里到底有多少个房间呢？

张歆程：蚂蚁走的路线是方形的还是圆形的？

朱思涵：为什么蚂蚁总是排着队走路？

陈益清：为什么蚂蚁之间要用触角来传递信息？

张笑嫣：为什么蚂蚁看起来那么小，却能搬动那么重的食物？

杨皓云：我想找到我们幼儿园里最大的蚂蚁，它会在幼儿园里的什么地方呢？

赵子昂：蚂蚁有哪些分工？世界上总共有多少种蚂蚁？

讨论 2：这些问题可以归纳为哪几类？

陈益清：可以把同一类问题归为一类。我和我的好朋友在讨论第一个问题的时候都对蚂蚁是怎么走路的感兴趣，这是一类问题。

谌仲匀：我发现每个小朋友对蚂蚁感兴趣的地方都不一样。我们可以让那些都想研究蚂蚁吃什么的小朋友聚在一起去研究。然后让想研究蚂蚁洞的小朋友聚在一起去研究。这样的话，他们的力量就变得更大了。

讨论 3：你想如何研究蚂蚁？

王梓瑄：我想回家后问问我的爸爸妈妈，看看他们有什么好办法。

王隽珩：我可以去找找我家的书，我家有很多关于蚂蚁的书。

赵甜希：我想在幼儿园里找一找蚂蚁，需要研究的时候就去看看它们。

杜星璇：我想用照相机给小蚂蚁拍照，我就能从照片里观察蚂蚁了。

李莲舟：我家里有研究蚂蚁的科学材料，我可以带到幼儿园来。

五、小　结

教师根据幼儿的提问和发现进行总结并绘制思维导图。(图 4-2-4)

教师总结："我们一起收集了关于蚂蚁的各类问题，也分享了很多研究方法。相信我们会一起合作解决问题，享受成功的快乐。”

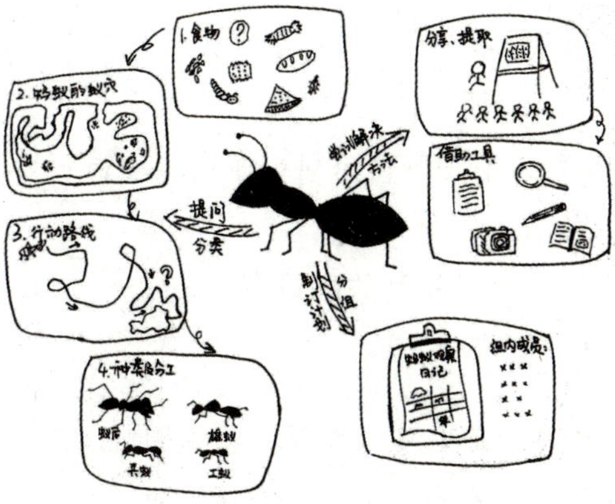

图 4-2-4　这是我们收集的关于蚂蚁问题的思维导图

六、延伸学习

幼儿根据问题组成不同的研究小组，一同借助蚂蚁观察记录本对幼儿园里的蚂蚁进行持续记录和探索。

活动小结与反思

在本次活动中，孩子们提出了一些关于蚂蚁的具体问题，在不断观察、发问的过程中，更加明确了自己的研究方向和研究方法。

在分享中，孩子们不仅表达了自己对蚂蚁的认识，而且能根据他人的分享提出新的问题，并大胆猜测答案，确定自己研究的具体问题。通过讨论和绘制思维导图，孩子们对蚂蚁主题的丛林学习充满期待。

这些活动从自然中来，从孩子们的兴趣中来，深受孩子们的喜爱。我们发现，当课程依据孩子的兴趣开展时，孩子们的学习能力将在兴趣驱动的实践中达到一个新的高度。

活动二　寻找蚂蚁洞

活动形式

小组活动。

活动目标

1. 能用连贯的语言分享自己对蚂蚁洞的分布特征的认识。
2. 能够运用简单的探究工具，和同伴一起寻找蚂蚁洞。
3. 愿意用拍照、做标记的方式记录下自己对蚂蚁洞的探索与发现。

活动准备

经验准备：幼儿有在家附近寻找蚂蚁洞的经历。

物质准备：粉笔、相机、放大镜、各类食物、画好的蚂蚁标志。

活动过程

一、导 入

教师提问：“你在你家附近的哪些地方可以找到蚂蚁洞？”

二、分享环节

教师请幼儿说出自己在家附近找到的蚂蚁洞。

活动记录与呈现

李墨涵：我在小区里的一条小路上发现了蚂蚁洞。

王梓瑄：我在有沙子和土的地方发现了蚂蚁洞。

杜星璇：我在路上找了很久很久，最后在一个小洞附近找到了蚂蚁洞。

周万泽：我在小区垃圾桶附近找到了蚂蚁洞，可能蚂蚁在这里找食物会更容易吧。

三、讨论提纲

1. 你知道蚂蚁喜欢把洞建在什么地方吗？

2. 你在幼儿园的哪些地方发现了蚂蚁洞？

3. 找到蚂蚁洞后，可以用什么方法把它记录下来？

活动记录与呈现

讨论1：你知道蚂蚁喜欢把洞建在什么地方吗？

谌仲匀：蚂蚁喜欢有酸奶、甜食的地方。

陈益清：蚂蚁喜欢植物多的地方，植物可以帮它挡雨。

杜星璇：蚂蚁喜欢潮湿的土壤，但是它不喜欢太湿的地方，不然它的洞会被淹掉。

讨论2：你在幼儿园的哪些地方发现了蚂蚁洞？

张歆程：我在小滑梯那里找到了好几个蚂蚁洞，那些蚂蚁洞都是在大树底下的。

解应登：我和好朋友在小池塘旁边的一棵大树下找到了好几个蚂蚁洞。

张歆程：我在树荫下发现了蚂蚁洞。蚂蚁都喜欢把洞建在树荫下，这样会很凉快。

讨论3：找到蚂蚁洞后，可以用什么方法把它记录下来？

余轻眉：我们可以借老师的相机，找到蚂蚁洞后，把它拍下来。

王梓瑄：我们可以画一个小蚂蚁的标志，只要发现了蚂蚁洞，就在那个地方贴上标志，我们就知道蚂蚁洞在哪里了。

陈益清：我觉得可以直接用粉笔在地上画出来，这样后面观察的小朋友一下就能发现蚂蚁洞了。

四、探索环节

幼儿带上食物、放大镜、相机、粉笔、蚂蚁标志等到户外进行自由探索。(图 4-2-5、图 4-2-6、图 4-2-7、图 4-2-8)

图 4-2-5　我们发现了地上有很多“假”的蚂蚁行动路线

图 4-2-6　小蚂蚁，我要用粉笔跟着你，和你一起找到你的家

图 4-2-7　快来看，放大镜下的蚂蚁变大了

图 4-2-8　我们要用食物来吸引小蚂蚁出洞

活动记录与呈现

陈益清：蚂蚁洞外面都围着一圈沙子，像是一个小土堆。

付博闻：我在找蚂蚁洞的时候只找到了蚂蚁洞，没有看见蚂蚁。

周万泽：我发现蚂蚁在水中也能活一段时间。

魏琳奕：我在蚂蚁洞附近找到了好几只苍蝇的尸体，不知道它们是怎么了。

五、小　结

教师根据幼儿寻找、记录蚂蚁洞的过程，鼓励幼儿继续探索蚂蚁洞。

教师总结：“你们都选择了一个自己喜欢的方式去寻找家附近的蚂蚁洞，借用放大镜、相机、粉笔、蚂蚁标志等找到并记录下了幼儿园里的蚂蚁洞。相信你们会在探索中对蚂蚁洞有新的认识。”

六、延伸学习

幼儿回家和爸爸妈妈一起查阅关于蚂蚁洞的资料，根据自己的观察、讨论和猜想，用观察日记本对蚂蚁洞进行持续记录。

活动小结与反思

孩子们在寻找蚂蚁洞的过程中，能利用身边的各种工具，将自己找到的蚂蚁洞用拍摄、画圈、粘贴的方式记录下来。没找到蚂蚁洞的孩子还会用食物去引诱蚂蚁出来，进而找到蚂蚁洞的位置。

在活动中，孩子们能结合对蚂蚁生活习性的已有经验，借助多种感官在探索中思考寻找蚂蚁洞的方法，也在探索中与同伴碰撞出了新的想法和灵感。

蚂蚁洞里面究竟有什么呢？会有哪些不同的蚂蚁呢？孩子们的丛林探索还在继续……

活动三　揭秘蚂蚁洞

活动形式

小组活动。

活动目标

1. 了解蚂蚁的种类和分工情况。
2. 通过想象和自主阅读，用绘画的方式画出蚂蚁洞的具体构成。
3. 愿意与他人团结协作，感受共同探索蚂蚁洞的乐趣。

活动准备

白纸、彩笔、蚂蚁主题绘本。

活动过程

一、导　入

教师提问：“你知道蚂蚁洞里面是什么样的吗?”

二、分享环节

教师请幼儿大胆猜测蚂蚁洞里面的样子。

活动记录与呈现

杜星璇：我猜蚂蚁洞里面是很深很深的，像迷宫一样，因为这样有敌人来了的话，蚂蚁可以很快地逃跑。

张笑嫣：我猜蚂蚁洞里面有好几个洞口，这样有危险的话，它们就可以从其他洞口逃跑。

陈益清：我猜蚂蚁洞里面有很多个房间，因为很多只蚂蚁生活在一起，有很多房间，它们才可以住得下。

三、讨论提纲

1. 在蚁群里，不同的蚂蚁有怎样的分工？

2. 蚂蚁的种类和蚂蚁洞之间有关系吗？

3. 你想用什么方法去了解蚂蚁洞的内部世界？

活动记录与呈现

讨论 1：在蚁群里，不同的蚂蚁有怎样的分工？

朱思涵：蚁群里有蚁后。蚁后是专门用来生宝宝的。

赵子昂：蚁群里有兵蚁和工蚁。兵蚁是负责战斗、保护其他蚂蚁的，工蚁是负责寻找食物和挖洞的。

明梓轩：蚁群里还有雄蚁。雄蚁可以和蚁后一起生下蚂蚁宝宝。

陈益清：我见过一种带翅膀的、可以飞的蚂蚁，叫作飞蚁，不知道它是不是蚁群里的一种。

讨论 2：蚂蚁的种类和蚂蚁洞之间有关系吗？

宁可儿：有关系，蚂蚁洞最里面是蚁后居住的房间。

赵子昂：有关系，蚂蚁洞里面就像地下的管道一样，有休息的地方，有产卵的地方，还有储存食物的地方，这是给不同种类的蚂蚁设计的。

讨论 3：你想用什么方法去了解蚂蚁洞的内部世界？

张歆程：我想去找找我们班的图书馆里有没有关于蚂蚁的图书。

周霆赫：我就想在蚂蚁洞的旁边挖一个很大很大的洞，大到可以装下我，这样我就可以钻到洞里去观察旁边的蚂蚁洞了。

四、操作环节

教师请幼儿阅读相关绘本，根据自己的猜想，分组画出蚂蚁洞的内部结构。(图 4-2-9、图 4-2-10、图 4-2-11、图 4-2-12)

图 4-2-9　要想知道蚂蚁洞里面的结构，还是需要从书本里寻找答案

图 4-2-10　我们先讨论一下蚂蚁洞里面会是什么样的

图 4-2-11 看，这是我们小组猜测的蚂蚁洞里面的样子

图 4-2-12 蚂蚁洞里面有可能是这个样子的

活动记录与呈现

杨皓云：我画的蚂蚁洞和真正的蚂蚁洞差不多，有休息室、产卵室、体育室。

解应登：蚂蚁洞里面每个房间的功能都不一样，有的用来放食物，有的用来养宝宝。

刘逢博：蚂蚁洞在植物下面，这样蚂蚁找吃的就很方便了。

杜星璇：蚂蚁洞里面有很多个小房间，一个一个房间连在一起，都数不清有多少个房间了。

五、小　结

教师根据蚂蚁洞的特点，用思维导图(图 4-2-13)进行小结。

教师总结："我们通过调查、阅读绘本，简单了解了蚂蚁的种类与分工以及蚂蚁洞的结构，还用画笔把猜想中的蚂蚁洞画了出来。蚂蚁会进行严格的等级分工和合作，它们的生活是不混乱的，这点值得我们学习。"

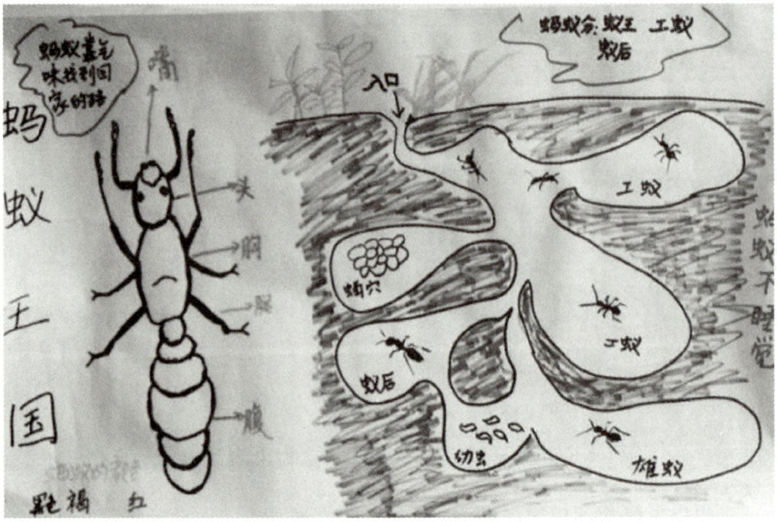

图 4-2-13 这是我们共同绘制出的关于蚂蚁洞的思维导图

六、延伸学习

幼儿回家后和爸爸妈妈一起运用项目学习的方式，对自己感兴趣的和蚂蚁相关的问题进行深入调查研究。

活动小结与反思

从想象、猜测到真正揭秘蚂蚁洞穴的一系列过程，正是孩子们深度学习的过程。大自然里的蚂蚁不仅是知识的载体，更是孩子们重要的学习伙伴。当可爱的孩子遇上小小的蚂蚁时，他们的对话甚是有趣。

对于看不见的事物，孩子们往往充满了浓厚的兴趣。绘制藏在地下的蚂蚁洞可以带给孩子们新鲜感，让他们可以在自由畅想中通过阅读、调查探寻知识的来源，从被动学习的状态转化为主动学习的状态。

活动四　关于蚂蚁，我知道……

活动形式

集体活动。

活动目标

1. 愿意在集体面前条理清晰、较有逻辑地表达自己对蚂蚁的新认识。
2. 知道蚂蚁的生活习性和特点。
3. 愿意和他人分享自己的研究成果，体会成就感和满足感。

活动准备

蚂蚁主题研究海报。

活动过程

一、导　入

教师提问：“关于蚂蚁，你都知道了什么？”

二、分享环节

教师请幼儿根据自己对蚂蚁的观察与发现表达自己的看法。

活动记录与呈现

周霆赫：我知道蚂蚁洞的结构，里面有数不清的洞穴。

唐安吉：我知道一个蚂蚁洞里面只有一只蚁后，蚁后是用来产卵的。

陈益清：我知道虽然蚂蚁看起来很小，但是它们的力气很大，而且它们很团结。

王梓瑄：我知道蚂蚁的触角可以用来传递信息，而且它们是用气味来传递信息的。

三、讨论提纲

1. 在研究蚂蚁的过程中，你有什么特别想要和同伴分享的有趣事情？
2. 在制作海报的过程中，你遇到了什么困难？
3. 在研究蚂蚁的过程中，你最大的发现是什么？

活动记录与呈现

讨论1：在研究蚂蚁的过程中，你有什么特别想要和同伴分享的有趣事情？

王梓瑄：我最喜欢为蚂蚁设计蚂蚁洞了。我还捉了一只蚂蚁，看它是不是能沿着我设计的路线前进，结果它自己跑掉了。

陈益清：我最喜欢在幼儿园里找蚂蚁洞，因为这样每找到一个蚂蚁洞，我就在图上标记一个，感觉很有成就感。

讨论2：在制作海报的过程中，你遇到了什么困难？

明梓轩：我想知道的问题太多了。在选择先研究哪个问题的过程中，我花了很长时间。

卢昕妤：我发现网络上会有不同的说法。在确定哪个说法是真的的过程中，我和爸爸妈妈用很长时间查了资料。

谌仲匀：我发现我不太会画有些东西。爸爸妈妈还和我一起学习了画蚂蚁吃东西的样子，我画的蚂蚁有点可爱。

讨论3：在研究蚂蚁的过程中，你最大的发现是什么？

唐安吉：我最大的发现是，蚂蚁是有分工的，有兵蚁、工蚁、雄蚁和蚁后。每只蚂蚁都有自己做的事情，就算是很多蚂蚁生活在一起，它们都不会把蚂蚁洞弄得乱七八糟的。

张歆程：我发现在搬食物的时候很多只蚂蚁会一起搬，它们会合作搬食物。

王梓瑄：我在幼儿园里的大树屋的钻筒旁边居然发现了两只很大很大的飞蚁，我看着它们从洞口爬出来又钻进去了。那个洞口很小很小，就在两块砖头的缝隙里。

周霆赫：我研究的是蚂蚁吃什么的问题，我想看看它们最喜欢吃巧克力，还是面包、小馒头。我用这些食物做实验后，发现它们什么都喜欢吃，只要是甜的、小块的东西。

四、操作环节

教师组织幼儿分组分享海报后，请每组选出一名代表在集体面前分享小组的意见和想法。(图 4-2-14、图 4-2-15)

图 4-2-14　我来说说我研究的蚂蚁王后吧

图 4-2-15　我代表我们小组来向大家分享我们的研究收获

活动记录与呈现

杜星璇：我喜欢每天在外面寻找蚂蚁，没事的时候就会想要去看它们。

赵子昂：我以前以为蚂蚁会咬人，不想接近它们。调查后，我发现蚂蚁其实也可以成为我的好朋友，知道这点以后我很开心。

明梓轩：我学会写日记了，我把关于蚂蚁的发现都记录在了我的观察日记里。里面记录了每天的气温和我用到的观察工具。

朱思涵：在观察蚂蚁的过程中，我学会了等待。我每天都会守候在蚂蚁的洞口，等着小蚂蚁出来，然后记录下它们走的路线图。

五、小　结

教师根据幼儿关于蚂蚁的研究海报的分享，对本周的蚂蚁探索活动进行小结。

教师总结："蚂蚁虽然很小，但是身上有很多值得我们探索的知识。本周，你们带着满满的疑问进行丛林学习，从感兴趣的蚂蚁洞出发，再对蚂蚁的自身结构、生活习性等进行探索。每个人在这个过程里都有收获。"

六、延伸学习

幼儿带着新问题和调查工具对蚂蚁或其他动物进行持续观察，开展蚂蚁相关的主题游戏。

活动小结与反思

在本次活动中，孩子们对自己的学习过程和成果进行了再现还原。每个小组的侧重点都不一样，有饮食、爬行路线、结构、排泄等各方面。

通过小组和集体形式的分享与交流，孩子们表达出了自己在制作海报过程中遇到的困难、发现与收获，对蚂蚁形成了更完整、更具体、更系统的认识。

大自然是神奇的，幼儿园里的动物不只有蚂蚁，还有蜗牛、蚯蚓等。孩子们能从蚂蚁的探索学习中收获巨大的能量，他们和其他的动物朋友相遇会发生什么呢？

忠实记录课程的瞬间丨蚂蚁王国的故事

活动五　我和动物朋友的约会

活动形式

畅游活动。

活动由来

本周，孩子们的丛林学习围绕动物——蚂蚁展开。幼儿园的每个角落都有他们观察、探索和发现的身影。

吸引孩子们的其实不只是蚂蚁，还有蜗牛、蚯蚓、兔子等各种小动物。他们想围绕动物这一主题开展相关游戏，完成和动物朋友们的温馨互动，找到更多的惊喜和乐趣。

活动目标

1. 知道幼儿园里有蚂蚁、蚯蚓、兔子、蜗牛等各种动物。
2. 能对不同动物进行观察比较，发现差异，并能模拟动物行为参与游戏。
3. 热爱小动物，喜欢和同伴一起进行动物主题的游戏。

活动准备

轮胎、地垫、桌布、胡萝卜、拔河绳子。

活动过程

一、导　入

教师提问："你知道幼儿园里除了蚂蚁还有哪些小动物吗？"

二、分享环节

教师与幼儿了解幼儿园里的小动物，分享信息。

活动记录与呈现

明梓轩：幼儿园里还有乌龟，乌龟喜欢在池塘里露出头来。

赵子昂：幼儿园里还有蚯蚓、金鱼、蜗牛，还有小虫子。

三、游戏环节

教师介绍活动安排和游戏形式，请幼儿自由结成小组，确定小组的名字、组内的记录人员和领队，以及动物运动会上的比赛项目。

(一)蜗牛挪房子

教师将 2 个或 3 个轮胎摞在一起，请幼儿用绳子向前拉。(图 4-2-16)

(二)保卫胡萝卜

教师将幼儿分成红队、蓝队，请幼儿保护自己组的胡萝卜不被对方抢走。(图 4-2-17)

(三)蚯蚓爬爬爬

教师用桌布裹住幼儿的身体，请幼儿在地垫上向前爬。(图 4-2-18)

(四)蚂蚁拔河

教师将幼儿分成两组，请幼儿比赛拔河。(图 4-2-19)

图 4-2-16 小蜗牛的力气可真大

图 4-2-17 你能找到藏起来的胡萝卜吗

图 4-2-18 小蚯蚓爬起来可真累

图 4-2-19 加油，小蚂蚁们

四、小　结

教师请幼儿分享本次畅游活动的感受，对动物主题游戏进行小结。

教师总结："我们把自己变成了幼儿园里的小动物，有蜗牛、兔子、蚯蚓、蚂蚁。每种动物都有独特的生活习性，我们可以根据它们的生活习性创造更多的游戏。"

活动记录与呈现

解应登：在保卫胡萝卜的时候，女孩子把胡萝卜藏在了草丛里。我找的时候有点难，但是很好玩。

唐安吉：我最喜欢玩拔河的游戏，因为玩这个游戏能让我的力气变得更大。

李墨涵：拔河的时候，女孩子赢了一次、输了两次。但是看到她们输了之后哭了，我也有点伤心，我也差点哭了，因为我了解她们输了的心情。

周万泽：我模仿蜗牛的样子挪房子的时候发现那房子实在太重了，我就变成了大力士。

陈益清：男孩子的力气大，拔河时他们就会赢。可是我们女孩子有耐心，我们运食物配合得很好。

张歆程：拔河的时候，大家的力气要往一起使才行，绳子歪了就不好了。

王子衿：在保卫胡萝卜的时候，对手总是能躲开，而且他们跑得特别快，我都追不上。我只好找了两个小伙伴，和我一起围堵对手，后来我们就追上了对手。

全奕单：我觉得蚯蚓很厉害，它没有脚，细细长长的，还爬得那么快。

五、延伸学习

幼儿和爸爸妈妈一起查找关于"水"的知识，为下周活动做经验准备。

活动小结与反思

每种动物都有自己的生活习性和独特的外形特征。孩子们在游戏中时而把自己变成蜗牛，体验拖着重重的壳，一步一步向前爬；时而把自己变成小兔子，和同伴共同守卫萝卜；时而把自己变成蚯蚓，试着像蚯蚓那样在地面上蠕动；时而化身小蚂蚁，证明自己也有很大的力量。孩子们在体验动物角色的过程中，对动物们的习性或特征有了更多的了解，也有了更多的共情。

这也让我们思考，我们深入研究蚂蚁的最终目的是什么？仅仅是为了满足好奇心吗？我想绝不止于此，最终我们还是希望在了解的基础上，同作为这个世界的一员，能够更好地共同生活在一起吧……

教育笔记

关于蚂蚁王国的学习

唐 彬

六月的丛林学习对于中班孩子来说是一个新的尝试。我们打破了班级界限，组成了新的三个兴趣小组，孩子们会跟着对应的教师一起学习和探索。通过第一周孩子们的自由选择，我们蚂蚁组总共有22个孩子。我们会一起用新的学习方式去了解大自然里的每一只有故事的蚂蚁。

关于蚂蚁活动的实施，我们首先从孩子们那里寻找到了灵感，听一听孩子们怎么说、怎么想的，才能使课程变得更顺畅、更自然；孩子们在活动中的融入感也会变得更强，兴趣也会变得更浓厚。当然，在这个过程中，我们会遇到很多的问题和困惑，但是不用害怕，因为当专注地和孩子们一起投入活动中的时候，他们的一些发现、有趣的对话、独特的思考都有可能为接下来的课程实施提供方向和新的思路。我们再在这个基础上把孩子们的一些已有经验、年龄特点等考虑进去，才能更好地发挥幼儿的主动性和积极性，这样的探索才更具有意义。

我们选择从收集关于蚂蚁的问题开始，再一起去想办法解决问题。思考解决问题的过程也就是孩子们自由选择自己的学习方法和学习方式的过程。这也说明我们的课程和当下孩子们的真实感受是联结在一起的。在活动进行过程中，有的孩子就分享到了在家中和爸爸妈妈研究蚂蚁的方法：有看书的；也有去图书馆查资料的；还有的爸爸妈妈特意给孩子买了一个大大的蚂蚁工坊，让孩子可以观察到蚂蚁是如何进食、如何搬运食物、如何挖洞的。比如，我们在思考如何让别人知道你发现了蚂蚁洞时，就有孩子提到了可以给蚂蚁洞做一个标记，他还记得我们一起给幼儿园设计过标志。

第三周 水之密语

周主题说明

炎炎夏日，“水”无疑会给孩子们带来一丝清凉。这一周，孩子们准备从雨水花园出发，探索水的流向、流速以及地上和地下的管道等问题，了解更多关于水的知识。

本周，孩子们通过“探秘雨水花园”，探索“水的流动”“管道在哪里?”两个问题，绘制“地下迷宫”，并在畅游活动“我和‘水’的约会”中发现更多水的秘密。

周课程目标

1. 帮助幼儿在探索雨水花园的过程中积累直接经验，形成对水的感性认识。

2. 引导幼儿走进雨水花园，大胆进行猜想，尝试用实验、访谈等方法寻找问题答案。

3. 通过实地调查和阅读绘本的方式，引导幼儿建立起对地上管道和地下管道较为完整的认识。

4. 支持幼儿发挥想象力和创造力，并用绘画或符号的形式记录自己想象的世界。

5. 组织幼儿参与和“水”相关的游戏，感受游戏带来的乐趣。

活动一　探秘雨水花园

活动形式

小组活动。

活动目标

1. 能对雨水花园的相关问题进行梳理，提出可持续探究的问题。

2. 能根据已有经验对问题进行猜想，确定研究方向，提出可行性的研究方法。

3. 喜欢观察、接触雨水花园，愿意进行相关探索学习。

活动准备

记录表、水彩笔、小黑板、块状积木。

活动过程

一、导　入

教师请幼儿来到雨水花园，以小组为单位围绕“雨水花园里的水”进行自由的探索，并记录小组的发现。(图 4-3-1、图 4-3-2)

图 4-3-1　我们发现雨水花园里的水是从高的地方流向低的地方的

图 4-3-2　石头下面藏着一根小管子，原来小水渠的水都是从这儿流出来的

教师提问："在探索的过程中，你们有怎样的发现？有怎样的疑问？

二、分享环节

探索结束，教师请幼儿分享关于雨水花园中的水的发现与疑问。

活动记录与呈现

幼儿的发现：

黄彬宸：我发现雨水花园里，有的地方的水流得特别慢，有的地方的水流得特别快。

杨芊予：我发现雨水花园里的水不是很干净，有些绿绿的小东西。

解应登：我们组发现雨水花园有的地方的水会有小小的漩涡，特别神奇。

冯澍予：我们发现了雨水花园的水是从哪里来的！有一个大大的白管子，一直连接着楼顶，雨水花园里的水肯定是从楼顶流下来的！

幼儿的疑问：

冯澍予：我想知道雨水花园里的水是怎么流动的？

杨芊予：雨水花园里运送水的管道都藏在哪里？

唐悦铃：雨水循环系统是怎么工作的？

李墨涵：雨水花园的水都流向了哪里？

三、讨论提纲

1. 如何选出共同研究的主要问题？
2. 你会用什么方法来研究这些问题？
3. 在研究过程中，如果遇到困难了，你会怎么办？

活动记录与呈现

讨论 1：如何选出共同研究的主要问题？

王子衿：可以问一问小朋友最想研究哪些问题。

冯澍予：我们可以用投票的方式选出我们最想研究的问题。

讨论 2：你会用什么方法来研究这些问题？

李墨涵：我们可以等于师傅放水的时候观察水流的方向。

解应登：可以放一片树叶在水里，看看树叶是怎么动的。

冯澍予：我们可以顺着那个白管子找一找水从哪里来，到哪里去。

王子衿：下一次于师傅清理雨水花园的水的时候我们就能知道水流到哪去了。

讨论 3：在研究过程中，如果遇到困难了，你会怎么办？

曹雅淇：我会再坚持一下。

唐悦铃：我会和我的团队商量商量，看看能不能马上想到解决办法。

栗千涵：我会对身边的人说没关系，没有人是不会遇到困难的，我们可以一起解决。

四、投票环节

教师请幼儿投票选出最想研究的问题，并对问题进行猜想。（图 4-3-3、图 4-3-4）

图 4-3-3 投票选出大家最想研究的问题

图 4-3-4 这是我们选出的准备研究的问题

活动记录与呈现

雨水花园的水是怎么流动的？

冯澍予：水都是从少的地方流向多的地方，所以雨水花园的水就从细的地方流到了粗的地方。

周万泽：我知道雨水花园的水都是从这边流到那边的，因为树叶都堆在了那个地方。

李墨涵：水在一个地方装满了就流走了。

雨水花园的水从哪里来，流到哪里去？

解应登：我觉得雨水花园的水是从那个管子里流出来的，我们可以顺着管道看一看。

刘彦熙：水都流到大海里了，雨水花园的水肯定也流到大海里了。

冯澍予：肯定有个水龙头，水龙头一关，就不流水了。

五、小　结

教师梳理幼儿发现问题的过程，引导幼儿带着猜想，开展接下来的探索。

教师总结："对于研究的问题，你们都有自己的思考，也提出了一些可以操作的研究方法。接下来，我们可以一起根据这些研究方法进行研究，在研究中证实猜想。"

六、延伸学习

幼儿与爸爸妈妈共同讨论合适的研究方法，制订一份具体的研究计划。

活动小结与反思

围绕雨水花园的丛林探索即将进入实操阶段。在活动中，我们先确定了研究问题，再请孩子们提出自己的猜想，目的在于帮助他们梳理研究思路，尝试简单制定一套研究方案，保证研究线索简单明了。

在活动中，教师做得更多的是倾听记录，不评判孩子们想法的对错，而是对每个孩子独特的研究猜想和研究方法予以肯定。在这个过程中，教师也能看到孩子们的已有经验。比如，水最终流向大海；水是从水龙头里流出来的……这些先前的经验也会在影响后面的研究。

对于研究方向和研究方法，孩子们都有自己的思考，每一个研究问题都设想了一种或多种寻找答案的方法。根据孩子们的兴趣，下次活动，我们将研究第一个具体问题：雨水花园的水是怎么流动的。

活动二　水的流动

活动形式

小组活动。

活动目标

1. 能通过观察、对比纸船或叶子在雨水花园不同部分的漂流速度，发现水的流速变化规律。

2. 能完整讲述在实验或采访中的发现，乐于与他人分享。

3. 愿意动手动脑，并乐在其中。

4. 能感知和发现水的流动现象，并与同伴分享。

活动准备

树叶或纸船若干、A4纸、彩笔。

活动过程

一、导　入

教师提问："请你猜一猜，雨水花园的水是怎么流动的？"

二、分享环节

教师请幼儿分享对雨水花园里水的流动方式的猜想。

活动记录与呈现

冯澍予：水是从右边流到左边。

周万泽：水都是从高的地方往低的地方流的，雨水花园的水应该也是这样。

唐悦铃：雨水花园的水是从一个“小瀑布”流下来的，我看到过。

李天鸣：雨水花园里的水有的地方流得很慢，有的地方流得很快。

李墨涵：我猜雨水花园下面肯定有很多管子，地上的水流到地下再流上来。

三、讨论环节

讨论问题：我们可以用什么方式验证这些猜想？

活动记录与呈现

唐悦铃：我们可以放一片叶子，或者一个纸船在雨水花园里。只要不眨眼睛地看着它们走，就能知道水是怎么流的啦。

曹雅淇：这是个好办法，我们还可以知道什么地方纸船游得快，什么地方纸船游得慢。

李墨涵：我还想去采访于叔叔，因为每次都是他在打扫雨水花园，他一定知道很多雨水花园的秘密！

三、操作环节

教师根据幼儿的兴趣将幼儿分为实验组和采访组，分别前往雨水花园和于师傅处，运用不同的方式寻找答案。

1. 实验组：教师请幼儿按照猜想，分组用纸船或者叶子进行实验。（图 4-3-5、图 4-3-6、图 4-3-7）

图 4-3-5 叶子从“小瀑布”上漂下来了

图 4-3-6 水很平的地方，叶子流动的速度很慢

图 4-3-7 原来最后小水渠的水，都流到了这个角落的管子里

活动记录与呈现

解应登：叶子在“小瀑布”的地方是游得最快的，因为“小瀑布”很有力量，一下子就把叶子送到很远的地方。

唐悦铃：游得越久叶子前进得就越慢，但还是一直在往前走。我猜可能是叶子也游累了吧。

曹雅淇：如果我们使劲用手推水，小船会走得更快。

李天鸣：纸船都漂到了转盘那里。它们会在那里绕一个圈圈，然后进到一个小角落里。雨水花园里的水肯定就藏在那个小角落里。

2. 采访组：教师带领孩子们前往于师傅所在的门卫室，采访于师傅。

活动记录与呈现

王隽珩：于师傅，为什么雨水花园里的水是从右边流到左边，而不能从左边流到右边呢？

于师傅：因为雨水花园右边高，左边低。水都是从高的地方流向低的地方，所以雨水花园里的水也是从右边流到左边。你看见过从低的地方流到高的地方的水吗？

王隽珩：我看见过，喷泉不就是从地上喷到天上的吗？

于师傅：你观察得很仔细！喷泉是因为有一个很厉害的机器，让水流动的方向发生了变化。如果你想让雨水花园里的水从左边流到右边，也可以试试用这样的方法。

魏琳奕：于师傅，雨水花园的水都是从哪里来的？

于师傅：你听它的名字就能知道它从哪里来的，它来自下雨天楼顶流下来的水。如果雨水太少，我们也会用水管接一些水补充进来，让它可以流动起来。

周万泽：于师傅，雨水花园的水最后都流到什么地方去了？

于师傅：雨水花园除了你们看到的地面上的水流，还有地下的一部分，很复杂。有不同的分层，两头有管道，还有一个水泵推动着水循环。

四、分享环节

实验组和采访组的幼儿自由交流本次活动中的发现。

五、小　结

教师帮助幼儿梳理研究发现，形成关于“水的流动”的思维导图。(图 4-3-8)

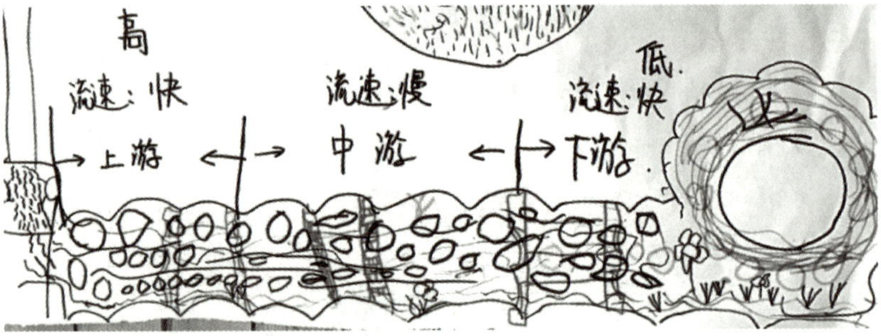

图 4-3-8　小水渠的上游、中游和下游的水的流速是不同的

六、延伸学习

请幼儿与爸爸妈妈分享关于水流的发现，了解关于管道的相关知识，为明天的活动作准备。

活动小结与反思

本次活动，孩子们对水的流动进行了猜想，分组用不同的方式验证猜想。活动中，教师原计划是和孩子们一起运用做实验的方法来验证猜想，没想到孩子们提出的方法中除了实验法，还有访谈法。于是立即调整课程计划，将孩子们分成两组，按照自己想尝试的方法来寻找答案。

在最后的分享环节，两组汇合，交换得来的信息。在孩子们学习的过程中，教师发现，通过实验得到的直接经验，对孩子们来说是鲜活的，让他们记忆深刻的；采访得到的间接经验，虽然不如直接经验那么鲜活，却获得了很多实验无法得来的知识。两种方式没有好坏之分，只有孩子们更喜欢用哪种方式之分，而教师需要做的就是提供足够大的选择和探索的空间，在他们需要的时候给予支持。

活动三　管道在哪里？

活动形式

小组活动。

活动目标

1. 能根据观察结果提出问题，并大胆猜测。
2. 能用图画或简单的符号记录管道的位置、特征等基本信息。
3. 愿意和同伴分享自己的发现，体验自由探索的乐趣。

活动准备

雨水花园结构图、A4 纸、彩笔。

活动过程

一、导　入

教师提问：“雨水花园下面会是什么样子呢？”

二、分享环节

1. 请幼儿分享对雨水花园地下层的猜想。

> **活动记录与呈现**
>
> 周万泽：雨水花园下面肯定有石头，很多石头都是我们自己放进去的。
>
> 冯澍予：雨水花园下面有一些绿绿的水草。
>
> 杨芊予：是不是藏着水的开关？

2. 教师出示雨水花园的构造图，解答幼儿关于雨水花园的部分疑问。（图 4-3-9、图 4-3-10）

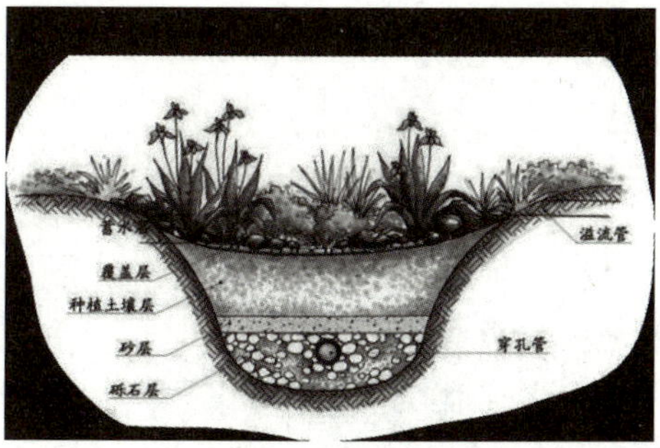

图 4-3-9　雨水花园地下层示意图

图 4-3-10　雨水花园俯瞰图

三、探索环节

教师请幼儿基于对水流去处的观察，分组寻找幼儿园里的管道，并用绘画的方式

记录下来。(图 4-3-11、图 4-3-12、图 4-3-13、图 4-13-14)

图 4-3-11　我们发现小水渠的水都流到地下管道中

图 4-3-12　把我们发现的管道记录下来

图 4-3-13　小水渠里的水都流到了地下

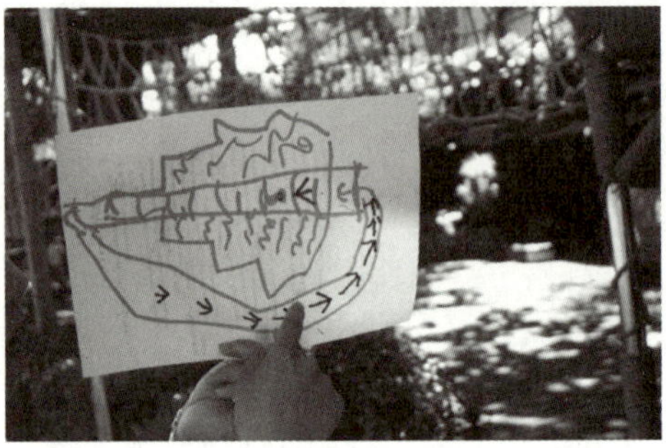

图 4-3-14　这是我画的地上管道

四、讨论提纲

1. 雨水花园的水都流到了哪里?

2. 幼儿园的管道都在哪里?

3. 我们可以怎样发现那些隐藏的管道?

活动记录与呈现

讨论 1：雨水花园的水都流到了哪里?

张舒朗：水都流到下水道了，然后就看不见了。

王隽珩：在我们看不见的地方，这些水最后肯定流到大海里去了。

周万泽：这是污水，应该会流到污水处理厂。

讨论 2：幼儿园的管道都在哪里?

唐悦铃：大楼边上有很多大白管道，它们都是排水管道。

冯澍予：教室水杯架旁边有白色的管道，是用来连接暖气的管道。

李墨涵：水池下面都连接着管道。

成昱明：男生小便池有个摁钮，摁下按钮，水就会从这个管道里流出来。

讨论 3：我们可以怎样发现那些隐藏的管道？ 王子衿：用放大镜和铲子，把土都挖出来看看。 冯澍予：用电钻，钻到那个管道的地方我们就可以研究了。 杨芊予：可以找资料，看看地底下是什么样的。 周万泽：用金属探测仪下去探测一下。

五、小　结

教师将幼儿记录的管道图按照不同的功能分区进行展览，请幼儿自由交流对管理的探究与发现。(图 4-3-15)

教师总结："今天，我们寻找到了很多地上的管道，知道了排水管道、暖气管道等各种管道。管道是各种各样的，不同的管道有着不同的作用，地下的管道也同样蕴含着各种奥秘，我们明天一起来揭秘。"

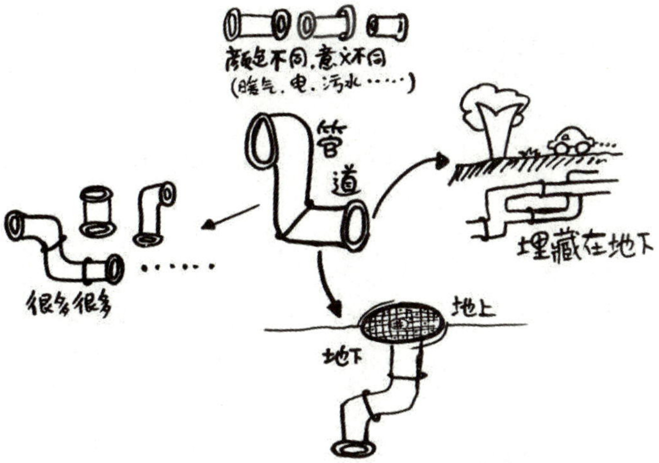

图 4-3-15　我们发现了管道的秘密

六、延伸学习

请幼儿和爸爸妈妈一起了解隐藏在地下的管道，为明天的活动作准备。

活动小结与反思

"雨水花园的水从哪里来，流到哪里去"是孩子们想要探索的第二个问题。在探索的过程中，孩子们发现水的流动很多时候需要依赖管道的运送。所以本次活动我们将这个问题转化为更具象的、便于孩子们探索的"管道"。

孩子们的探索走出雨水花园，延展到幼儿园的各个角落。他们寻找着、记录着能找到的每一个管道，并且发现了管道之间的很多相同与不同，视角细腻、独特。教师也借由这次学习，和孩子们一起从“管道”这条线索，更深入地了解了每日生活的幼儿园。

地上的管道是我们看得见的，而地下的管道则多了一层神秘感。我们期待着和孩子们一起的地下管道之旅……

活动四　地下迷宫

活动形式

小组活动。

活动目标

1. 能尝试小组合作，进行地下管道的探索活动。

2. 能够借助绘本阅读和实地调查的方式，深入了解地下管道，在比较中发现不同井盖的异同。

3. 愿意用绘画的形式表现观察或想象到的“地下管道”世界。

活动准备

A4 纸、彩笔、大白纸、绘本《揭秘地下》、绘本《地下》。

活动过程

一、导　入

教师提问：“昨天，我们寻找到了很多幼儿园地上的管道。地下的管道会是什么样的呢？”

二、分享环节

请幼儿分享关于地下管道的已有经验。

活动记录与呈现

王子衿：地下管道是很复杂的，就像在地底下连接的一个网。

张舒朗：地下管道是相连的，一个管道连着另外一个管道。

曹雅淇：地下管道和地上的管道看起来都长得差不多，因为都放在地上不好看，才放在了地下。

周万泽：虽然我们看不见地下管道，但是我们的生活离不开它。

三、阅读环节

教师请幼儿自主阅读绘本《揭秘地下》《地下》，分享在绘本中的发现。

活动记录与呈现

周万泽：管道有很多不一样的颜色，每个颜色的意思都不一样。

唐悦铃：每个管道对我们都有用。

冯澍予：蓝色的管道肯定代表水的管道，因为水就是蓝色的。

成昱明：地下管道很长，有的地下管道都通到高楼上了。

李墨涵：地上的管道都是从井盖进到地下的。

四、探索环节

教师请幼儿分小组寻找、观察井盖。发挥想象力，绘制井盖下的“地下管道迷宫图”。(图 4-3-16)

图 4-3-16　这是我们根据水循环设计的“地下管道迷宫图”

活动记录与呈现

冯澍予：我们在很隐蔽的地方发现一个水源井盖。

周万泽：后院有个井盖，是用来排出雨水的。

张舒朗：雨水井盖上面的字记录在纸上了。以后一看到字，我就知道哪个井盖是雨水井盖了。

成昱明：雨水花园排水的那个井盖是可以看见的，它是排污水的井盖。

五、小　结

教师用思维导图的方式帮助幼儿梳理对井盖的发现。(图 4-3-17)

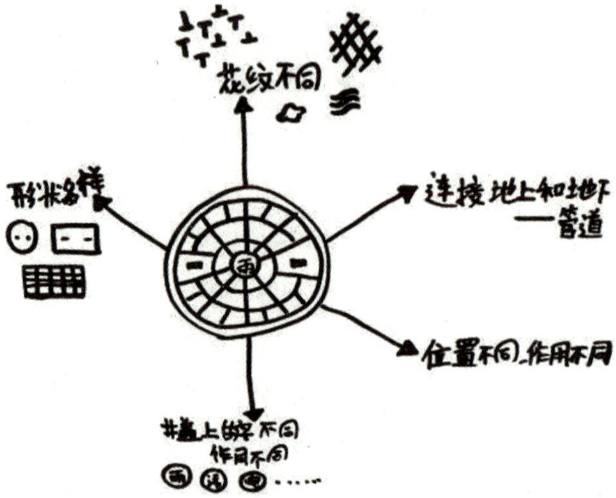

图 4-3-17 我们看到了不同形状、不同作用的井盖

六、延伸学习

请爸爸妈妈带着孩子一起在小区开展一场寻找管道、井盖的游戏。

活动小结与反思

孩子们对未知的世界充满好奇。而地下的世界对于他们来说，就是未知且充满神秘感的那个世界。绘本就像是这节课的钥匙，教师通过绘本《地下》和《揭秘地下》，向孩子们展示了地下错综复杂、充满神秘的管道世界。在这个基础上，孩子们发挥自己想象力，想象出了一个更加精彩的“地下管道世界”。

经过长时间的探索，孩子们的视野已经不再局限于雨水花园本身，他们借助符号记录、绘画，通过同伴间的合作，完成了地上空间和地下空间的深入探索。

活动五　我和“水”的约会

活动形式

畅游活动。

活动由来

经过本周的学习，孩子们对水的流动与管道有了较为深入的认识。水和我们的生活息息相关，我们还能和水进行哪些互动呢?

本次畅游活动，我们会围绕孩子们的兴趣，展开几种关于“水”的游戏。在欢快轻松的游戏氛围中，希望孩子们可以感受自然与自我的联结，体悟个体内在蓬勃的想象力和生命力。

活动目标

1. 知道不同游戏的规则，喜欢和同伴一起游戏。

2. 愿意用绘画的方式记录自己和“水”相关的创意。

3. 享受想象、创造的过程。

活动准备

石头、海螺、船、水循环的海报、A4 纸、画笔。

活动过程

一、导 入

教师提问：“这一周的学习，你有怎样的收获?”

二、分享环节

请幼儿分享本周的收获。

> **活动记录与呈现**
>
> 唐悦铃：我知道了很多关于雨水花园的秘密，我更喜欢去雨水花园玩了。
>
> 成昱明：我和我的好朋友一起发现了幼儿园的管道和井盖，和他们一起学习，我觉得很开心。
>
> 李墨涵：我第一次知道幼儿园有那么多管道，有地上的，还有地下的，真是一个管道的世界。
>
> 高 裳：我都有点不认识花草园了，因为它还有好多我不知道的秘密。

三、讨论环节

讨论：今天的畅游日里，你想体验哪些和“水”相关的游戏?

> **活动记录与呈现**
>
> 冯澍予：我想玩“冻冰棍”，因为这是中二班小朋友最爱玩的游戏，我想教给其他小朋友。
>
> 王隽珩：我想在幼儿园里找一找与水有关的一些东西。
>
> 李墨涵：我想设计一个属于我的雨水花园。
>
> 高 裳：我想用碗盛雨水花园里的水玩。
>
> 杨芊予：我想玩“一网不捞鱼”的游戏。

四、游戏环节

根据幼儿的提议进行统计，选出得票数最高的五个游戏。幼儿可自由选择任一游戏进行体验。

游戏 1：冻冰棍。（图 4-3-18）

游戏 2：一网不捞鱼。（图 4-3-19）

游戏 3：寻找“水”的好朋友。（图 4-3-20）

游戏 4：大自然中的“水”。（图 4-3-21）

游戏 5：我是小小设计师。（图 4-3-22、图 4-3-23、图 4-3-24、图 4-3-25）

图 4-3-18 “冻”成冰棍，你就不能摸我啦

图 4-3-19 我们都变成了“人河”中的小鱼

图 4-3-20 海螺也是“水”的好朋友，里面有海的声音

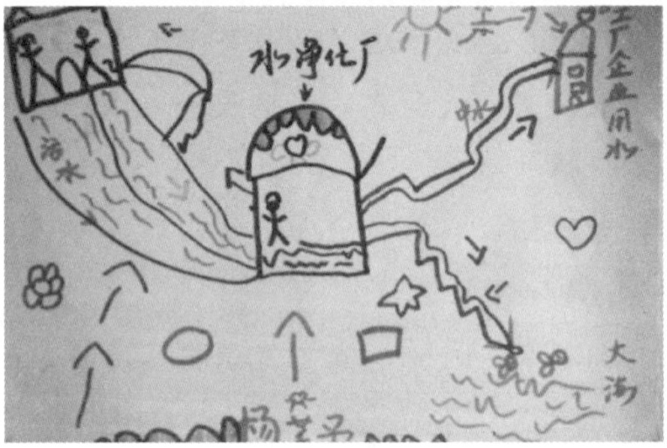

图 4-3-21 很多水都流到了大海中

图 4-3-22 我们一起设计一个水循环系统

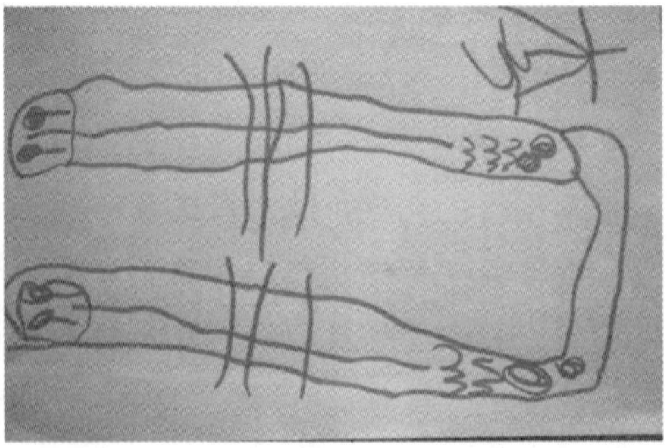

图 4-3-23 这是我设计“等于号”小河

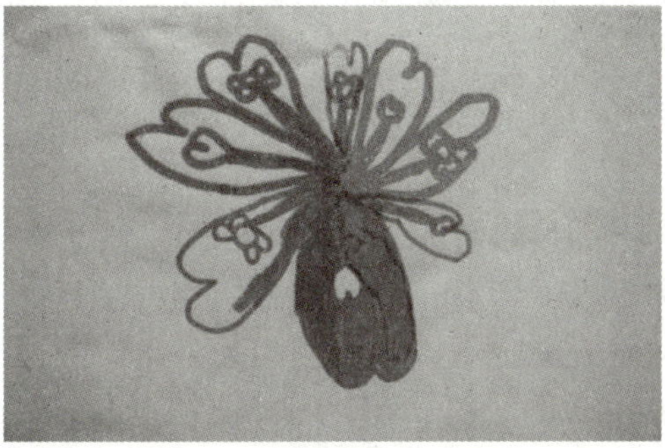

图 4-3-24　这是我设计的"鲜花"小池塘

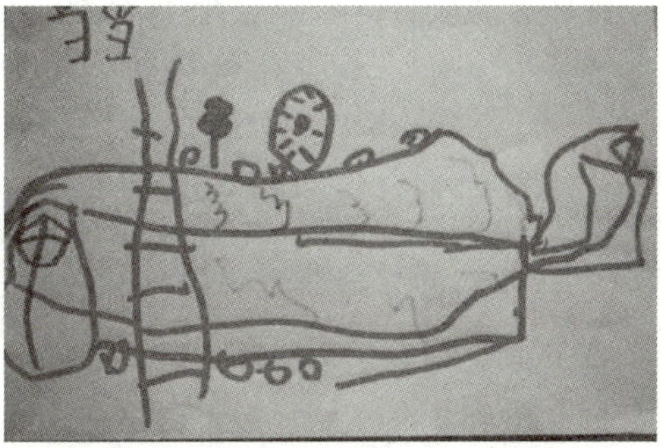

图 4-3-25　我设计的池塘上还架着一座桥

五、小　结

请幼儿分享畅游活动中的感受与发现，畅想"假如我是一滴水"。

活动记录与呈现

畅游活动中，你有怎样的感受与发现？

唐悦铃：水是有三种状态的，每一种游戏我们都可以把它变成三种，比如冰块游戏、水游戏、气体游戏。

张舒朗：我们可以变成"人河"中的小鱼，这是一个特别棒的游戏。

李墨涵：我最喜欢我自己设计的"长龙"河，等我长大后，我要建造一条真的河。

畅想：假如我是一滴水

冯澍予：假如我是一滴水，我想在花里穿行，在大树里穿行！

曹雅淇：我想藏在小花的根部，希望它能长得更好。

杨力鸣：我想我会一直一直在不停地流动，从这儿流到那儿，没有形状，没有目的，自由自在。

六、延伸学习

请幼儿和爸爸妈妈一起了解水的循环现象和其他关于水的问题。

活动小结与反思

本次畅游从分享本周收获开始。听到孩子们分享因为这周的学习，对雨水花园有了更深厚的感情；喜欢和同伴合作学习；觉得熟悉的幼儿园因为很多未知的秘密而变得很陌生，想继续探秘……教师也被孩子们的学习热情，以及在学习中倾注的情感所感染。

游戏环节，我们根据孩子们的意愿，选择了和水相关的不同种类的活动，以满足不同孩子的需求。有冻冰棍、一网不捞鱼等经典游戏；也有在水元素基础上进行的个人创想，如用海螺听声音、绘制水循环等。让孩子们在这一天自由自在地游戏，始终是畅游日的初衷。

在畅游的最后，我们用“假如我是一滴水”来结束本次活动。此刻，让我们一起在孩子们诗意的想象中，再沉浸一会儿……

教育笔记

孩子们的“赤子之心”

田　悦

每个孩子都是有灵性的，每个孩子都有一颗赤子之心。和孩子们在一起，我经常会有很多的感受。回想起自己的经历，我会和孩子产生深深的共情。那种感觉仿佛是一种心有所向、宁静的感觉。

一、探索规则的孩子们

最近，在孩子的讨论中，班里开展了“三个叮咚”的小游戏。第一个叮咚，表示提醒；第二个叮咚，表示危险；第三个叮咚出现时，孩子就要接受一下小惩罚。在这种情境化的游戏中，孩子们不断地调整着自己的行为，不去触犯相关规则。开始，这“三个叮咚”游戏的实施主要由教师来监督，是一种外在的监督；逐渐地，孩子们开始互相监督，如果发现谁违反了规则，就会给违反规则的孩子一个“叮咚”。最近，这“三个叮咚”已经融入孩子们的生活，他们逐渐变得“自律”。这是一个从“他律”到“自律”的过程，我们需要一起努力。

二、心存怜悯的孩子们

今天，教室里飞进来一只小飞虫，几个孩子一直追着小飞虫跑，突然不知道是谁踩死了小飞虫。大家都愣住了，旁边的杨力鸣说：“我们杀生了！”几个孩子先是特别紧张，接着不好意思地笑起来。

三、学习和探索中的孩子们

这一周，中班小组课程曾探索过“雨水花园”的水是怎么流成了一条“小瀑布”的。孩子们用自己独特的视角进行了解读，仿佛“小瀑布”也富含了诗意。

“水是神奇的，它悄悄地爬上‘小瀑布’了；

也可能是它的脚底太滑了，冲下了‘小瀑布’；

也可能是水蒸发之后，也往高处流；

也可能是水中有秘密躲在里面；

不管是哪一种，雨水花园都是神奇的乐园。”

四、敢于共情的孩子们

在收集问题阶段，黄彬宸盯着水流的方向一直观察着……他说：“我和小队友发现，水流的方向是往下垂下来的，就像女生的头发。”

每个孩子都是不一样的，每一份赤子之心也是不一样的。我们在孩子们的身上总是能够发现很多惊喜……

第四周　大树笔记

周主题说明

第四周，孩子们进行与大树主题相关的丛林学习。他们根据已有问题，与同伴分享自己的研究报告。同时，他们在探索中解决沟通和交流中产生的新问题，生成新的学习成果。

本周，孩子们由“爸爸妈妈最喜欢的那棵树”展开相关讨论，从寻找“幼儿园里有几种树?”“那棵最高的树”到分享“大树的丛林学习报告”，最后在体验“丛林生活里‘交换’的一天”活动中，结束本周的学习。

周课程目标

1. 鼓励幼儿通过采访、投票等方式积极参与研究主题的确定。

2. 引导幼儿观察幼儿园里的大树种类，运用常用科技产品识别出自己不认识的大树名称。

3. 鼓励幼儿灵活主动地使用参照比较、实地测量等方式，找到幼儿园里最高的那棵树，尝试运用多种测量方式测出树的大概高度。

4. 组织幼儿在小组新成员组成的环境中体验一天的生活，在游戏中引导幼儿感受和新同伴的情谊，对他人的陪伴表示感谢。

活动一　爸爸妈妈最喜欢的那棵树

活动形式

小组活动。

活动目标

1. 愿意和他人分享爸爸妈妈最喜欢的那棵树。
2. 能用投票的方式确定最想深入探究的问题。
3. 愿意参与大树主题活动，喜欢与他人共同进行丛林探索。

活动准备

关于“爸爸妈妈最喜欢的那棵树”的采访记录。

活动过程

一、导　入

教师提问："爸爸妈妈最喜欢幼儿园里的哪棵树？"

二、分享环节

教师运用循环征答的方式，请幼儿分享爸爸妈妈在幼儿园里最喜欢的那棵树。（图 4-4-1、图 4-4-2）

图 4-4-1　有的爸爸妈妈最爱这棵泡桐树

图 4-4-2　有的爸爸妈妈最爱这棵柳树

活动记录与呈现

张恩郡：我的爸爸妈妈最喜欢梧桐树。

贾含漳：我的爸爸妈妈最喜欢的树是桑树。

三、讨论提纲

1. 爸爸妈妈为什么喜欢这棵树？

2. 关于这棵树，爸爸妈妈提出了哪些他们想要研究的问题？

3. 你想要用什么方法进行研究呢？

活动记录与呈现

讨论 1：爸爸妈妈为什么喜欢这棵树？

龙思齐：爸爸妈妈觉得梧桐树的树叶很大，可以做扇子。

刘瑀垚：爸爸妈妈觉得泡桐树开花的时候特别美，还可以用花给我做卡子。

张恩郡：每到夏天，桑树可以结出桑葚。爸爸妈妈喜欢桑葚甜甜的味道。

讨论 2：关于这棵树，爸爸妈妈提出了哪些他们想要研究的问题？

全奕单：爸爸妈妈想知道大树的年轮的圈数和什么有关。

王翊铭：爸爸妈妈想知道大树在一年四季中会有什么不同。
张舒颜：爸爸妈妈想知道幼儿园里有几种树。
王子衿：爸爸妈妈想知道树叶为什么会变成不同的颜色。
顾峻熙：爸爸妈妈想知道幼儿园里最高的树是哪棵。
讨论 3：你想要用什么方法进行研究呢？
贾含漳：我想拿显微镜、放大镜来幼儿园，仔细观察大树的纹路，还有叶子的纹路。
高沄驰：我想用一个时空转换机，回到很久之前，看看大树是什么样子的。

四、投票环节

教师请幼儿用投票的方式，每人两票，选出爸爸妈妈感兴趣的与大树相关的两个问题。（图 4-4-3）

图 4-4-3 我们在葡萄架下，投票选出接下来想要继续探索的问题

活动记录与呈现
徐晟然：有 17 个人选择了关于大树种类的问题。
薛策方：有 15 个人选择了关于大树高度的问题。
李　瑶：其他的问题获得的票数都比较少，看来我们对这两个问题的兴趣比较浓厚。

五、小　结

教师概括幼儿将要深入研究的问题以及用到的方法，鼓励幼儿主动进行探究。

教师总结：“我们了解了爸爸妈妈喜欢的那棵树，也在采访中知道了爸爸妈妈对这些树感兴趣的问题。通过投票，我们在这些问题中选出了我们最感兴趣的两个问题，讨论出了探究问题使用的方法，希望你们可以顺利帮爸爸妈妈解决问题。”

六、延伸学习

教师引导幼儿与爸爸妈妈利用入离园时间一起观察幼儿园的大树。

活动小结与反思

在本次活动中，孩子们从分享爸爸妈妈最喜欢的那棵树开始，讨论并用投票的方式选出了具体想要研究的两个问题。

与以往活动的出发点——基于幼儿感兴趣的事物不同，这次的研究问题是从爸爸妈妈的兴趣点出发，再由孩子们来选择两个问题进行深入研究的。在这种模式下，孩子们带着帮助他人的使命感和责任心，极力想解决问题，家园双方也因此建立了亲密的联结。

投票选出的具体问题该如何解决呢？孩子们会把自身已有的经验与现有材料相结合，展开对幼儿园大树的具体探索……

活动二　幼儿园里有几种树？

活动形式

小组活动。

活动目标

1. 能准确地说出几种自己认识的树的名称。
2. 能够根据树叶的特征辨别不同种类的树，并用绘画的方式记录下来。
3. 了解常用科技产品与生活的关系，在探索中享受从未知到已知的成就感。

活动准备

“幼儿园里有几种树?”调查表、纸、笔、手机。

活动过程

一、导　入

教师提问：“你认识哪些树?”

二、分享环节

教师请幼儿分享自己认识的树。

> **活动记录与呈现**
>
> 王鏖闵：我认识榕树、桃树。
>
> 薛策方：我认识银杏树、枫树。
>
> 龙思齐：我认识桑树，就在幼儿园的门口。
>
> 张恩郡：我认识柳树，我们后院有一排柳树。

三、讨论提纲

1. 你认识幼儿园里的哪些树?

2. 在幼儿园里，这些树的叶子有什么不同？

3. 如果遇到不认识的树，你用什么方法才能知道它是什么树？

活动记录与呈现

讨论 1：你认识幼儿园里的哪些树？

孙羽彤：幼儿园里有丁香树、泡桐树。不过我不认识门口桑树边上那棵有尖尖的红色叶子的树。

全奕单：幼儿园里有桑树、柳树。

讨论 2：在幼儿园里，这些树的叶子有什么不同？

王子衿：梧桐树的叶子大大的，它是我们幼儿园里最大的一种叶子。

刘瑀垚：柳树叶是细细长长的叶子，柳树叶会往下垂。

高沄驰：桑树的叶子是圆圆的、胖胖的，有个尖尖的头。

贾含漳：幸福树的叶子有点小，比我的拳头还小。

讨论 3：如果遇到不认识的树，你用什么方法才能知道它是什么树？

杨力鸣：可以多看书，在书里找。

黄彬宸：我们可以去百度上搜搜这是棵什么样的树。

龙思齐：可以拍张照片，发给爸爸妈妈，然后请他们在群里猜猜看是什么树。

李秉诺：可以问老师，他们肯定知道。

四、探索环节

1. 请幼儿每人拿一支彩笔、一个垫板、一份调查表，到幼儿园的各个有树的地方进行探索。(图 4-4-4、图 4-4-5、图 4-4-6、图 4-4-7)

2. 请幼儿借助手机上的拍照识树软件，找到不认识的树的名称。(图 4-4-8、图 4-4-9)

图 4-4-4　这是柳树

图 4-4-5　我要赶快把我知道的树记录下来

图 4-4-6 我还要画下我不知道的树

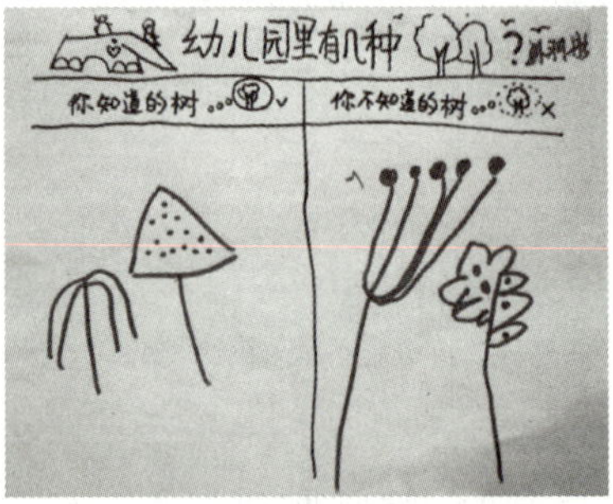

图 4-4-7 就这样，我的调查表统计完毕了

图 4-4-8 老师抱着我去给这棵树拍照，这样我就知道这是什么树了

图 4-4-9 我们可以分享拍照后手机上出来的结果

活动记录与呈现

顾峻熙：我觉得大树屋也是一棵树，我知道这棵树，不过需要继续去调查证明它是一棵树。

黄彬宸：我知道幼儿园里有一颗鸡爪槭树，它的叶子就像鸡爪子一样。

付博闻：我现在知道那些我原来不认识的树叫什么了。

五、小　结

教师对幼儿探索大树种类的过程进行总结，鼓励幼儿在探索中不断反思与发现。

教师总结："根据我们对大树种类的了解，加上科技产品的运用，我们不仅把知道的大树画在了调查表上，而且还借助扫码知道了那些我们不知道的大树的名称。你们还可以在户外活动的时候继续进行自己的探索。"

六、延伸学习

1. 教师和幼儿合作完成《幼儿园大树图鉴》。

2. 幼儿与爸爸妈妈用手机拍照识别的方式去公园里认识不同树的种类。

活动小结与反思

孩子们的学习要在真实的情境中。如果孩子们想了解幼儿园的大树，一定不要让他们待在教室里，通过照片、视频来学习，而是要去到大树旁边，观察它、触摸它、闻闻它，和它说话……

今天的活动，幼儿园的每一个有大树的地方都是孩子们学习的场地，随处可见拿着纸笔在记录、拿着手机在扫一扫的孩子们。孩子们是第一次运用识别植物的应用来认识大树，使用的过程中，孩子们兴致高涨，一边赞叹手机应用的神奇，一边许下愿望，自己也要研究出这么棒的东西。

生活在科技高度发达的今天，如何将信息技术、科技成果很好地运用，来支持孩子们的学习，值得我们思考。

活动三　那棵最高的树

活动形式

小组活动。

活动目标

1. 能基于观察，提出对“最高的树”的猜想。
2. 能对事物或现象进行观察比较，借助测量工具和参照物寻找最高的树。
3. 对环境中各种数字的含义有进一步探究的兴趣。

活动准备

测量工具、胶布。

活动过程

一、导　入

教师提问：“你见过最高的树是什么树？它有多高？”

二、分享环节

教师请幼儿分享自己见过的最高的树并尝试描述出树的高度。

> **活动记录与呈现**
>
> 朱子奕：我见过最高的树是我家院子里的一棵树，它有几层楼高。
>
> 徐晟然：我见过最高的树是松树，它有一座小山丘那么高。

三、讨论提纲

1. 在幼儿园里，哪棵树最高？为什么？
2. 用什么方法能找到那棵最高的树？

> **活动记录与呈现**
>
> **讨论1：在幼儿园里，哪棵树最高？为什么？**
>
> 米衡辰：我觉得梧桐树是最高的，我经常在操场上抬起头才能看到它的顶。

寇瀚辰：我觉得梧桐树是最高的，我在楼顶能看到柳树的顶，但是我看不到梧桐树的顶。

刘哲源：我觉得靠近小滑梯的那棵柳树是最高的，我分不出来哪棵更高。

讨论 2：用什么方法能找到那棵最高的树？

薛策方：可以把消防车的升降梯子升起来，比较一下树有多高。

龙思齐：我们可以在三楼看完大树有多高，再去楼顶看。看看我们判断不出来的那几棵树到底哪棵更高。

黄彬宸：可以让直升机飞起来，量一量树有多高。

王翊铭：可以把几个梯子连在一块，然后在上面做标记。

王钰萱：我们可以去寻找一种测量工具，对每棵树进行测量。

四、探索环节

教师请幼儿选择一种测量工具，尝试在幼儿园里找出那棵最高的树。(图 4-4-10、图 4-4-11、图 4-4-12、图 4-4-13)

图 4-4-10　寻找一种测量工具

图 4-4-11　把选出的彩虹绳用胶布缠起来

图 4-4-12　一起从绳的一头走到另一头，一共是 33 步长

图 4-4-13　测量和楼房一样高的大树

活动记录与呈现

孙羽彤：绳子有 33 步长，用它测量楼房后，还多出一段。我走了一下，发现这段是 2 步长。求助了老师之后，我知道了幼儿园里最高的那棵树有 31 步长。

顾峻熙：测量的过程太好玩了，下次我还要使用另一种测量工具，和小伙伴们再进行一次测量。

五、小　结

教师对测量的过程进行总结，鼓励幼儿选用熟悉的测量工具和参照物进行测量。

教师总结："我们用自己的测量方式，借助熟悉的测量工具——彩虹绳，用胶布缠绕彩虹绳，再用数步数的方式，测出了和楼房一样高的那棵树的高度，找到了幼儿园里最高的树。生活中还有各种各样的测量工具和参照物，我们可以去参与各种各样的测量活动，一起去发现吧。"

六、延伸学习

教师引导幼儿与爸爸妈妈一起完成关于大树的丛林报告。

活动小结与反思

今天，孩子们要一起合作解答爸爸妈妈们的第二个问题——幼儿园最高的树有多高。我们将这个问题的解答分为两步，第一步是找到幼儿园最高的那棵树，第二步是测量那出那棵树的高度。孩子们采用对比的方法锁定幼儿园最高的树，原因是"爬到三楼，透过窗户看过去，但还是看不到两棵树的树顶"。但是这个世界上并没有这么一把长长的尺子可以量这两棵树的长度，怎么办？孩子们观察到"最高的那棵树和幼儿园的楼一样高"，只要测量出楼的高度就可以知道树的高度，并且寻找到合适的测量工具——彩虹绳，完成了测量。当得到"31 步"这个数字的时候，全组鼓掌。

学习的过程就是不断遇到困难，不断用智慧解决困难的过程。这个过程中积累的学习经验、习得的学习策略、获得的学习品质会让孩子们受益终身。

活动四　大树的丛林学习报告

活动形式

集体活动。

活动目标

1. 能对感兴趣的大树提出各种问题，在成人的协助下完成相关海报的制作。
2. 能够有逻辑地说出自己对大树的结构和各部分的功能的认识。
3. 喜欢大树主题的探索活动，愿意参与同伴间的讨论。

活动准备

丛林学习海报。

活动过程

一、导　入

教师提问："关于大树，你制作了什么主题的学习海报？"

二、分享环节

教师请幼儿分享自己制作的关于大树的学习海报的主题。

活动记录与呈现

全奕单：我制作的学习海报主题是"大树的年轮是怎么记录大树的年龄的"。

龙思齐：我制作的学习海报主题是"大树是由哪几部分构成的"。

王翊铭：我制作的学习海报主题是"大树的树叶为什么会变颜色"。

三、操作环节

教师根据幼儿的主题，以大树的树根、树干、树枝、树叶四个基本结构为依据，将幼儿分为四组，进行分组讨论和分享。（图 4-4-14、图 4-4-15）

图 4-4-14　树干的年轮有几圈，大树就有几岁

图 4-4-15　我们用这样的方式来测量大树的"腰围"

活动记录与呈现

李秉宸：树叶里面有一种叶绿素，还有叶黄素。它们的多和少决定了树叶的颜色变化。

贾含漳：树干可以给树枝、树叶运输养分。

高沄驰：树根可以让大树一直立着，不会被风吹倒。

杨力鸣：树枝可以帮助树叶更好地进行光合作用，让空气变得更好。

李秉诺：关于大树的结构学习很有趣，加上之前对大树的种类和高度的探索活动，我现在对大树很熟悉了。

四、分享环节

教师请每组选派一个幼儿对本周的学习主题进行归纳与分享。(图 4-4-16、图 4-4-17)

图 4-4-16 一年四季，大树的树叶会有变化

图 4-4-17 大家的丛林学习报告很有意思

活动记录与呈现

龙思齐：我知道世界上最高的树是澳大利亚的杏仁桉树，还有很多特别的树。

张恩郡：季节变了，树叶的颜色也会改变，但不是所有树叶的颜色都一样。

薛梓彤：可以通过测量大树的影子算出大树的高度，这是我爸爸妈妈跟我说的。

朱子奕：大树身上的每一部分都是有用的，它们可以用来做不同的东西。

五、小　结

教师对大树的基本特征进行总结，帮助幼儿形成对大树的完整认识。

教师总结："大树主要分为树根、树干、树枝和树叶四部分。树根可以抓住泥土，吸取水和养分；树干和树枝可以帮忙运送水和养分；树叶可以进行光合作用，产生氧气，维持良好的空气质量……这样我们就了解了大树的基本结构和功用了。"

六、延伸学习

幼儿和爸爸妈妈选取一棵大树，制作大树的身份证，尝试用这种方式把对大树的现有认识还原记录下来。

活动小结与反思

这个月孩子们的学习一直都是双线索，一条线索是在幼儿园和小组成员一起探索投票选出的问题；另一条线索是在家和爸爸妈妈开展项目学习，研究那些因为时间原因，无法在幼儿园和大家一起探索，但是自己非常想研究的问题。今天的活动主要内容就是请孩子们分享和爸爸妈妈一起完成的项目学习结果。

在活动开始前，我们设想过很多海报分享小组的分组依据，最终决定依据孩子们研究的主题，按照大树的四个不同的部分来分。这样的分组可以让具有相同感兴趣对象的孩子们聚在一起，很容易产生知识的碰撞和补充。稍遗憾的是，这样的分组也从某种程度上“限制”了孩子们对大树其他部分的了解。但这只是成人的“遗憾”，对于孩子们来说，只有他们感兴趣的知识才会真正走进他们的心里。而且，我们也可以通过小组分享、将海报投放至主题墙区域等方式，促进组与组之间更多的主动交流，因为孩子们的学习不只是发生在活动时间内，而是随时随地在发生……

忠实记录课程的瞬间丨换个角度看大树

活动五　丛林生活里“交换”的一天

活动形式

畅游活动。

活动由来

六月里，孩子们在幼儿园这个“丛林”中完成了对蚂蚁、水和大树的学习研究，每一个小组都有自己的独特思考和研究成果。

孩子们也遇到了新伙伴，他们每天都会和新伙伴见面，一起进行丛林探索，这样的生活也慢慢成了一种习惯。在丛林学习的最后，我们也期望通过“交换生活”的方式，让不同班级的孩子体验在同一个班级里生活的滋味。

活动目标

1. 愿意分享对“交换生活”的理解。
2. 在集体活动中，能关注他人的情绪，适时给予同伴关心。
3. 在一日生活里，和同伴建立更加亲密的联系和情谊。

活动准备

白纸、彩笔、剪刀、胶布、蜡烛、打火机。

活动过程

一、导　入

教师提问：“你知道什么是交换生活吗?”

二、分享环节

幼儿分享自己对交换生活的理解。

活动记录与呈现

张舒颜：交换生活就是把我的生活和别人的生活换一换。

寇瀚辰：交换生活就是转变一种角色去生活。

顾峻熙：交换生活就是可以体验一种新的生活方式。

三、绘画环节

教师请幼儿在白纸上画下属于自己小组的符号，用剪刀沿符号的轮廓剪下来，用胶布将符号贴在幼儿的胸前。(图 4-4-18)

四、游戏环节

三个班级的幼儿根据小组符号找到自己的小组，去到不同的班级，体验不一样的班级生活，并分享自己的发现。

1. 户外活动。(图 4-4-19、图 4-4-20)

2. 烛光加餐。(图 4-4-21)

图 4-4-18　我的大树符号设计好了

图 4-4-19　我们一起走过用叶子铺出来的路

图 4-4-20　我们这个组合像不像蚂蚁呀

图 4-4-21　烛光加餐的氛围好温馨，我们就像一家人一样

活动记录与呈现

交换生活时，你有哪些发现？

付博闻：我发现我其实可以很大胆地和新朋友说话，这对我来说是一种进步。

薛梓彤：我发现每个研究对象都可以玩起来，而且大家都玩得挺开心的。

全奕单：我注意到有的小朋友不适应在新的班级里生活，我就主动去关心他了。结果他就不担心了，可以放心吃加餐、玩游戏了。

高沄驰：我觉得烛光加餐很特别，我那天吃了很久，就想一直吃东西。

五、小　结

教师庆祝幼儿完成了自己的丛林学习，帮助幼儿对身边的人表示感谢。

教师总结："我们体验了一天的交换生活，尝试和自己的丛林学习中的好朋友一起进行室内活动、户外活动和烛光加餐活动。恭喜你们顺利完成了自己的丛林探索，一定要对帮助过你们的人表示感谢。"

六、延伸学习

幼儿和爸爸妈妈一起回顾本月的活动，能够说出自己在活动中的表现和收获。

活动小结与反思

本次活动是蚂蚁、水、大树三大组的成员交换班级生活的体验活动。孩子们使用自己设计的小组符号，初次在一个由新成员组成的班级里生活一天，不仅一起学习，还一起进行室内活动、户外活动和进餐活动。

这样的体验对于孩子们来说是新鲜有趣的。孩子们对新异事物会产生不同的情绪反应——或期待，或畏惧……但是还好有丛林学习的小伙伴，即使不在自己班级也没关系。"与你同行的人比你要抵达的地方更加重要"，在这个月的学习中，孩子们收获的不仅是知识、能力，更是宝贵的友谊。

六月的丛林学习虽然已经结束了，但我们的探索仍在继续……

教育笔记

大树组的学习在继续

申洁文

丛林探索是一开始就结束不了的学习过程，孩子们的问题五花八门，解决问题的思维也千奇百怪。通过上周的丛林学习初探索，这周，大树组的孩子们会继续展开什么样的探索呢？

我带着好奇心陪伴孩子们开启了下一站征程。

一、用思维导图分享关于大树的100问

孩子们是带着对大树的100问来到丛林学习中的，他们通过集体和小组的形式，在后院里、葡萄架下、滚筒旁、大滑梯旁展开了初步探索。

齐齐发现了大树的四部分结构；黄彬宸发现了树叶里的叶绿素和叶黄素的变化是树叶由绿变黄的原因；团团和叮当发现大树的年轮代表大树的年龄；点点发现春夏秋冬的大树都有可能不一样……

孩子们自由进行着自己的探索与发现，也在探索与发现中，发现了很多别的问题。

二、探索中发现的新问题

(一)问题一：幼儿园里的哪棵树最高

那天机缘巧合，我们本来是在沙坑边上的大树基地里进行学习的。天突然就下雨了，我们一起躲到了旁边的那把大伞下，然后拿出活动用的垫板，撑在头上当作“雨伞”，跑到了小餐厅里。

透过窗户，我们观察窗外的大树，我们一层一层地往上爬楼。幼儿每爬一层，都能看到大树的身影，他们好奇，再往上爬一层，还会出现什么呢？

结果孩子们就从一层爬到二层，又爬到三层。他们透过窗户，尽可能地往上看，他们觉得靠近大一班教室门口的这两棵树是最高的。

彼得说：“我都看不到这两棵树的树顶了。”

(二)问题二：怎么判断这两棵树中的哪棵更高呢

这个话题是对上个话题的延续。孩子们对着大窗户发愁，因为他们暂时出不去。

这个时候，好点子就出来了。

薛策方说：“可以把消防车的升降梯子升起来，比较一下树有多高。”

黄彬宸说：“可以让直升机飞起来，量一量树有多高。”

王翊铭说：“可以把几个梯子连在一块，然后在上面做标记。”

龙思齐说：“我们可以等雨停了，再去楼顶看看到底哪棵树更高。”

带着这些已有问题，我们开启了以问题为导向的探索。

(三)31步：我找到了那棵最高的树

上一周，孩子们留下了一个还没有探索出结果的问题——“幼儿园里的哪棵树最高？”由于时间和天气的原因，孩子们没有立马把自己想出的对策付诸实践。

所以在这一周，我们延续了上周的学习，和孩子们一起进行探索。

孩子们发现可以通过测量楼的高度来测量树的高度，所以他们的第一步是去寻找测量工具。他们最后在教室里寻找到了自己觉得可以用来测量的工具——彩虹绳。点点用胶布把绳子粘起来，其他孩子也一起帮忙用胶布去粘别的部分。

慢慢地，一根很长的运动绳就接好了。

那这根绳子到底有多长呢？

孩子们从绳子的一端走到另一端，用步数来丈量绳子的长度——33步，他们得到了一个统一的数字。于是，孩子们请教师帮忙从楼顶把绳子放下去，他们就可以测量这幢楼房和大树的高度了。

在教师把绳子放下的那一刻，孩子们都异常兴奋。他们凑到绳子前，发现绳子还比楼房多出一段(大概是他们的 2 步长)。

于是，31 步长的大树就这样被测量出来了。

可是，还是没有找到哪棵树最高。就在这个时候，晓晓说："靠近小滑梯的那棵树是斜的，另外那棵树是比较直的，所以最高的树就找到了！"

在探索的过程中，孩子们也会提出新的问题，这也为他们下一步的学习提供了方向。

(四)树的功用：寻找"树"元素

孩子们在寻找幼儿园的"树"元素的时候，看到了很多木制品。

李瑶在探索完后还说出了"幼儿园里的很多东西都是木制品"这样的结论。可见，孩子们真是在用心去发现。

除了这些一眼就能看见的"树"元素外，他们还发现了一些不容易被发现的"树"元素。

小羽指着彭老师身后的纸巾说："这也是木制品。"黄彬宸指着装绿植的喷上白色油漆的架子说："这里头也是木制品，不过外头喷上白漆了。"意意指着麻绳说："这个里头也有树的成分。"

孩子们在新一轮的探索中，进行着头脑风暴，他们还想出了一些大树游戏。在模仿大树树叶的轮廓时，他们把自己的中指和无名指往里弯，将其他手指伸直，做出"鸡爪"的形状，告诉我："这就是鸡爪槭。"在整个过程中，我被孩子们启发着，他们的感受和我的心灵是共振的。这样的学习值得再来一次！

七月主题　一起向前行

月主题说明

进入七月，孩子们的中班生活也接近尾声了。这一年来，孩子们都有哪些难忘的成长经历呢？即将开始的大班生活会是什么样子的？带着这些问题，孩子们开启了本月的学习与生活。

本月主题活动“一起向前行”从回顾和展望两个方面入手。孩子们在教师的引导下采用多种方式回顾中班生活，对自己的学习和生活进行再思考，提高自身的元认知能力。同时，他们也通过参观大班教室、采访大班教师等方式，了解大班生活的丰富性与多样性，用积极的心态迎接新学期的到来。

月课程目标

1. 鼓励和支持幼儿与同伴、教师及爸爸妈妈交谈，能够有序地、连贯地、清楚地讲述自己在中班这一年的感受、体会。

2. 帮助幼儿在归纳、总结中体会自己的成长变化，同时为自己的变化感到高兴、骄傲与自豪。

3. 鼓励幼儿运用调查、实地探访等方式，收集与大班生活相关的信息，尝试用符号进行记录。

4. 帮助幼儿了解大班活动，唤起他们对大班生活的好奇与向往，学会用积极的心态迎接新的生活。

本周，孩子们会通过观看主题墙上的内容、过去的照片与视频等方式回顾这一年的学习生活；和同伴、教师及爸爸妈妈分享自己在中班这一年成长的点点滴滴，了解自己的成长和变化，并将自己的收获分类记录下来。在“探秘大班”的活动中，通过参观大班的教室，自由地了解大班的学习与生活等方式，唤起对大班生活的向往，为上大班做好心理准备；最后在联欢会中展示这一年学到的新本领，正式跟中班生活告别。

孩子们总是能够与自己经历过的美好保持联结。通过这些联系，他们不断地看到了一个更加完整、更加丰富的自己。希望孩子们能够好好享受在中班的最后时光，带着收获和美好迎接九月份的大班生活。

课程树状图

活动一　我在中班的这一年

活动形式

集体活动。

活动目标

1. 理解“回顾”的含义，能说出几件在中班难忘、开心、遗憾的事情。
2. 尝试归纳和总结自己的想法，逻辑清晰地表达出来。
3. 通过回顾中班生活，发现自己的变化，体会成长的喜悦。

活动准备

中班精彩活动的照片。

活动过程

一、导　入

教师提问：“我们的中班生活马上就要结束了。这一年，我们一起度过了很开心的时光，你们现在能回忆起来你们刚上中班时候的样子吗?”

二、分享环节

教师请幼儿分享自己刚升入中班时的样子。

活动记录与呈现

李墨涵：刚上中班的时候，我特别高兴，我们终于从一楼搬到二楼了。

高　裳：中班没有娃娃家，一开始我不太高兴。可是后来我发现了很多比娃娃家还好玩的东西，我就又高兴起来了。

李秉诺：我刚上中班的时候没有现在高，也没有现在跑得快。

王梓瑄：刚上中班的时候，我有时候还哭呢，我现在就不哭了。

三、讨论提纲

1. 你认为什么叫“回顾”，我们为什么要回顾?
2. 你能想到的这一年中最让你难忘的事情是什么?(图 5-1-1、图 5-1-2)
3. 这一年，你有什么愿望实现了? 又有什么愿望没有实现?
4. 你想对现在的自己说些什么?

图 5-1-1　最难忘小池塘的开塘仪式

图 5-1-2　最难忘给小石头洗澡

活动记录与呈现

讨论 1：你认为什么叫“回顾”，我们为什么要回顾？

周万泽：回顾就是想起以前的事情，因为多想想以前高兴的事情，人就会很开心。

周霆赫：回顾就是回忆，因为以前发生过的事情很难忘，总是能想起来。

余轻眉：回顾就是把以前做过的事情说出来，别人就知道你干了什么，还能知道你是怎么想的。

讨论 2：你能想到的这一年中最让你难忘的事情是什么？

成昱明：我最难忘的就是这个学期所有的畅游日。每一周的畅游日都很有趣。

王梓瑄：我最难忘的是在一米菜园种下的黄瓜。我们收获了很多个黄瓜，不仅吃了黄瓜，而且还做了黄瓜面膜。

杜星璇：我难忘的是端午节我们一起划龙舟、包粽子、系五彩绳、做香包。

解应登：我最难忘的是“六一”儿童节的时候我们一起在大树屋下面吃美味的自助餐。

米衡辰：我最难忘的是我们的诗词大会。我像个小诗人一样站在舞台上朗诵诗歌。

讨论 3：这一年，你有什么愿望实现了？又有什么愿望没有实现？

余轻眉：我想学游泳的愿望实现了。

米衡辰：我想和爸爸妈妈、爷爷奶奶一起去旅行的愿望实现了，但是我想要个小弟弟的愿望还没有实现。

张歆程：我想交新朋友的愿望实现了，我忘记了别的愿望。

讨论 4：你想对现在的自己说些什么？

唐安吉：我想对自己说“你很棒”！

解应登：我想对自己说“希望你每一天都开开心心的”。

李墨涵：我想对自己说“明年要多减肥，你有点胖了”。 高　裳：我想对自己说“你要好好吃饭、好好睡觉，长得高高的”。

四、小　结

教师请幼儿欣赏中班的精彩生活照片集，感受自己的变化和成长的喜悦。

教师总结：“每个人都说出了难忘的中班生活经历。看得出来，中班生活给你们留下了深刻的影响。不管经历了什么，对于每一个人来说，这都是非常宝贵的经历。我们要带着这份美好的感受去感恩身边的人，期待即将开始的大班生活。”

五、延伸学习

幼儿回家后和爸爸妈妈一起完成“我的中班生活”记录，用图画的方式记录下难忘的中班生活，并和爸爸妈妈分享。

活动小结与反思

中班一年的生活结束了，对于每一个孩子来说，在学期末完成对过往学习、生活的回顾、总结是十分有必要的。本次活动中，每个孩子都分享了自己在过去一年中开心、难忘、遗憾的事情。通过表达，他们能对过去的生活有个很好的梳理和收尾。

不管开心的经历，还是遗憾的经历，对于孩子们来说都是宝贵的经验。在倾听的过程中我们可以对孩子们的表达有适宜的回应，帮助他们客观地看待变化和自身的成长。活动延伸部分可以在幼儿园进行，也可以在家庭由家长协助进行，目的是帮助孩子在表达与倾听的过程中与自己不断进行深度联结，增加对自己的认同感以及对集体生活的喜爱。

在回顾的过程中，孩子们发现身边有许许多多值得感恩的人、事、物。大家决定要将这些感谢大声地“说”出来，明天一起来听听吧！

活动二　我这样“说”感谢

活动形式

小组活动。

活动目标

1. 知道“感恩”的意义，能说出自己想感谢的人及原因。
2. 能通过绘画、做手工、使用肢体语言等多种方式感谢关心和帮助过自己的人。
3. 体验感恩活动中与他人互动的温暖情意，对生活常怀感激之情。

活动准备

音乐、彩纸、画笔、剪刀等。

活动过程

一、导　入

教师提问："昨天我们一起回顾了这一个学期难忘的活动、做过的趣事。中班这一年，你最想感谢的人、事、物都有什么呢？"

二、分享环节

教师请幼儿分享自己想要感谢的人、事、物。

> **活动记录与呈现**
>
> 王思懿：我要谢谢我的老师，她们教会了我勇敢。
>
> 赵子昂：我要感谢食堂师傅，他们每天为我们做好吃的饭菜。
>
> 曹雅淇：我要感谢我的好朋友，我们每天都在一起做游戏。没有她们，我就没有这么快乐。
>
> 高沄驰：我要感谢小水渠，我们每天都在那里快乐地做游戏。
>
> 林苢骞：我要感谢幼儿园，花草园每天都会给我带来快乐的感觉。

三、讨论环节

1. 你想用什么方式表达自己的感谢？
2. 表达感谢需要做什么样的准备？

> **活动记录与呈现**
>
> **讨论 1：你想用什么方式表达自己的感谢？**
>
> 曹雅淇：我想画一幅美丽的画，送给我的好朋友。
>
> 王子衿：我想跟老师说一句悄悄话。
>
> 林苢骞：我要在幼儿园的每一个地方都说一句"谢谢你！"
>
> 王思懿：我想给老师弹首曲子，祝老师开心。
>
> 高沄驰：我想给班里所有的老师和小朋友唱首歌。
>
> **讨论 2：表达感谢需要做什么样的准备？**
>
> 曹雅淇：制作卡片需要彩纸、剪刀、画笔，需要美工区里的所有材料。
>
> 王思懿：如果要表演弹钢琴的话，教室里就有钢琴。
>
> 高沄驰：唱歌需要放音乐，这样唱歌才更好听。

四、感恩环节

教师请幼儿用自己喜欢的方式表达感恩之心。（图 5-1-3、图 5-1-4、图 5-1-5）

图 5-1-3　我的感恩，抱抱给你

图 5-1-4　我的感恩，画给你看

图 5-1-5　我的感恩，说给你听

五、小　结

教师帮助幼儿了解更多的表达感恩的方式，分享表达感恩后的感受。

教师总结："生活中的所有事物，都值得我们用心地来感谢。表达感恩的方式有很多种，每一种方式都表达着自己的感谢之情。我们在感谢别人的同时，也能够获得别人的祝福，每个人都应该心怀感恩之心。"

活动记录与呈现

对他人表达感谢时，你心里的感受是什么样的？

王隽珩：跟别人说谢谢时，我的心里也甜甜的。

朱思涵：看到别人收到我的礼物时，我特别开心。

六、延伸学习

幼儿和爸爸妈妈一起分享对大班生活的疑问与期待。

活动小结与反思

学会感恩是中华民族的传统美德，是人与人之间和谐相处的基石。让孩子们知道感恩的意义，学会感恩的表达方式，就如同为他们打开了一扇通往美好生活的大门，在他们的心中种下了一颗善良的种子。

在活动中，我们为孩子们创设了自由宽松的环境，让他们用自己喜欢的方式，如语言表达、动手制作礼物、使用肢体语言等，表达自己对幼儿园、身边的人、事物的感恩之心。

即将升入大班，孩子们对大班的哥哥姐姐的生活、学习充满好奇，用什么样的方式能够让他们提前了解大班呢？让我们拭目以待吧！

活动三　探秘大班

活动形式

小组活动。

活动目标

1. 知道自己即将升入大班，对大班生活有初步的了解。
2. 通过观察，能发现大班教室与中班教室的差异，并用符号做记录。
3. 能在“时光隧道”的游戏中感受集体游戏的乐趣，对升入大班充满期待。

活动准备

《大班，我来啦！》记录表、“时光隧道”游戏场地、大班教室、水彩笔。

活动过程

一、导　入

教师提问：“你们马上就要升入大班了，你们最期待的事情有哪些呢？”

二、分享环节

教师请幼儿分享自己对大班生活的向往与期待。

> **活动记录与呈现**
>
> 黄彬宸：我期待上了大班后认识更多的新朋友。
>
> 邹明贤：我期待我的个子能长高一些，这样我就可以打篮球了。
>
> 杨芊予：我期待玩大班的哥哥姐姐的游戏，我感觉有些难，但特别有意思。

三、游戏环节

1. 活动前，教师讲述活动的规则：参观礼仪、安全注意事项、记录表的填写方式。

2. 三个中班的幼儿打散分组，自由参观大班教室，自由发现，填好记录表。（图 5-1-6、图 5-1-7、图 5-1-8、图 5-1-9、图 5-1-10）

3. 参观结束后，幼儿一起玩“时光隧道”游戏，感受升入大班的喜悦。（图 5-1-11）

图 5-1-6　哇，这个玩具感觉有点难玩

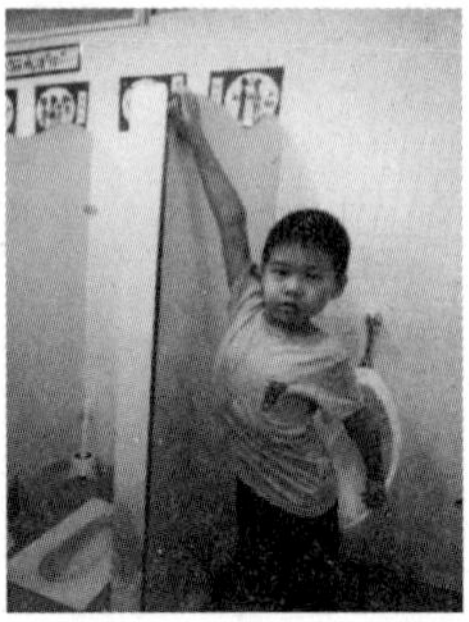

图 5-1-7　大班卫生间的挡板好高

图 5-1-8　大班的哥哥姐姐的床为什么这么多

图 5-1-9　快把我们的发现记录下来

图 5-1-10　看！我发现了这么多的不一样

图 5-1-11　穿过隧道，我就升班啦

四、讨论提纲

1. 参观了大班教室，你有什么发现？

2. 升入大班后，我们的生活、学习可能会发生哪些变化？

3. 你觉得上大班意味着什么？

活动记录与呈现

讨论1：参观了大班教室，你有什么发现？

薛梓彤：我在大一班的教室里发现了一对用卫生纸制作的翅膀，我觉得哥哥姐姐们实在太厉害了。

王隽珩：我特别喜欢大二班的娃娃家。那个娃娃家很大，哥哥姐姐们可以在里面玩餐厅游戏、唱歌游戏，还可以看电影。

魏琳奕：我最喜欢那个算术棋。开始时我们队没有赢，我也不敢玩，后来我们队居然赢了，我们很开心。

讨论2：升入大班后，我们的生活、学习可能会发生哪些变化？

王钰萱：我觉得升入大班后，我们会学习很多很难的知识，我有点担心。

冯澍予：我觉得升入大班后，我会交更多的好朋友，太开心了。

李秉宸：升入大班后，我们就有两间教室了，是不是可以在教室里玩藏猫猫呢？

讨论3：你觉得上大班意味着什么？

李莲舟：上大班就意味着我们又长大了一岁，就要懂得更多的规则。

孙羽彤：上大班以后，我们留在幼儿园的时间就只剩下一年了，我感觉有点难过。

五、小　结

教师梳理幼儿参观大班教室的收获和感受，一起期待精彩的大班生活。

教师总结："你们参观了大班的哥哥姐姐的教室，每个小朋友都有自己的发现，回家后可以将这些发现分享给爸爸妈妈听。上了大班，就意味着要学习更多的知识，懂得更多的道理，老师祝福你们能够充满自信地、心情愉快地迎接精彩的大班生活！"

六、延伸学习

幼儿与爸爸妈妈分享今天参观的收获和喜悦。

活动小结与反思

从中班升入大班，从二楼上到三楼，孩子们既兴奋又好奇，甚至有一些忐忑。面对即将到来的大班生活，他们有很多想了解的问题，但是答案不是由我们提供的，需要他们自己寻找。

在活动中，每个孩子关注和感兴趣的点都不一样，有的孩子对大班教室的陈设感兴趣，有的孩子对大班的玩具爱不释手。他们将自己的发现记录在了表格里：大班的桌椅更高，大班的玩具更复杂，大班小朋友的床的数量真多……总之，大班真神奇！

分班在即，孩子们想用一场别开生面的仪式告别中班生活，期待明天的联欢会！

忠实记录课程的瞬间丨感恩过往，蓄力前行——中班生活精彩回顾

活动四　告别中班联欢会

活动形式

集体活动。

活动目标

1. 了解参加联欢会的规则和要求。

2. 能在同伴面前自信地展示自己准备的节目，在他人表演节目时愉快欣赏，不打扰其他人。

3. 体会联欢会的仪式感，积极面对升班。

活动准备

联欢会的场地、幼儿自备的节目道具。

活动过程

一、导　入

教师提问：“今天我们有一个重要的仪式，三个中班的小朋友要欢聚一堂开联欢会，用这样一种形式来告别中班。老师已经准备好了场地，你们想为大家带来什么节目呢?”

二、分享环节

教师请幼儿分享自己想表演的节目的名称。

活动记录与呈现

李天鸣：我和我的好朋友要给大家表演一个相声。

张舒朗：我想唱爷爷教我的《我是一个兵》。

王墨涵：我学会了跳《天鹅湖》的舞蹈，我想表演给大家。

朱思涵：我想表演一段武术，很厉害的。

三、讨论环节

参加联欢会当观众时，需要遵守什么样的礼仪和规则？随机采访幼儿。

> **活动记录与呈现**
>
> 邹明贤：当观众时要安静地看演出，不能发出不好听的声音。
>
> 冯澍予：小朋友表演完后要鼓掌，这样他就会很开心。
>
> 李　瑶：想上厕所要从后面出去，不能从前面走，否则会挡住大家看节目。

四、联欢环节

教师请幼儿展示各自的节目，联欢会开始了。(图 5-1-12、图 5-1-13、图 5-1-14、图 5-1-15)

图 5-1-12　我们为大家表演一个相声

图 5-1-13　《我是一个兵》是爷爷教我唱的

图 5-1-14　我的舞蹈好看吗

图 5-1-15　我们一起合唱《送别》

五、采访环节

1. 你喜欢参加联欢会吗？今天的联欢会带给了你什么样的体验？
2. 除了开联欢会外，你认为还有哪些活动可以表达我们告别中班生活的心情？

> **活动记录与呈现**
>
> **你喜欢参加联欢会吗？今天的联欢会带给了你什么样的体验？**
>
> 孙羽彤：我特别喜欢参加联欢会，我表演的时候太开心了，大家都给我鼓掌了。

薛梓彤：上小班的时候，我不敢表演节目，但是现在我就敢了，因为我长大了。

杨芊予：我觉得大家表演的节目都特别好看，我最喜欢的是舞蹈节目。

除了开联欢会外，你认为还有哪些活动可以表达我们告别中班生活的心情？

王隽珩：我觉得除了开联欢会外，我们还可以一起玩我们上中班时玩过的游戏。

张舒朗：我们可以画画，把我们的中班生活画下来。

张笑嫣：我觉得我们还可以为小班的弟弟妹妹表演节目。

六、小　结

教师小结联欢会的情况，鼓励幼儿自信地表现自我。

教师总结："联欢会太精彩了，所有小朋友都为我们带来了自己拿手的节目，并且都能遵守我们之前讨论的礼仪和规则。面对即将到来的分班，你们也非常从容和自信，真棒！"

六、延伸学习

幼儿将今天联欢会的感受用自己喜欢的方式记录下来。

活动小结与反思

联欢会能带来一种仪式感，让孩子们能够在欢乐的氛围中告别中班的生活，用更加自信和积极的心态迎接大班的到来。

虽然孩子们准备的节目不是很成熟，但是这并不妨碍他们勇敢地展现自己，因为活动之前做了讨论，节目开始后，台底下观看的孩子们也能遵守相应的礼仪和规则。孩子们在笑声中和中班挥手说"再见"，这就是成长的标志啊！

明天是本学期的最后一天，孩子们会用一场欢乐的"打水仗"来结束中班生活，让我们准备起来吧！

畅游日丨本学期的最后一天，孩子们会怎样度过？

活动五　用一场雨迎接大班生活

活动形式

畅游活动。

活动由来

暑假前的最后一天，孩子们约定好打一场水仗，但是当天突然下起了雨。

“那怎么办啊，打不了水仗啦！”“可是我想玩水啊……”“那我们去淋雨吧！”

就这样，一场突如其来的雨成了孩子们在中班最后一个畅游日的难忘记忆。孩子们穿着雨衣、雨鞋，打着雨伞，踩水坑，找蜗牛，过“小河”……他们畅快淋漓地告别中班生活，迎接新学期的大班生活。

活动目标

1. 欣赏不同天气的美，能根据天气和季节的特点创造出不同的游戏方式。
2. 对突然出现的变化有心理准备，始终保持积极乐观的心态。
3. 感恩大自然，感恩生活带给我们的惊喜。

活动准备

雨衣、雨鞋、雨伞等雨具。

活动过程

一、导　入

教师提问：“孩子们，本来今天我们计划要打水仗，可是突然下起了雨，怎么办呢？”

二、分享环节

教师请幼儿发表自己的看法，分享在雨中想玩的游戏。

活动记录与呈现

你想在雨中玩哪些游戏？

冯澍予：我最喜欢打着我的伞转啊转啊，可好玩了。

王隽珩：可以穿着雨鞋去踩水，看谁踩的水花最大。

李墨涵：我们可以去玩大滑梯，“嗖”地一下滑下来。

杜星璇：我想在小水渠里踩水花。

高　裳：我想用雨鞋舀小水渠里的水玩。

三、游戏环节

幼儿穿好雨衣、雨鞋，外出游戏。他们快乐地穿越小水渠、踩水花，寻找小蜗牛、蚯蚓等动物。(图 5-1-16 至图 5-1-21)

图 5-1-16 哇，下雨了，好想出去玩

图 5-1-17 准备好我们的雨衣、雨鞋、雨伞……

图 5-1-18 我们变成小水渠里的小鱼啦

图 5-1-19 一起踩水花，好开心

图 5-1-20 看！这里有个大水坑

图 5-1-21 让我们一起过小河

四、小　结

教师总结活动情况，引导幼儿畅聊在雨天玩游戏的感受。

教师总结："孩子们，虽然今天没有按照原计划打水仗，但是下雨天依旧为我们带来了很多惊喜。大家玩得真开心啊！感谢大自然送给我们的礼物！老师希望你们能够度过一个愉快幸福的暑假，咱们开学后在大班再见！"

活动记录与呈现

下雨天，你有哪些发现？

张舒颜：我发现小蜗牛都从家里跑出来了，它们也喜欢玩水。

杨芊予：我发现下雨的时候地上有点滑，容易摔跤，我们走路要小心点。

李天鸣：我发现下雨天时小水渠的水变多了，都快溢出来了。

今天在雨中玩游戏时，你的感受是什么？

王翊铭：我太喜欢下雨了。雨水凉凉的，很舒服。

张舒朗：我喜欢踩水。妈妈从来不让我踩水，今天终于踩到水了。

李　瑶：下雨天和晴天，是我都喜欢的，可以玩的游戏是不一样的。

五、延伸学习

幼儿关注假期里的天气情况，做一份“天气游戏记录表”，记录自己在不一样的天气中玩的游戏。

活动小结与反思

淋雨，在成人的世界里往往不被允许，但是在孩子们看来，这有什么不可以呢？他们佩戴好雨具，沉浸在踩水坑、转雨伞、找蜗牛等简单快乐中。平时玩过的大滑梯，也因为集满了雨水变得充满刺激，他们一遍遍地爬上去、滑下来，水花四溅，乐此不疲。

突如其来的变化也许会破坏原有的计划，却能带来满满的惊喜。孩子们总是能够很快地适应变化，并能迅速地找到新的游戏乐趣。作为教师，我们也借此机会将自己变成了小孩子，尽情地在雨中和他们嬉戏打闹，这种久违的快乐让每个人都能放松下来。

快乐的中班生活就在这样一场“雨中游戏”里结束了。让我们带着感恩的心，充满希望地进入暑假，期待未来的大班生活。

教育笔记

一个学期结束了，我有些话想说……

张　焱

一个学期那么快又结束了。作为一位从事了十几年幼儿教育工作的老教师，虽然我每天看似都在做相似的事情，但是细细品味其中的滋味，发现每个学期、每个月、每一天都是那么的不同。这个学期，总的来说，很平静。每一天我依旧像往常一样做着我的分内工作，但我知道，这其中是有细微变化的。

从事再长久的工作，也不能失去了激情。这个学期是我需要反思的一个学期。当一份工作做久了，我就总喜欢用惯性思维来思考问题。确实，经验能指导我解决问题，能让我应对得游刃有余，可是这样就是好的吗？越是这样，人就越容易沦陷下去。我偶尔会有莫名的空洞感，就是很多时候不知道该怎么做事情才是好的，因为我知道怎么做事情是对的，我会第一时间选对的，而不会去选好的。不出错，踏踏实实的，所有的事情都按照既定的常规来做，这对于我来说是安全的，是不会给自己和身边的人带来压力的。但有时候，我看着年轻的教师们充满激情地工作，会不自觉地被她们吸引，也会想要参与进去，感觉内心还是有这份能量和冲动的。

这不是一份普通的工作，渡人，也在被渡。这个学期，这个班的孩子给我带来了很多的触动。有一次跟唐彬老师聊天的时候，我跟她说："这个学期，我在看待孩子的时候，和往年有着很不一样的感受。可能是去年经历的事情让我内心深处对孩子有了更多的感情，我似乎更能理解他们了，心与心的距离很近。"我知道，不管是我，还是孩子们，我们都有这样的感觉。一个学期下来，我看到了 22 个孩子每一个人的成长，我了解他们，欣赏他们，更爱他们。所以，这个学期，在和孩子们相处的过程中，我感觉很大程度上是我被疗愈了。我眼前的每一个孩子都在用自己的方式填补着我内心的缝隙，尽管他们还是孩子，却那么善解人意，又那么充满力量。

每一个行业都不简单，我们在工作中能够明心见性地照见自己。人，只有认识了自己，才能用正确的眼光看待工作、生活和身边的人。在孩子的面前，回归一种最本真的状态，他们会回馈给你更多的情感，看似容易，放下执念却并不容易。我一直觉得自己不是个聪明人，很多时候不能第一时间悟到很多东西，但我相信自己一直是个比较简单的人，在事情面前不太会摇摆不定。这样心里的力量会越来越强大，眼前的路也似乎更加清晰了。

我要向前看，向远处看。每次对过往的工作做总结的时候，我都有挺多遗憾的事情，总觉得当初如果不这样做，而是那样做，是不是会更好。但转念一想，就是因为有这么多遗憾，生活才多了很多不同的滋味。我也有很多想要感谢的人，在每一个阶段中，我要感谢一起经历所有事情的人。我告诉自己，要向前看，也要向远处看，认真走好脚下的每一步。